궁통보감
窮通寶鑑

■ 일러두기

1. 궁통보감의 원문을 번역하면서 여춘태 원편의 내용만을 적용하여 번역하였다.
2. 여춘태 원편 서락오 평주의 '궁통보감'을 참고하였다.
3. 본문은 역자의 사견을 붙이지 않고 최대한 직역을 하여 내용이 그대로 전달되도록 하였다.
4. 원문에서 '財'를 표현하는 자가 모두 '才'로 표기되어 있다. 원문을 수정하지 않았으니 이를 고려해서 봐야 한다.
5. 각 십간별 계절별로 사례가 없거나 부족한 부분에는 역자가 450여 개의 사주사례를 추가로 첨가하여 원문을 이해하는 데 도움이 되도록 하였다.
6. 궁통보감에는 원래 여성의 사주가 거의 기록되지 않았으나, 역자는 사례를 추가하면서 여성의 사주를 대량 포함하였다.
7. 십간별 내용의 마지막 부분에 각각 요약설명을 첨가하여 학습에 도움이 되도록 하였다.
8. 역자가 첨(添)한 사례와 그 설명, 그리고 역자가 요약하여 설명한 부분은 '바탕색'을 넣어 원문과 구분되게 하였다.
9. 한자에 한글음을 달아 초학자부터 전문가까지 누구나 쉽게 한문을 동시에 읽으면서 뜻을 이해할 수 있도록 편집하였다.

窮通寶鑑

楚南 余春台 原遍
春光 金基昇 編譯

개정판

다산글방

| 역자 서문 |

　이 책 『궁통보감窮通寶鑑』의 원명은 『난강망欄江網』이다. 일명 『조화원약造化元鑰』이라고 한다. 『난강망』의 저자와 연대는 미상이다. 다만 그 책에 인용된 사주들이 명대의 유명 인사들이 기록되었기에 명나라 시대의 저작이라고 추측할 수 있다. 『난강망欄江網』은 청나라 초기 천문학자 직함을 가진 관리의 손에 들어가 『조화원약造化元鑰』이라는 이름을 갖게 되었고, 청나라 말기 여춘태余春台가 다시 『궁통보감窮通寶鑑』으로 간행하면서 세상에 알려지게 되었다.

　자평명리학의 발전 과정에서 현재까지 전래되는 여러 고서들은 제각기 모두 훌륭한 교과서 역할을 하고 있다. 그중에서도 『자평진전』, 『적천수천미』와 함께 『궁통보감』은 돋보이는 가치를 담고 있는 훌륭한 교과서로서, 초학 단계에서 정독하여 깨달음을 얻은 후 전문가의 길에 들어와서도 손에서 놓을 수 없는 책이니 가히 '명리학 3대 교과서'라고 칭하는 것은 당연하다 할 것이다.

　『궁통보감』의 내용에 기록된 사주 사례는 대부분 남성으로 여성의 사주는 거의 기록되지 않았는데 당시는 여성이 사회활동을 하지 않는 시대라는 것을 이해해야 한다. 그리고 당시의 사회는 직업이 사농공상士農工商이 전부이니 귀격 사주이거나 좋은 운에는 오직 官職과 富를 이루었다는 것으로만 해석되었으므로, 현대의 다양한 직업과 개인 재능을 포함한 성공을 논하지 못하였다.

　또한 개인보다는 가문이 중요한 '효孝' 사상이 절대적이므로 개인의 희생을 당연한 것으로 받아들였으나, 현대는 개인주의로 바뀌어 개인의 문제로 집안이 희생될 수 있는 문화적, 사상적 차이는 반영되지 못하였다.

그리고 필자의 눈으로 궁통보감 원문의 내용 중 이해하기 어렵거나 오류라고 생각되는 부분이 여러 곳 발견되었다. 그러나 오직 원문의 뜻을 그대로 전하기 위해 역해하고자 하였기 때문에 그에 대한 평주를 하지 않았다.

이러한 점을 보충하기 위하여 450여 개의 명조를 추가로 첨가하여 원문의 뜻을 현대사회의 입장에서 이해시키려고 노력하였다. 여성의 사주도 많이 첨가되었으니 이런 점을 감안하여 이 책에 기록된 사례를 탐독한다면 학습에 한결 도움이 될 것이다.

사주는 엄밀하게 본다면 태양과 달과 오행성의 에너지가 인간에게 직접 미치는 영향과, 지구에게 미치는 영향에 따라 나타나는 지구 현상의 영향을 인간이 다시 받게 되는 두 가지 측면으로 이해할 수 있다. 즉, 기후는 태양계의 사이클로부터 지구에 미치는 영향으로 나타나는 현상이며 위도상으로 그 현상이 일정한 지역은 사계절의 규칙성이 존재하게 되었다. 인류는 그러한 기후에 따라 진화의 영향을 받게 되었고, 삶의 방식과 문화가 형성되어 왔다.

지금도 세계는 기후의 차이에 따른 국민성과 다양한 문화의 차이를 그려내고, 또한 직업의 직종까지도 기후에 따라 다르게 분포되어 있다. 이는 인류에게 이토록 지대한 영향을 끼친 기후의 계절을 중심으로 사주를 간명할 수 있도록 정미하게 밝혀놓은 『궁통보감』의 현명한 가치를 반증하는 것이다. 결과

적으로 『궁통보감』이 지구에서 나타나는 가장 커다란 현상인 기후가 자연생태계와 인류에게 미친 영향력 부분을 사주에서 분석할 수 있는 메커니즘을 제공하였다고 본다면 명리학은 충분히 과학적 학문임을 말할 수 있다.

『궁통보감』은 신살 등의 잡다한 이론을 섞어 논하지 않았으며, 오직 十干을 중심으로 계절별, 월별로 매우 논리정연하고 일관된 이론과 함께 실증사례를 제시하며 설명하고 있다. 이는 氣와 質이라는 자연론의 관점에서 음양오행의 상생상극차원을 초월한 상대성의 감수성을 느끼고, 길흉화복에 대한 예민한 해답을 통찰할 수 있게 한다.

이에 『궁통보감』 원문의 뜻을 그대로 번역하고, 단지 다양한 사례를 첨가하여 窮理의 疏通을 보탰으니 한결 도움이 될 것이며, 초학에서부터 전문가에 이르기까지 모두가 다독하여 깊고 현찰한 혜안이 되길 바라는 마음이다.

이번에 새로 발행하는 『궁통보감』은 독자들의 편의를 위하여 2017년에 출간되었던 초판본보다 가독성을 높이고, 편집상 부족했던 부분을 정리하여 다시 내놓는다. 내용면에서는 초판본과 다르지 않으니 참고하시기 바란다.

2025년 春 春光 김기승 씀

| 차례 |

역자서문 · 4
原序 · 11
凡例 · 14

제1부

論木

1. 木을 논함 · 23
2. 三春甲木 總論 · 28
3. 三春甲木 · 30
4. 三夏甲木 · 43
5. 三秋甲木 總論 · 55
6. 三秋甲木 · 59
7. 三冬甲木 · 71
8. 三春乙木 總論 · 83
9. 三春乙木 · 84
10. 三夏乙木 總論 · 95
11. 三夏乙木 · 97
12. 三秋乙木 · 106
13. 三冬乙木 · 117

제2부

論火

1. 火를 논함 · 131
2. 三春丙火 總論 · 136
3. 三春丙火 · 138
4. 三夏丙火 總論 · 150
5. 三夏丙火 · 152
6. 三秋丙火 · 162
7. 三冬丙火 · 172
8. 三春丁火 · 183
9. 三夏丁火 · 194
10. 三秋丁火 · 205
11. 三冬丁火 · 212

제3부

論土

1. 土를 논함 · 223
2. 論四季月之土 · 227
3. 三春戊土 總論 · 229
4. 三夏戊土 · 238
5. 三秋戊土 · 247
6. 三冬戊土 · 257
7. 三春己土 · 266
8. 三夏己土 · 277
9. 三秋己土 · 282
10. 三冬己土 · 289

제4부
論金

1. 金을 논함 · 297
2. 三春庚金 · 301
3. 三夏庚金 · 313
4. 三秋庚金 · 322
5. 三冬庚金 · 331
6. 三春辛金 · 340
7. 三夏辛金 · 351
8. 三秋辛金 · 360
9. 三冬辛金 · 373

제5부
論水

1. 水를 논함 · 385
2. 三春壬水 · 389
3. 三夏壬水 · 399
4. 三秋壬水 · 407
5. 三冬壬水 · 417
6. 三春癸水 · 427
7. 三夏癸水 · 436
8. 三秋癸水 · 444
9. 三冬癸水 · 451

原序

夫五行生剋之論 創自漢儒 至唐李虛中 乃以天干地支配成八字 專取
부오행생극지론 창자한유 지당이허중 내이천간지지배성팔자 전취

財官印綬 論人之得失 迨後諸賢 又著天官紫微神禽等書 互會參用
재관인수 논인지득실 태후제현 우저천관자미신금등서 호회참용

紛紛不一 而命學燦若列眉矣 但學者不潛心領悟 故其術皆不能中肯
분분불일 이명학찬약열미의 단학자불잠심영오 고기술개불능중긍

余於搜輯詩文之暇 亦頗涉獵命學諸書 乃友人持欄江網繕本 謂余曰
여어수집시문지가 역파섭렵명학제서 내우인지난강망선본 위여왈

某欲著簡易確切之說 以後後學之楷 此本祕之 行篋久矣 以此權量人
모욕저간이확절지설 이후후학지해 차본비지 행협구의 이차권량인

之富貴 往往有驗 子可爲梓之 以爲子平書之一小補 余披閱一過 審
지부귀 왕왕유험 자가이재지 이위자평서지일소보 여피열일과 심

其議論精詳 取舍恰當 實有得五行生剋 八卦錯綜之妙 因不揣剪陋
기의론정상 취사흡당 실유득오행생극 팔괘착종지묘 인불췌전루

細加編輯 視其繁者汰之 略者增之 去其魯魚亥豕之訛 使閱者瞭然若
세가편집 시기번자태지 약자증지 거기노어해시지와 사열자료연약

諸指掌 此眞命學之指南 子平之模範也 乃更其名曰窮通寶鑑 因序其
제지장 차진명학지지남 자평지모범야 내갱기명왈궁통보감 인서기

顚末於簡端 以付梨棗 庶不沒作者之初心 抑以廣君子知命之學之意
전말어간단 이부이조 서불몰작자지초심 억이광군자지명지학지의

云爾.
운이

余春台 序

| 원서 |

대저 五行의 生剋하는 논리는 漢나라 선비로부터 창시되어 唐나라 이허중李虛中에 이르자 天干地支를 生年月日時에 배합하여 八字를 만들었다. 오로지 재성과 관성 인수를 취하여 인생의 득실을 논하였다. 후대에 이르자 많은 현인들이 천관, 자미, 신금 등의 책을 지어 서로 모아 참작하여 사용하니 의견이 분분하여 일정하지가 않다.

명리학은 눈썹이 나란히 빛나는 것과 같이 환하게 드러나는 것인데 다만 학자들이 마음을 가다듬고 깨닫지 못하기 때문에 그 학술들이 모두 하나로 통일을 이루지 못하였다. 나는 시문을 즐겨하면서 한가한 때에는 여러 책들을 수집하던 차에 역시 명학의 책들을 섭렵하게 되었다.

친구가 난강망 선본을 지니고 나에게 말하기를 "내가 간단하고 쉽고 확실한 학설을 저술하여 뒤에 사람들에게 본보기를 하고 싶어서 이 책을 비밀스러운 것이라 궤짝 속에 간직한 지 오래 되었다. 이것으로 사람의 부귀와 권세의 질을 헤아릴 수 있는데 매우 증험하였다. 그대가 책을 출간할 수 있으면 子平書에 하나의 작은 도움이 될 것이다" 라기에 내가 한 번에 살펴보니 논의하는 바가 정확하고 상세하며 취하고 버리는 것이 이치에 맞았다.

실제로 五行의 생극함을 얻는 곳이고 팔괘가 섞이어 혼잡한 것을 종합하는 묘한 이치가 있었다. 이에 나는 생각이 부족하고 견문이 좁은 허물을 없애고 자세하게 편집을 보태고자 하였다. 눈으로 보아 번잡한 것을 없애버리고 간략한 것은 보태었으며 노어 해시 같은 잘못된 것은 없애버렸다. 읽는 사람들은 확연하게 여러 가지를 손바닥 가리키듯이 쉽게 사용할 수 있다. 이 책은 참된 명리학의 나침반이고 자평의 모범이다. 이에 그 이름을 고쳐 궁통보감窮通寶鑑이라 하고 책의 서두에 전말을 간단하게 밝히고 출판에 부쳤다. 작자의 초심을 잊지 말기를 바란다. 군자들은 운명의 뜻을 아는 학문으로서 널리 퍼지기를 바라면서 물러나고자 한다.

余春台 씀

| 凡例 |

一. 窮通寶鑑 原名欄江網 不署撰人時代姓名 觀其所引列之命造 多
明代名人宰輔 可知此書爲明人著作 以爲清季余春台所刻行.

一. 此書看法 盡脫舊式命書之窠臼 四正四偏 吉凶神煞 槪行屛除
專從十干性情 理氣進退 配合喜忌 而定格局之高下 其法出於經驗
發前人所未發 義理精邃 闡發非易 而其文筆又不足以達之 閱者會其
意 略其文辭可也. [此書原名欄江網 書名俚俗 可知其出於江湖手筆
經驗宏富 文筆不逮 亦固其所 原爲祕本 尙非余春台爲之刊行
失傳久矣.]

一. 此書原以十干分列十二月 每月各若干條 列擧其經驗心得 余春
台氏編纂成書 刪繁去蕪 貫串成篇(見原序) 無如繁簡失當 以致意義
前後重出 字句複疊 晦塞難明 茲爲劃分段落 略加評註 以彰其意 至
於闡發義理 深愧未能. (間或加以鉤乙 以不失原來面目爲主旨.)

一. 此書錯字漏句 不一而作 蓋自明代至淸季 歷數百年珍祕傳抄 原
文難免無誤. [原序云其魯魚亥豕 可知原文錯字極多]. 坎間木刻 僅
得宏道堂巾箱本一種 及鉛石印各一 徧求精刻善本不可得 除以三本

互校外 不得已意爲改正 其有未能釋然者 仍列原文 而於評註中加以
호교외 부득이의위개정 기유미능석연자 잉열원문 이어평주중가이

箋注 以待後之學者 斯書義理深邃 因文字拙陋 爲世所輕 甚爲可惜
천주 이대후지학자 사서의리심수 인문자졸루 위세소경 심위가석

深恐湮沒失傳 勉爲評註 學識不逮 屢經易稿 仍未洽意(初稿一部份
심공인몰실전 면위평주 학식불체 누경이고 잉미흡의 초고일부빈

已盡更易) 同好催促 勉付排印 俟再版時 從事修正.
이진갱역 동호최촉 면부배인 사재판시 종사수정

| 범례 |

一. 궁통보감은 원래 이름이 난강망이었다. 지은 사람의 시대와 이름은 서명하지 않았다. 인용하여 열거한 사주를 보건대 대다수가 명나라의 이름 난 사람과 재상(宰輔=宰相)들이니 이 책은 명나라 사람이 만든 책임을 알겠다. 이를 청나라 말기의 여춘태가 출판하였다.

一. 이 책을 보는 법칙은 옛날 명서의 잘못된 관습을 다 벗어났다. 사정四正이니 사편四偏이니 길흉 신살을 모조리 제거하고 오직 十干의 성정을 이치와 기운의 진퇴와 배합되어 좋고 나쁨을 가려 격국의 고하를 정하는 것이다. 그 법은 경험에서 나온 것이며 전에 사람들이 밝히지 못한 것을 밝힌 것이며 뜻과 이치가 매우 심오하니 드러남을 밝히기가 쉽지 않았을 것이다.

문장 실력은 통달함에 부족한 것 같으나 보는 사람이 그 뜻을 이해하면 문맥의 내용은 확실하게 이해할 것이나. [이 책의 원래 이름은 난강망이나 책 이름이 속되어 세상 사람들이 손으로 그때그때 적어서 나타난 것임을 알겠다. 경험이 굉장히 풍부하나 문장 실력은 미치지 못하지만 그 이치를 꽉 지키고 있다. 원래 비본이라 하나 오히려 여춘태가 간행하지 않았으면 오래전에 없어졌을 것이다.]

一. 이 책의 원칙은 十干을 十二月로 나누어서 매월每月마다 각기 약간의 조항으로 드러내어 그 경험한 것을 열거하여 마음으로 깨달은 것이다. 여춘태 씨가 편찬하여 책을 만들어서 번잡한 것은 덜어내 버리고 어지러운 것은 제거하여 익힌 것들을 꿰뚫어 모아 만들었다. (서문에서 언급한 것을 볼 수 있다.)

무릇 번잡하고 간단한 것이 마땅함을 잃어 뜻을 바르게 하기에는 앞뒤가 함부로 있고 글자마다 여러 번 겹치는 것이 캄캄한 밤중인 것 같아 밝음을 드러내지 못하고 있는 것과 같다. 이리하여 계획을 하고 단락을 나누어 평주를 잠시나마 보태어 그 뜻을 드러나게 하여 옳은 이치가 활짝 열리기를 바라나 능력이 모자라 매우 괴롭다. (간혹 글자가 빠진 것을 찾아서 첨가하여 원래의 면목과 중심되는 뜻을 잃지 않게 하였다.)

一. 이 책의 잘못된 글자와 누락된 구절은 하나가 아니다. 대체로 명나라에서 청나라 말까지는 지나온 세월이 수백 년이라. 진귀하고 비밀스러운 초록(필사본)이 전하여진 것이니 원문에 탈자와 오자가 없음을 바랄 수 없다. (서문에 언급한 노어 해시 등 잘못된 글자가 매우 많음을 알겠다.) 구덩이 속에서 목각으로 된 것과 큰길가의 집에 있는 건상본[1] 하나와 납에 새긴 것 각각 하나를 겨우 얻어서 여기저기에서 정밀하게 출간된 바른 것을 구하고자 하였으나 얻지 못하였다. 세 가지 책(목각본, 건상본, 연석본)을 서로 비교하는 것 외에는 부득이하게 뜻을 바로잡고자 애썼다. 그 가운데 능히 해석이 안 되는 부분이 있으면 원문을 벌려놓고 이어서 평주와 다시 짧은 주석을 보탰다. 뒤의 학자를 기다린다.

---

1) 건상본(巾箱本): 작은 책, 가지고 다니기에 편하게 만든 문고본(文庫本)

이 책은 뜻의 이치가 매우 깊은 것이나 문자가 거칠어서 세상에서 별 거 아니다 하였으니 매우 안타깝다. 전해지지 못하고 없어질까 매우 두렵다. 열심히 평주를 달았고, 학식은 미치니 못하여 여러번 헤아려 원고를 바꾸었다. (초고의 일부분은 이미 쉽게 고치기를 다하였다.) 동호인들이 빨리 하라고 재촉하므로 부지런히 인쇄를 해서 나누어 주고자 이제 재판을 내면서 수정하는 일을 하고 있다.

『궁통보감』의 取用 요약표 (역자 첨)

日干 \ 月支		寅	卯	辰	巳	午	未	申	酉	戌	亥	子	丑
甲	用神	丙	庚	庚	癸	癸	癸	丁	丁	甲	庚	丁	丁
甲	補助	癸	丙丁戊己	丁壬	丁庚	丁庚	庚丁	壬庚	丙庚	庚丁壬癸	丁丙戊	庚丙戊	庚丙
乙	用神	丙	丙	癸	癸	癸	癸	丙	癸	癸	丙	丙	丙
乙	補助	癸	癸	丙戊	辛	丙	丙	癸己	丙丁	辛	戊		
丙	用神	壬	壬	壬	壬	壬	壬	壬	壬	甲	甲	壬	壬
丙	補助	庚	庚己	甲	庚癸	庚	庚	戊	癸	壬	戊庚壬	戊己	甲
丁	用神	甲	庚	甲	甲	壬	甲	甲	甲	甲	甲	甲	甲
丁	補助	庚壬	甲	庚	庚	庚癸	壬庚	庚丙戊	庚丙戊	庚戊	庚	庚	庚
戊	用神	丙	丙	甲	甲	壬	癸	丙	丙	甲	甲	丙	丙
戊	補助	甲癸	甲癸	丙癸	丙癸	甲丙	丙甲	癸甲	癸	丙癸	丙	甲	甲
己	用神	丙	甲	丙	癸	癸	癸	丙	丙	甲	丙	丙	丙
己	補助	庚甲	癸丙	癸甲	丙辛	丙辛	丙辛	癸	癸	丙癸	甲戊	甲戊	甲戊
庚	用神	丙	丁	甲	壬	壬	丁	丁	丁	甲	丁	丁	丙
庚	補助	戊甲壬丁	甲庚丙	丁壬癸	戊丙丁	癸	甲	甲	甲丙	壬	丙	甲丙	丁甲
辛	用神	己	壬	壬	壬	壬	壬	壬	壬	壬	壬	丙	丙
辛	補助	壬庚	甲	甲	甲癸	己癸	庚甲	甲戊	甲	甲	丙	戊壬甲	壬戊己
壬	用神	庚	庚	甲	壬	癸	辛	戊	甲	甲	戊	戊	丙
壬	補助	丙戊	辛戊	庚	辛庚癸	庚辛	甲	丁	庚	丙	丙庚	丙	丁甲
癸	用神	辛	庚	丙	辛	庚	庚	丁	辛	辛	庚	丙	丙
癸	補助	丙	辛	辛甲		辛壬癸	辛壬		丙	甲壬癸	辛戊丁	辛	丁

제1부

論木

1. 木을 논함

【原文】

木性騰上而無所止 氣重則欲金任使 木有金則有惟高惟斂之德 仍愛
목성등상이무소지 기중즉욕금임사 목유금즉유유고유렴지덕 잉애

土重 則根蟠深固 土少則有枝茂根危之患 木賴水生 少則滋潤 多則
토중 즉근반심고 토소즉유지무근위지환 목뢰수생 소즉자윤 다즉

漂流 甲戌乙亥 木之源 甲寅乙卯 木之鄕 甲辰乙巳 木之生 皆活
표류 갑술을해 목지원 갑인을묘 목지향 갑진을사 목지생 개활

木也 甲申乙酉木受剋 甲午乙未木自死 甲子乙丑金剋木 皆死木也
목야 갑신을유목수극 갑오을미목자사 갑자을축금극목 개사목야

生木得火而秀 丙丁相同 死木得金而造 庚辛必利 生木見金自傷 死
생목득화이수 병정상동 사목득금이조 경신필리 생목견금자상 사

木得火自焚 無風自止 其勢剛也 遇水返化其源 其勢盡也 金木相等
목득화자분 무풍자지 기세강야 우수반화기원 기세진야 금목상등

格謂斲輪 若向秋生 反爲傷斧 是秋生忌金重也.
격위착륜 약향추생 반위상부 시추생기금중야

  木의 성질은 위로 오르려 하며 멈추지를 않는다. 木의 기운이 무거우면 金을 사용하려고 욕심을 낸다. 木은 金이 있으면 오로지 높은 곳으로 오르려 하며, 거두어들이는(사용하려는) 덕이 있다. 이에 土가 많은 것을 좋아한 즉 뿌리는 깊고 단단하다. 土가 적으면 가지가 무성하여도 뿌리가 위태로운 근심이 있다. 木은 水가 생함을 바라는데 水가 적으면 윤택

하게 번식하고 水가 많으면 물에 떠내려간다. 甲戌 乙亥는 木의 근원이고, 甲寅 乙卯는 木의 고향이다. 甲辰 乙巳는 木의 생하는 곳이 된다. 이 모두를 活木이라 한다. 甲申 乙酉는 木이 극제를 받고, 甲午 乙未는 木이 스스로 죽는다. 甲子 乙丑은 金이 木을 극한다. 이 모두를 死木이라 한다. 生함을 입은 木이 火를 얻으면 빼어나다. 丙丁火가 같은 이치다. 死木은 金을 얻어 쓸모있는 것으로 이루어진다. 庚辛金이 필히 이롭다. 生木이 金을 보면 스스로 다치게 된다. 死木이 火를 얻으면 스스로 타버린다. 바람이 없으면 스스로 그치는데 그 세력이 굳세다. 水를 만나면 근원으로 되돌아와 변화되는데 그 세력이 다한 것이다. 金木의 세력이 서로 대등하다면 나무를 베어 수레를 만드는 격이라 할 수 있다. 만약 가을에 태어났다면 반대로 도끼가 몸을 상하게 한다. 이것은 가을에 태어나서 金이 거듭되는 것을 싫어하기 때문이다.

【原文】

木生於春 餘寒猶存 喜火溫暖 則無盤屈之患 藉水資扶 而有舒暢之
목생어춘 여한유존 희화온난 즉무반굴지환 자수자부 이유서창지
美 春初不宜水盛 陰濃則根損枝枯 春木陽氣煩燥 是以水火二物 旣
미 춘초불의수성 음농즉근손지고 춘목양기번조 시이수화이물 기
濟方佳 土多而損力 土薄則才豊 忌逢金重 傷殘剋伐 一生不閑 設使木旺
제방가 토다이손력 토박즉재풍 기봉금중 상잔극벌 일생불한 설사목왕
得金則良 終身獲福.
득금즉량 종신획복

봄의 木은 한기의 남음이 있으니, 火의 온난함을 기뻐한다. (추위에 서려서) 뿌리가 엉기고 구부러지는 걱정이 없으려면 水의 도움에 의지해야 화락한 것이 펼쳐지는 아름다움이 있다. 첫봄에는 水가 지나치면 마땅

하지 않으니 음기가 짙은즉 뿌리가 손해를 입고 가지가 메마른다. 봄의 木은 양기가 괴롭게 시들게 하니 이리하여 水火 두 가지 물건이 있으면 水火가 기제旣濟되어 바야흐로 아름다울 것이다. 土가 많으면 힘을 씀에 손해가 있고, 土가 희박하면 재주가 풍부하다. 많은 金을 만나는 것을 싫어하는데 (木이) 싸우고 해치거나 강제로 복종시켜 억지로 따르게 하니 일생 동안 한가롭지 않아 힘들 것이다. 설령 木이 왕하다면 金을 얻은즉 뛰어나니 일생 동안 복을 얻을 것이다.

【原文】

夏月之木 根乾葉燥 盤而且直 屈而能伸 欲得水盛而成滋潤之力
하월지목 근건엽조 반이차직 굴이능신 욕득수성이성자윤지력

誠不可少 切忌火旺而招焚火之憂 故以爲凶 土宜在薄 不可厚重 厚
성불가소 절기화왕이초분화지우 고이위흉 토의재박 불가후중 후

則反爲災咎 惡金在多 不可欠缺 缺則不能琢削 重重見木 徒以成林
즉반위재구 오금재다 불가흠결 결즉불능탁삭 중중견목 도이성림

疊疊逢華 終無結果.
첩첩봉화 종무결과

여름의 木은 뿌리는 마르고 잎은 시들었으니 굽어진 것이 장차 곧아지고 구부러진 것이 마땅히 펼쳐지려면 水의 왕성함을 얻어 촉촉이 적시어 윤택하고자 하는 힘을 얻어야 하고, 진실로 (水의 기운이 적으면 안 된다.) 火가 왕하다면 불에 타버리는 근심이 있어 이를 싫어하니 이를 흉하다 하는 것이다. 土는 의당히 적게 있어야 하고 두텁고 많은 것은 불가하다. 두터운 즉 반대로 재난과 허물이 있다. 金이 많은 것을 미워하나 모자라고 이지러져도 불가하다. 金이 없으면 木을 다듬어 만들 수가 없다. 木을 거듭하여 많이 만나면 헛되이 숲만 이룰 뿐 화려함만 쌓이고 쌓여

서 끝내는 열매의 결과가 없겠다.

【原文】

秋月之木 氣漸凄凉 形漸凋敗 初秋之時 火氣未除 尤喜水土以相滋
추월지목 기점처량 형점조패 초추지시 화기미제 우희수토이상자
中秋之令 果已成實 欲得剛金而脩削 霜降後不宜水盛 水盛則木漂
중추지령 과이성실 욕득강금이수삭 상강후불의수성 수성즉목표
寒露節又喜火炎 火炎則木實 木多有多材之美 土厚無自任之能.
한로절우희화염 화염즉목실 목다유다재지미 토후무자임지능

　　가을의 木은 기운이 점점 춥고 서늘하여 형상은 점차 시들어져 무너진다. 첫 가을에는 여름의 火氣가 없어지지 않았으니 매우 좋은 것은 水土가 서로 돕는 것이다. 中秋의 시절에는 열매가 이미 충실히 익었으니 예리한 金을 만나 깎고 다듬어야 한다. 상강 후에는 水가 많음을 좋아하지 않으니 水가 많으면 木이 흘러 떠다니게 된다. 한로 절에는 다시 火의 뜨거움을 좋아하며 火가 뜨거운 즉 木이 열매를 맺게 되니 木이 많으면 재능이 많은 아름다움이 있다. 土가 많으면 스스로 담당할 수 있는 능력이 없다.

【原文】

冬月之木 盤屈在地 欲土多而培養 惡水盛而忘形 金總多不能剋伐
동월지목 반굴재지 욕토다이배양 오수성이망형 금총다불능극벌
火重見溫暖有功 歸根復命之時 木病安能輔助 須忌死絶之地 只宜生
화중견온난유공 귀근복명지시 목병안능보조 수기사절지지 지의생
旺之方.
왕지방

겨울의 木은 서로 엉키고 구부러져 땅에 있으니 土가 많아 배양하고자 한다. 水가 많아 형태를 잃어버리는 것을 싫어한다. 金이 전체적으로 많아도 극벌剋伐할 수 없으며 火가 많음을 보면 온난한 공이 있으니 뿌리로 되돌아가 생명을 다시 새롭게 하려는 시기이다. 木이 병들었다면 어떻게 도와줄 수 있겠는가. 모름지기 木이 죽고 끊어지는 곳을 싫어하니 마땅히 생하고 왕성한 곳을 찾아야 한다.

2. 三春甲木 總論
삼춘갑목 총론

【原文】

春月之木 漸有生長之象 初春猶有餘寒 當以火溫暖 則有舒暢之美
춘월지목 점유생장지상 초춘유여한 당이화온난 즉유서창지미

水多變剋 有損精神 重見生旺 必用庚金斲鑿 春木陽壯水竭 藉水資
수다변극 유손정신 중견생왕 필용경금착착 춘목양장수갈 자수자

扶 則花繁葉茂 初春無火 增之以水 則陰濃氣弱 根損枝枯 不能華秀
부 즉화번엽무 초춘무화 증지이수 즉음농기약 근손지고 불능화수

春末失水 增之以火 則陽氣太盛 燥渴相加 枝葉乾枯 亦不華秀 是以
춘말실수 증지이화 즉양기태성 조갈상가 지엽건고 역불화수 시이

水火二物 要得時相濟爲美
수화이물 요득시상제위미

춘월의 木은 점차 자라는 모습이 있다. 초봄에는 오히려 한기가 남아 있으니 당연히 火로써 온난하게 하여야 열리고 펼쳐지는 아름다움이 있게 된다. 水가 많으면 剋으로 변하여 정신이 손상되고, 木이 거듭 생왕함을 만나면 반드시 庚金을 사용하여 깎고 다듬어야 한다. 늦은 봄은 양기가 자라났으니 水의 갈증이 생하여 水를 이끌어 복돋아 주어야 하며 이러하면 꽃술이 번화하고 잎이 무성하여진다. 초봄에는 火가 없는데 水가 보태어진다면 음기가 농후해져 기운이 약해지니 뿌리가 손해되고 가

지는 메마르게 되어 꽃이 피려는 아름다움이 없다. 늦은 봄에는 水가 부족하여지는데 火를 보탠다면 양기가 너무 왕성하여 건조하면서도 갈증이 생기는 것이 서로 증가되어 가지와 잎이 건조하며 메마르니 역시 꽃이 피려는 아름다움이 없다. 이러한 고로 水火 두 오행은 반드시 때를 얻어야 서로 이루려는 아름다움이 있을 것이다.

3. 三春甲木
삼춘갑목

【原文】

正月甲木 初春尙有餘寒 得丙癸透 富貴雙全 癸藏丙透 名寒木向陽
정월갑목 초춘상유여한 득병계투 부귀쌍전 계장병투 명한목향양

主大富貴 倘風水不及 亦不失儒林俊秀 如無丙癸 平常人也.
주대부귀 당풍수불급 역부실유림준수 여무병계 평상인야

　　정월[寅]甲木은 초춘이니 아직 한기가 남아있으므로 丙癸가 투출됨을 얻어야 부귀가 갖추어진다. 癸水는 지장간에 있고 丙火가 투출되면 이름하여 추운 木이 밝은 양기를 향한다 하여 이 사람은 부귀함이 크다 한다. 혹시 풍수의 덕이 미치지 못해도 유림의 준수함은 잃지 않지만, 만약 丙癸가 없다면 평범한 사람이라 한다.

【原文】

正二月甲木 素無取從才從殺從化之理.
정이월갑목 소무취종재종살종화지리

　　1, 2[寅卯]월 甲木은 원래 종재 종살 종화하려는 이치를 취하지 않는다.

【原文】

或一派庚辛 主一生勞苦 剋子刑妻 再支會金局 非夭卽貧.
혹일파경신 주일생노고 극자형처 재지회금국 비요즉빈

혹 한 무리(2~3개)의 庚辛이 있으면 이 사람은 일생 동안 고달픔이 계속되어 자식을 극하고 아내를 형한다. 다시 지지에 金局을 이루면 요절하지 않으면 가난하다.

【原文】

如無丙丁 一派壬癸 又無戊己制之 名水泛木浮 死無棺槨.
여무병정 일파임계 우무무기제지 명수범목부 사무관곽

丙丁이 없고 한 무리의 壬癸가 있으면서 戊己의 극제함이 없다면 이름하여 水가 넘실거려 木이 둥둥 뜨는 형상이므로 죽어서도 관곽棺槨[2]이 없게 된다.

【原文】

如一派戊己 支會金局 爲才多身弱 富屋貧人 終身勞苦 妻晚子遲.
여일파무기 지회금국 위재다신약 부옥빈인 종신노고 처만자지

한 무리의 戊己에다가 지지에 金局을 이루면 말하기를 재다신약이라 하여 겉으로는 부자인 것 같지만 실제는 가난한 사람이니 종신토록 고달픔이 계속되어 결혼이 늦게 되니 자식도 늦게 둔다는 것이다.

---

2) 관곽(棺槨) : 시체를 넣는 속 널과 겉 널.

【原文】

或無庚金 有丁透 亦屬文星 爲木火通明之象 又名傷官生財格 主聰
혹무경금 유정투 역속문성 위목화통명지상 우명상관생재격 주총

明雅秀 一見癸水傷丁 但作厚道迂儒 或柱中多癸 滋助木神 傷滅丁火
명아수 일견계수상정 단작후도우유 혹주중다계 자조목신 상멸정화

其人奸雄梟險 曹操之徒 言淸行濁 笑裏藏刀.
기인간웅효험 조조지도 언청행탁 소리장도

혹 庚金[관살]이 없고 丁火[상관]가 투출되면 문장의 별이라 하여 木火가 통명한 모습이며 또 이름하기를 상관이 재성을 생하는 격이라 하여 이 사람은 총명하고 아름다워 빼어나다 한다. 그러나 癸水를 하나라도 보게 되면 丁火가 다쳐 道만 두텁게 쌓은 세상물정이 어두운 선비에 불과하다. 혹 사주에 癸水가 많다면 木의 신령함을 도와 번식하지만 丁火가 다쳐 없어지게 되니 그 사람은 거칠고 속내를 드러내지 않는 간사한 영웅으로 조조의 무리이니 말은 청淸하지만, 행동은 탁濁하므로 웃음 가운데 칼을 감추고 있는 것이라 한다.

【原文】

若庚申, 戊寅, 甲寅, 丙寅 一行金水運 發進士 或甲午日 庚午時 此
약경신 무인 갑인 병인 일행금수운 발진사 혹갑오일 경오시 차

人必貴 但要好運相催 不宜制了庚丁 或支成金局 多透庚辛 此又不吉
인필귀 단요호운상최 불의제료경정 혹지성금국 다투경신 차우불길

號曰木被金傷 若無丙丁破金 必主殘疾.
호왈목피금상 약무병정파금 필주잔질

만약에 庚申, 戊寅, 甲寅, 丙寅 사주이면서 金水운으로 흐르면 진사進士에 오르고, 혹 甲午日에 庚午時라면 이 사람은 필히 귀하게 된다. 그러

나 좋은 운이 서로 이끌어야 하며 庚丁을 극제함은 마땅하지 않다. 혹은 지지에 金局을 이루고 庚辛이 많이 투출되었다면 이는 불길하다 한다. 이름하여 木이 金에게 상처를 입은 것이니, 만약 丙丁이 金을 파극하지 않으면 이 사람은 필연코 질병으로 신체가 이지러졌을 것이다.

【原文】

或支成火局 洩露太過 定主愚懦 常有啾喞災病纏身 終有暗疾.
혹지성화국 설로태과 정주우나 상유추즉재병전신 종유암질

혹 지지에서 火局을 이루게 되면 설기되어 노출됨이 지나치니 주인은 반드시 어리석고 겁이 많다. 항상 입 속으로 중얼중얼거리며 재난과 질병이 있어서 몸을 얽매이니 끝내 드러나지 않아 고칠 수 없는 질병이 있다.

【原文】

支成木局 得庚爲貴 無庚必凶 若非僧道 男主鰥孤 女主寡獨.
지성목국 득경위귀 무경필흉 약비승도 남주환고 여주과독

지지에 木局을 이루면 庚金을 얻어야 귀하다. 庚金이 없다면 반드시 흉하니 만약에 스님이거나 도사가 아니라면 남자는 홀아비로서 외롭고, 여자는 과부로서 고독하다.

【原文】

支成水局 戊透則貴 如無戊制 不但貧賤 此死無棺木.
지 성 수 국 무 투 즉 귀 여 무 무 제 부 단 빈 천 차 사 무 관 목

지지에서 水局을 이루고 戊土가 투출하면 귀하고, 戊土의 극제함이 없으면 빈천할 뿐만 아니라 죽어서도 관이 없을 정도이다.

【原文】

故書曰 甲木若無根 全賴申子辰 干得財殺透 平步上青雲.
고 서 왈 갑 목 약 무 근 전 뢰 신 자 진 간 득 재 살 투 평 보 상 청 운

그런고로 서書에 이르기를 甲木이 통근이 없다면 전적으로 申子辰 水局을 의뢰한다. 천간에서 재살이 투출함을 얻으면 평범한 걸음 같지만 청운의 뜻을 펼친다.

【原文】

凡三春甲木 用庚者 土爲妻 金爲子 用丁字 木爲妻 火爲子.
범 삼 춘 갑 목 용 경 자 토 위 처 금 위 자 용 정 자 목 위 처 화 위 자

무릇 三春의 甲木이 庚金을 용신으로 하면 용신을 생하는 土가 처이고 金이 자식이다. 丁火를 용신으로 하면 용신을 생하는 木이 처이고 火가 자식이다.

【原文】

總之正二月甲木 有庚戌者上命 如有丁透 大富大貴之命也.
충지정이월갑목 유경무자상명 여유정투 대부대귀지명야

전체적으로 1, 2[寅卯]월 甲木이 庚戌가 있으면 최고의 명조이다. 丁火가 투출하였다면 큰 부자이고 대귀한 운명이다.

【原文】

二月甲木 庚金得所 名陽刃架殺 可云小貴 異途顯達 或主武職 但要
이월갑목 경금득소 명양인가살 가운소귀 이도현달 혹주무직 단요
財資之 柱中逢財 英雄獨壓萬人 若見癸水 困了財煞 主爲光棍 重刃
재자지 주중봉재 영웅독압만인 약견계수 곤료재살 주위광곤 중인
必定遭凶 性情凶暴.
필정조흉 성정흉포

2[卯]월 甲木은 庚金을 마땅히 얻어야 하니 이름하기를 양인이 칠살을 능가하는 것이므로 적은 귀함이 있음을 옳다 하는 것이니 과거가 아닌 다른 길로 출세를 하거나, 혹은 무관武官 직업일 수도 있다. 다만 재성의 생조함이 있어야 한다. 사주에서 재성을 만나면 영웅으로서 많은 사람을 제압할 수 있다. 만약 癸水를 만나면 재성과 칠살이 피곤해지니 주인은 불량배가 된다. 양인을 거듭 보면 필연코 흉함을 만나게 되니 성정이 흉포하여 발생한 것이다.

【原文】

書曰 木旺宜火之光輝 秋闈可試 木向春生 處世安然有壽 日主無依
서왈 목왕의화지광휘 추위가시 목향춘생 처세안연유수 일주무의
却喜運行財地.
각희운행재지

서書에 이르기를 木이 왕하고 火의 광채가 적당하다면 빛날 것이니 가을 과거에 시험을 보아 합격한다. 木이 봄에 태어나면 처세가 편안하고 수명도 있겠다. 일주가 의지하는 곳이 없으면 도리어 운이 재성이 있는 곳으로 흐르는 것이 기쁘다.

【原文】

丁甲丁甲　乏庚 富而不貴 運入南離凶 兩干不雜 木火通明
卯寅卯午　　핍경 부이불귀 운입남리흉 양간부잡 목화통명
　　　　　　爲人淸雅 子多而賢.
　　　　　　위인청아 자다이현

庚金이 결핍되어 부자이나 귀함은 없다. 행운이 남쪽에 이르면 흉하다. 陽干이 혼잡되어 있지 않았으니 木火가 통명한 상이므로 사람됨이 맑고 아름다워 자식이 많고 덕행이 뛰어나겠다.

乙甲甲戊　孝廉.
亥辰寅寅　효렴

효렴3)의 벼슬이다.

---

3) 효렴(孝廉) : 효렴의 벼슬이란 덕행이 출중하고 학식이 훌륭한 사람을 지역사회에서 추천하여 조정에서 발탁한 사람이다.

| 庚甲丁己 | 庚丁兩透 選拔定然 爲人色重招殃 兄弟無力.
| 午戌卯未 | 경정양투 선발정연 위인색중초앙 형제무력

庚丁이 양쪽으로 투출하니 관리로 선발됨이 당연하나 사람됨이 호색함이 많아 재앙을 불러들이며 형제간에 도움이 되지 못한다.

| 庚甲丙甲 | 茂才.
| 午寅寅申 | 무재

무재란 재주, 즉 학식만 무성한 사람이다.

◎ 역자 첨

| 丙甲甲戌 | 윤치영(尹致暎)이다. 이승만 정부 내무장관을 역임했다. 丙火가 투출하여 木火通明이 되어 일제시대에 미국으로 유학하고 귀국하여 국회의원과 장관을 지냈다.
| 寅子寅戌 |

| 丙甲壬壬 | 문교상관을 역임한 안호상(安浩相)이다. 인성이 통근되고 木火통명격이라 귀격이다.
| 寅申寅寅 |

| 甲甲壬壬 | 음대 피아노 전공 여성 교수다. 월일지가 寅午 火局(식상국)을 이루어 예술에 탁월한 소질을 타고난 것으로 본다.
| 子午寅子 |

| 甲甲丙壬 | 박열(朴烈) 독립지사다. 양인격에 寅午戌 火局이다. 연간의 뿌리 없는 壬水가 火를 제압할 수 없으니 안타깝다. 동경에서 일본 왕을 죽이려고 폭탄을 던졌으나 미수에 그쳐 수감되었다가 해방 후에 석방되었다.
| 戌午卯寅 |

乙甲癸丁	홍진기 전 중앙일보 회장이다. 삼성 이건희 회장의 처 홍라희의 부친이다. 양인격에 상관이 투출하고 또 인성이 투출되어 학식과 욕망이 교차하는 중 재성대운에 得財하였다.
亥寅卯巳	

己甲乙癸	송나라 악비(岳飛) 장군이다. 양인격이다. 亥運에 巳火를 충하고 39辛酉년에 巳 중 丙火가 合去되고 양인 卯木을 沖하여 죽었다.
巳子卯未	

丙甲辛辛	일본 수상 사토 에이사쿠(佐藤榮作)이다. 양인격에 丙火가 투출하였고, 중첩된 정관 辛이 丑土에 통근하여 寅卯辰 木局을 다스리고 있다.
寅辰卯丑	

【原文】

三月甲木 木氣相竭 先取庚金 次用壬水 庚壬兩透 一榜堪圖 但要運
삼월갑목 목기상갈 선취경금 차용임수 경임양투 일방감도 단요운

用相生 風水陰德 方許富貴.
용상생 풍수음덕 방허부귀

    3[辰]월 甲木은 木氣의 바탕되는 힘이 다되었으니 먼저 庚金을 취하고 다음에 壬水를 사용한다. 庚壬이 두 개 투출하면 뛰어남을 인정받아 과거의 방에 이름을 올린다. 다만 운로를 사용함에 상생함이 필요하고 풍수와 조상의 음덕이 있어야 부귀를 허락할 수 있다.

【原文】

或見一二庚金 獨取壬水 壬透淸秀之人 才學必富.
혹견일이경금 독취임수 임투청수지인 재학필부

혹 한두 개의 庚金을 보면 오직 壬水를 취하고 壬水가 투출하였다면 맑고 뛰어난 사람이며 재주와 학식이 반드시 풍부하다.

【原文】

或天干透出二丙 庚藏之下 此鈍斧無鋼 富貴難求 若有壬癸破火 堪
혹천간투출이병 경장지하 차둔부무강 부귀난구 약유임계파화 감
作秀才.
작수재

혹 천간에 두 개의 丙火가 투출하고 庚金이 지장간에 있다면 굳센 강함이 없는 무딘 도끼일 것이니 부귀를 구함이 어렵겠다. 만약 壬癸가 있어 火가 파괴되면 과거에 합격하지 못하고 공부만 하는 수재이다.

【原文】

或柱中全無一水 戊己透干 支成土局 又作棄命從財 因人而致富貴
혹주중전무일수 무기투간 지성토국 우작기명종재 인인이치부귀
妻子有能.
처자유능

혹 사주에 하나의 水라도 없고 戊己가 투간되고 지지에 土局을 이루었다면 이는 기명종재격이니 사람으로 인하여 부귀하고 처자가 능력이 있다.

【原文】

或見戊己 及比劫多者 名爲雜氣奪財 此人勞碌到老 無馭內之權 女
혹견무기 급비겁다자 명위잡기탈재 차인노록도노 무어내지권 여
命合此 女掌男權 賢能內助 若比劫重見 淫惡不堪.
명합차 여장남권 현능내조 약비겁중견 음악불감.

　　혹 戊己를 보았으나 비겁이 많다면 이는 혼잡한 기운이 재성을 빼앗아가는 것이니 이 사람은 늙도록 노력하고 힘쓰나 집안을 통솔하는 힘이 없다. 女命이 이러하다면 여자가 남자의 권리를 장악하여 현명하고 능력있게 내조하나, 만약 비겁을 많이 보게 되면 음란하고 못되게 하는 짓을 감당할 수가 없을 정도이다.

【原文】

或支成金局 方可用丁 不然 三月無用丁之法 惟有先庚後壬取用 書曰
혹지성금국 방가용정 불연 삼월무용정지법 유유선경후임취용 서왈
甲乙生寅卯 庚辛干上逢 離南推富貴 坎地却爲凶.
갑을생인묘 경신간상봉 이남추부귀 감지각위흉.

　　혹 지지에 金局을 이루었으면 丁火를 용신하는 것이 마땅하나 그러하지 않다면 3월에는 丁火를 용신으로 하는 법이 없다. 오직 庚金이 먼저이고 나중에 壬水를 취하여 사용하는 것이다. 書書에 이르기를 甲乙이 寅卯月에 생하고 庚辛을 천간에서 만나면 남쪽 방향에서는 부귀함을 추측하나 북쪽 방향은 도리어 흉하다.

【原文】

書曰 甲乙生寅卯 庚辛干上逢 離南推富貴 坎地郤爲凶.
서왈 갑을인묘생 경신간상봉 이남추부귀 감지극위흉

　　서書에 이르기를 甲乙이 寅卯月에 생하고 庚辛金을 천간에서 만나면 부귀하다고 추론하나 북쪽 방향은 도리어 흉하다.

【原文】

丙甲庚乙　　此命乏丁 喜運入南方 富貴不大之命.
寅申辰丑　　차명핍정 희운입남방 부귀부대지명

　　이 사주는 丁火가 없어 남방운에 들어가는 것이 기쁜데 부귀가 크지 않을 것이다.

庚甲壬丙　　尙書.
午辰辰寅　　상서

　　상서(장관)의 명조이다.

丁甲壬丙　　此命用丁 乏庚常人也.
卯辰辰寅　　차명용정 핍경상인야

　　이 사주는 丁火가 용신이나 庚金이 없어 보통사람이다.

戊甲甲壬　　四柱木旺金缺 非僧道 卽無子.
辰寅辰午　　사주목왕금결 비승도 즉무자

　　사주에 木이 왕함에도 金이 없어 스님과 도인이 아니라면 자식이 없겠다.

◎ 역자 첨

|庚甲戊己|　　|
|午寅辰酉|　　|

[坤命] 모윤숙 시인이다. 재격에 寅午合 식상이 局을 이루고 辰酉合 관성이 局을 이루어 식재관이 조화를 이루니 명성을 얻었다.

|丁甲庚庚|　　|
|卯子辰子|　　|

상담전문가인 여성이다. 庚金 칠살이 나란히 투출하여 시상 丁火로 制殺한다. 水運에 丁火가 꺼지니 남편과 사별하였고, 상담사로 활동한다.

4. 三夏甲木
삼하갑목

【原文】

巳月甲木退氣 丙火司權 先癸後丁.
사 월 갑 목 퇴 기 병 화 사 권 선 계 후 정

4[巳]월의 甲木은 木의 기운이 물러나는 시기이니 丙火가 권한을 잡아 먼저 癸水를 나중에 丁火를 사용한다.

【原文】

庚金太多 甲反受病 若得壬水 方配得中和 此人性好淸高 假裝富貴
경 금 태 다 갑 반 수 병 약 득 임 수 방 배 득 중 화 차 인 성 호 청 고 가 장 부 귀
卽蔭襲顯達 終日好作禍亂 善辨巧談 喜作詩文 此理最驗.
즉 음 습 현 달 종 일 호 작 화 란 선 변 교 담 희 작 시 문 차 리 최 험

庚金이 너무 많으면 甲木은 오히려 病을 얻게 되지만, 만약 壬水를 얻으면 비로소 배합이 중화를 얻으니 이 사람은 성정이 맑고 고상함을 좋아하나, 부귀를 거짓으로 장식하고 조상의 음덕으로 벼슬을 얻고 세습하여 현달하지만, 마침내 허물과 분란을 일으키는 것을 좋아하고 교묘

한 말로 다투기를 즐거워하며 시문을 짓고 스스로 기뻐하니 이러한 이치는 가장 많게 증명된 것이다.

【原文】

如一庚二丙 稍有富貴 金多火多 又爲下格.
여 일 경 이 병 초 유 부 귀 금 다 화 다 우 위 하 격

가령 하나의 庚金과 두 개의 丙火가 있으면 조금은 부귀가 있겠으나 金도 많고 火도 많다면 이 또한 하격이다.

【原文】

或癸丁與庚齊透天干 此命可言科甲 卽風水淺薄 亦有選拔之才 癸水
혹 계 정 여 경 제 투 천 간 차 명 가 언 과 갑 즉 풍 수 천 박 역 유 선 발 지 재 계 수
不出 雖有庚金丁火 不過富中取貴 異途官職而已 壬透可云一富 若
불 출 수 유 경 금 정 화 불 과 부 중 취 귀 이 도 관 직 이 이 임 투 가 운 일 부 약
全無點水 又無庚金丁火 一派丙戊 此無用之人也.
전 무 점 수 우 무 경 금 정 화 일 파 병 무 차 무 용 지 인 야

혹 癸丁과 庚金이 천간에 나란히 투출하면 이 명조는 과거에 합격한다고 말할 수 있으며 비록 풍수의 도움이 얕고 적더라도 역시 뽑혀 발탁되는 재주가 있다. 癸水가 투출하지 않고 비록 庚金 丁火가 있으면 부자로서의 귀함만 있을 뿐이고 과거에 합격하지 않는 관직을 맡게 된다. 壬水가 투출하면 한 고을의 부자이다. 만약 하나의 水라도 없고 다시 庚金과 丁火가 없으면서 한 무리의 丙戊만 있다면 이는 쓸모없는 인간이다.

【原文】

乙甲乙丁
亥寅巳卯

明府.
_{명부}

명부(현령)의 명조이다.

庚甲乙丁
午辰巳卯

庚丁兩透 進士.
_{경 정 양 투 진 사}

庚과 丁이 함께 투출하였다. 진사의 명조이다.

甲甲癸丙
子戌巳午

大貴.
_{대 귀}

크게 귀한 사주이다.

丙甲癸丙
寅子巳午

此命火土熬乾癸水 行午運損目 後作乞丐.
_{차 명 화 토 오 건 계 수 행 오 운 손 목 후 작 걸 면}

이 사주는 火土가 왕하여 癸水를 메마르게 하니 午運으로 흐르면 눈을 다치고 뒤에는 걸인으로 빌어먹는다.

◎ 역자 첨

庚甲丁癸
午申巳亥

제주 출신 국회의원 현오봉이다. 甲일주가 庚丁이 투출하였다. 그리고 癸水가 있으니 상관패인(傷官佩印)이다.

癸甲丁戊
酉戌巳午

일본 나카소네(中曾根) 수상이다. 巳酉가 합하여 癸水를 도우니 甲木이 메마르지 않고, 戊土재성은 癸水인성과는 멀리 있어 장애가 없다.

丁甲丁癸　종합병원 의사로 재직 중이다. 천간으로 癸水와 丁火가
卯寅巳丑　투출하였고, 지지로는 巳丑 金局을 이루고 있다.

乙甲乙丁　국제변호사로 활동 중이다. 천간으로 丁火가 투출하였
丑申巳未　고, 시지 丑土에 癸水를 암장하였으며, 일지 申 中 庚金
　　　　　이 있다.

【原文】

五六月甲木 木性虛焦 一理共推 五月先癸後丁 庚金次之 六月三伏生寒
오육월갑목 목성허초 일리공추 오월선계후정 경금차지 육월삼복생한

丁火退氣 先丁後庚 無癸亦可 或五月乏癸 用丁亦可 要運行北地爲佳.
정화퇴기 선정후경 무계역가 혹오월핍계 용정역가 요운행북지위가

　　5, 6[午未]월의 甲木은 木의 성질이 허약하고 타기 쉬우니 하나의 이치로 함께 추측할 수 있다. 5월은 癸水를 먼저 사용하고 뒤에 丁火를 사용하며 庚金은 그 다음에 사용한다. 6월은 삼복더위에 한기가 생할 수 있으며 丁火가 물러나는 시기이니 丁火를 먼저 사용하고 뒤에 庚金을 사용한다. 癸水는 없어도 역시 옳다. 혹은 五月에 癸水가 부족하면 丁火를 용신으로 하여도 옳으나 운행의 흐름은 북쪽이라야 아름다울 것이다.

【原文】

總之五六月用丁火 雖運行北地 不致於死 却不利運行火地 號曰木化
총지오육월용정화 수운행북지 불치어사 각불리운행화지 호왈목화

成灰 必死 行西程又不吉 號曰傷官遇殺 不測災來 惟東方則吉 北方次之
성회 필사 행서정우불길 호왈상관우살 불측재래 유동방즉길 북방차지

此五六月用丁之說也.
차오육월용정지설야

　　전체적으로 5, 6[午未]월은 丁火를 사용한다. 오로지 운행의 흐름이 북쪽이라야 죽음에 이르지 않고 도리어 운행의 흐름이 火地로 가면 불리하니 말하기를 木이 火로 인하여 잿더미로 변화된 것이니 반드시 죽는다. 행운의 흐름이 서쪽으로 가는 것도 불길하니 이름하기를 상관이 칠살을 만난 것이니 재난이 닥쳐왔음을 예측할 수가 없다는 것이다. 오로지 동쪽이 좋고 北方은 그 다음인 것이다. 이는 5, 6월의 丁火를 사용하는 이치이다.

【原文】

凡用神太多 不宜剋制 須洩之爲妙.
범용신태다 불의극제 수설지위묘

　　무릇 용신이 지나치게 많다면 극제함은 마땅하지 않고 모름지기 그 많음을 설기하는 것이 묘한 이치이다.

【原文】

五六月甲木 木盛先庚 庚盛先丁 五月癸庚兩透 爲上上之格 六月庚
오육월갑목 목성선경 경성선정 오월계경양투 위상상지격 육월경
丁兩透 亦爲上上之格 用神旣透 木火通明 自然大富大貴 或丁火太多
정양투 역위상상지격 용신기투 목화통명 자연대부대귀 혹정화태다
癸水亦多 反作平人.
계수역다 반작평인

　　5, 6[午未]월 甲木은 木이 왕성하면 먼저 庚金을, 庚金이 왕성하면 먼

저 丁火를 사용하는데 5월은 癸庚이 두 개 투출하면 上上의 격이다. 6월은 庚丁이 두 개 투출하여도 역시 上上의 격이다. 용신이 이미 투출되었다면 木火가 통명한 것이니 스스로 크게 부귀한다. 혹은 丁火가 너무 많고 癸水도 역시 많다면 반대로 평범한 사람이다.

【原文】

若柱中多金 名曰殺重身輕 先富後貧 運不相扶 非貧卽夭 或庚多 有
약 주 중 다 금 명 왈 살 중 신 경 선 부 후 빈 운 불 상 부 비 빈 즉 요 혹 경 다 유
一二丙丁制伏 又有壬癸透干 洩金之氣 此又爲先貧後富.
일 이 병 정 제 복 우 유 임 계 투 간 설 금 지 기 차 우 위 선 빈 후 부

만약 사주 중에 金이 많다면 이름하기를 칠살은 많고 일주는 약한 것이니 먼저 부자이나 뒤에 가난할 것이다. 운행의 흐름이 서로 도우지 않는다면 가난하지 않다면 곧 요절한다. 혹은 庚金이 많아도 한두 개의 丙丁이 제복하고 있고 다시 壬癸가 투출하여 金의 기운을 설기하고 있다면 이는 먼저 가난하겠으나 뒤에 부유해진다.

【原文】

或滿柱丙火 又加丁火 不見官殺 爲之傷官傷盡最爲奇 反成淸貴 定
혹 만 주 병 화 우 가 정 화 불 견 관 살 위 지 상 관 상 진 최 위 기 반 성 청 귀 정
主才學過人 科甲有望 但歲運不宜見水 若柱中有壬水 運又逢水 必
주 재 학 과 인 과 갑 유 망 단 세 운 불 의 견 수 약 주 중 유 임 수 운 우 봉 수 필
貧夭死.
빈 요 사

혹 사주에 丙火가 많은데 丁火가 또 보태고 관살을 보지 않았다면 이

를 상관이 칠살을 다치게 함이 지극히 다한 것이라 하여 기이하다 하여, 오히려 맑고 귀함을 이룬 것이니 재주와 학식이 다른 사람보다 뛰어남이 정해져서 과거에 급제할 희망이 있다. 그러나 세운에서 水를 보는 것은 마땅하지 않으며, 만약 사주 중에 壬水가 있고 행운에서 水를 만나게 되면 반드시 가난하거나 일찍 죽는다.

【原文】

但凡木火傷官者 聰明智巧 却是人同心異 多見多疑 雖不生事害人
단 범 목 화 상 관 자 총 명 지 교 각 시 인 동 심 리 다 견 다 의 수 불 생 사 해 인
每抱忌妒之想 女命一理同推.
매 포 기 투 지 상 여 명 일 리 동 추

그러나 대체적으로 木火 상관격인 사람은 총명하고 지혜가 교묘하여 오히려 다른 사람과 같으면서도 마음은 다르게 생각하여 보는 견해가 많으므로 의심도 많이 하게 된다. 비록 다른 사람을 해치는 일이 생기지는 않으나 매일 시기하고 질투하는 생각을 품는다. 여자의 운명도 같은 이치이므로 같게 추측한다.

【原文】

或四柱多土 干上有乙木 切勿作棄命從才.
혹 사 주 다 토 간 상 유 을 목 절 물 작 기 명 종 재

혹 사주에 土가 많이 있더라도 천간에 乙木이 있으면 절대로 기명종재격으로 단정하지 말라.

【原文】

時月兩透己土 名二土爭合 男主奔流 女主淫賤 見二甲則不爭矣 亦
시월양투기토 명이토쟁합 남주분류 여주음천 견이갑즉부쟁의 역
屬平庸之輩 或四柱有辰 干見二己二甲 此人名利雙全 大富大貴.
속평용지배 혹사주유진 간견이기이갑 차인명리쌍전 대부대귀

    時와 月에 己土가 두 개 투출하였다면 이름하여 두 개의 土를 합하고자 다투므로 남자는 바쁘게 떠돌아다니고, 여자는 음란하고 천박하다. 그럼에도 두 개의 甲木을 보았다면 합을 다투는 것은 아니지만 역시 평범한 무리에 속하는 것이다. 혹은 사주에 辰土가 있고 천간에 두 개의 己土와 두 개의 甲木을 보았다면 이 사람은 명성과 이익을 모두 갖추어 크게 부귀한다.

【原文】

若在六月 見辰支 名爲逢時化合格 以癸水爲妻 丁火爲子 若二己一
약재육월 견진지 명이봉시화합격 이계수위처 정화위자 약이기일
甲爭合 取支中比劫爲用 以甲爲用者 壬癸爲妻 甲乙爲子.
갑쟁합 취지중비겁위용 이갑위용자 임계위처 갑을위자

    만약 6[未]월에 辰土 지지를 보았다면 이름하여 시절을 만나 변화하여 합한 격이라 한다. 癸水는 처이고 丁火는 자식이다. 만약 두 개의 己土가 하나의 甲木과 합을 다투고 있다면 지지에서 비겁을 용신으로 취하여야 한다. 甲木을 용신으로 하는 사람은 壬癸가 처이고 甲乙이 자식이다.

【原文】

其餘用庚者 土妻金子 用丁者 木妻火子.
기여용경자 토처금자 용정자 목처화자

　그 외에 庚金을 용신으로 하면 土가 처이고 金이 자식이다. 丁火를 용신으로 하면 木이 처이고 火가 자식이다.

【原文】

女命以妻作夫 用作子 十干皆同.
여명이처작부 용작자 십간개동

　여명은 남명에서 처성妻星을 부성夫星으로 삼고 용신을 자식으로 삼으며, 십간은 모두 동일하다.

【原文】

或是己土 不見戊土 乃爲假從 其人一生縮首 反畏妻子 若無印綬 一
혹시기토 불견무토 내위가종 기인일생축수 반외처자 약무인수 일
生貧苦 六月尤可 五月決不可.
생빈고 육월우가 오월결불가

　혹 己土는 있으나 戊土를 보지 못하면 이르기를 가종격이라 한다. 가종격의 사람은 일생 동안 머리가 아둔하며 반대로 처자를 두려워하게 된다. 만약 인수가 없으면 일생 동안 가난하고 괴롭다. 6월에는 인수가 없더라도 옳으나 5월은 결단코 인수가 없으면 불가하다.

【原文】

甲甲丙丁　　年月丙丁兩透 支中有癸 癸運大發 官至侍郞.
子寅午巳　　년 월 병 정 양 투 　지 중 유 계　계 운 대 발　관 지 시 랑

연월의 丙丁火가 함께 투출하고 지지 子 중 癸水가 있으니 癸水운에 크게 일어나 관직이 시랑(정승)에 다다랐다.

◎ 역자 첨

丙甲戊戊 寅申午辰	홍콩 재벌 이강성(李嘉誠)이다. 식신생재격으로 재성 戊土가 상신(相神)이다.
丙甲庚己 寅寅午亥	고등학교 교장을 지냈다. 丙火가 투출되어 木火通明되었다. 지지로 亥水와 寅木이 나란히 하여 木이 강한 중 庚金이 있고 己土가 火를 설기하여 金을 도우니 아름답다.
甲甲戊戊 戌戌午戌	불우한 인생의 여성이다. 金水가 없으니 메마르고 조열하다. 비견 甲木으로 용신을 삼는다 해도 火를 도와주니 천한 명이다. 27세에 시집에서 쫓겨나 절일을 도우며 살다가 癸丑 대운 癸未년 심장마비로 세상을 떠났다.
辛甲丙丁 未寅午巳	자식이 없는 남자. 火가 치열한 중 시상으로 辛金이 투출했으나 火에 극당하니 사용할 수 없다. 火세로 從하는 사주로 자식이 되는 관성 金이 病이 되었다.

【原文】

辛甲辛甲
未子未辰

兩干不雜 專用丁火 一生富貴.
양간부잡 전용정화 일생부귀

두 개의 천간이 서로 섞이지 않아 오직 丁火를 용신으로 하니 일생 동안 부귀하다.

戊甲癸乙
辰子未巳

支成水局 困了丁火 雖主富貴 乏子.
지성수국 곤료정화 수주부귀 핍자

지지에서 子辰 水局을 이루어 未 中 丁火가 힘들어졌으니 주인은 비록 부귀하겠으나 자식이 부족하다.

丙甲辛甲
寅戌未申

庚金得祿 官至尙書.
경금득록 관지상서

庚金이 지지 申金에서 건록을 얻었으니 관직이 상서에 다다랐다.

戊甲乙辛
辰戌未巳

女命 三嫁乏子.
여명 삼가핍자

여자로서 세 번 결혼하였으나 자식은 부족하겠다.

◎ 역자 첨

乙甲辛甲
亥寅未午

전 국회의장 신익희(申翼熙)다. 민주당 대통령 후보 역임. 亥 중 壬水가 있고 월간 辛金이 조후와 중화를 이끈다. 金水대운에 공명하였으나 丁丑대운 63세 丙申년에 急死하였다. 대운과 세운의 丙丁 火가 정관 辛金을 制去하였음이다.

甲甲己癸
戌戌未卯

부잣집 며느리다. 月令은 卯未 木局을 이루고 癸甲이 투출하였다. 癸水는 마른 땅을 적시고 甲木은 己土를 제하여 癸水를 보호하며 旺土를 다스리고 있다.

丁甲己癸
卯寅未丑

건설업 통신공사 사업가다. 연간으로 癸水가 투출하였고, 시간으로 丁火가 투출하였다.

5. 三秋甲木 總論
삼추갑목 총론

【原文】

三秋甲木 木性枯槁 金土乘旺 先丁後庚 丁庚兩全 將甲造爲畵戟 七
삼추갑목 목성고고 금토승왕 선정후경 정경양전 장갑조위화극 칠

月甲堪爲戟 非丁不能造庚 非庚不能造甲 丁庚兩透 科甲定然 庚祿居申
월갑감위극 비정불능조경 비경불능조갑 정경양투 과갑정연 경록거신

殺印相生 運行金水 身伴明君 或庚透無丁 一富而已 主爲人操心太重
살인상생 운행금수 신반명군 혹경투무정 일부이이 주위인조심태중

不能坐享 或丁透庚藏 亦主靑衿小富 或庚多無丁 殘疾病人 若爲僧道
불능좌향 혹정투경장 역주청금소부 혹경다무정 잔질병인 약위승도

災厄可免.
재액가면

　가을철의 甲木을 전체적으로 논하여 보자. 가을의 甲木은 木의 성품이 메마르고 말라 물기가 없으며 金土가 왕성한 기운을 올라탔으니 먼저 丁火를 뒤에 庚金을 사용한다. 丁庚 두 개가 완전하면 장차 甲木은 아름다운 무기武器로 만들어진다. 7월에 甲木은 무기가 됨을 감당할 수 있지만 丁火가 아니면 庚金을 다루어주지 못하고, 庚金이 아니면 甲木을 다루어주지 못한다. 丁庚 두 개가 투출하면 과거에 합격함이 당연하다. 庚金의 건록은 申金이니 칠살과 인수가 서로 상생하고 운행이 金水로 흐

르면 몸은 훌륭한 임금과 짝을 이룬다. 혹은 庚金은 투출하고 丁火가 없다면 한 고을의 부자일 뿐이므로 사람 됨됨이가 삼가는 마음이 너무 지나쳐(생각이 많으므로) 편안히 앉아 즐거움을 누리지 못한다. 혹은 丁火는 투출하고 庚金은 지장간에 있어도 주인은 청금(교육기관 입학생)으로 작은 부자는 될 수 있다. 혹은 庚金은 많고 丁火가 없으면 피폐해져 질환이 생긴 병든 사람이다. 만약 스님이나 도사라면 재액은 면할 수도 있겠다.

【原文】

或四柱庚旺 支內水多 不作棄命從殺 見土多可作從才而看.
혹 사 주 경 왕 지 내 수 다 부 작 기 명 종 살 견 토 다 가 작 종 재 이 간

혹 사주에 庚金이 왕하고 지지에서 水가 많다면 기명종살격이 되지 못하고, 土가 많음을 본다면 종재격이라 할 수 있다.

【原文】

庚多無癸 而壬水多 戊己亦多 此則專用一點丁火 方可制金以養羣土
경 다 무 계 이 임 수 다 무 기 역 다 차 즉 전 용 일 점 정 화 방 가 제 금 이 양 군 토
此命大富 丁藏富小 不顯 丁露定作富豪 得二丁 不坐死絶 必然富貴雙全
차 명 대 부 정 장 부 소 불 현 정 로 정 작 부 호 득 이 정 부 좌 사 절 필 연 부 귀 쌍 전
卽風水不及 亦可富中取貴 納粟奏名.
즉 풍 수 불 급 역 가 부 중 취 귀 납 속 주 명

庚金은 많고 癸水가 없을 때 壬水가 많고 戊己 역시 많다면 이는 오로지 일점의 丁火로 용신으로 해야만 비로소 金을 억제하고 土의 무리를 기를 수 있어 이 사람은 큰 부자라고 할 수 있다. 丁火가 지장간에 있으

면 재산이 적고 현달하지 못한다. 丁火가 드러나면 당연히 재산이 많은 호걸이다. 두 개의 丁火를 얻고 사절死絶의 곳에 앉지 않으면 필연코 부귀가 모두 갖추어진 것이다. 또는 풍수가 미치지 못하더라도 재산이 많은 가운데 귀함을 취할 것이니 재물을 헌납하고 이름을 알린다(관직을 얻는다).

【原文】

或癸疊疊制伏丁火 雖滿腹文章 終難顯達 得運行火土 破癸 略加假
혹계첩첩제복정화 수만복문장 종난현달 득운행화토 파계 약가가
就功名 歲運皆背 刀筆之徒 支成水局 戊己透干 制去癸水 存其丁火
취공명 세운개배 도필지도 지성수국 무기투간 제거계수 존기정화
又可云科甲 但此等命 主爲人心奸巧詐 好訟爭非 因貪致禍 奸險之徒
우가운과갑 단차등명 주위인심간교사 호송쟁비 인탐치화 간험지도
決非安分之人也.
결비안분지인야

혹 癸水가 겹쳐져서 丁火를 제복하면 비록 뱃속에 가득히 문장(글을 쓰고 짓는 실력)이 있더라도 끝내 현달함이 어려우나 운행에서 火土를 얻어 癸水를 파괴하면 임시적으로 다스리는 공명을 성취하는데 세운과 행운에서 모두 어긋나면 문서를 취급하는 하급관리의 무리일 뿐이다. 지지에서 水局을 이루고 戊己가 투간되어 癸水를 제거하여 丁火를 보존하면 또 과거에 급제함이 당연하나 이러한 사주의 주인은 사람됨이 마음이 간사하고 거짓을 꾸미어 소송함을 좋아하여 시비를 다투다가 탐욕으로 인하여 재앙에 이르는 간교하고 위험한 무리이다. 결코 편안한 분수를 지키지 못한다.

【原文】

乙甲甲乙　　孝廉, 辰運災.
亥子申未　　효렴　진운재

　　　　　　효렴이다. 辰運에 재난이 있었다.

6. 三秋甲木
삼추갑목

【原文】

七月甲木 丁火爲尊 庚金次之 庚金不可少 火隔水不能鎔金 故丁火鎔金
칠월갑목 정화위존 경금차지 경금불가소 화격수불능용금 고정화용금

必賴甲木引助 方成紅爐 若有癸水阻隔 便滅丁火 壬水無碍 且能合丁
필뢰갑목인조 방성홍로 약유계수조격 편멸정화 임수무애 차능합정

但須見戊土 方可制水存火.
단 수 견 무 토 방 가 제 수 존 화

    7[申]월의 甲木은 丁火를 소중히 여기고 다음이 庚金이다. 庚金이 적으면 불가하다. 火가 水에게 막혀 있다면 金을 녹일 수 없으므로 丁火가 金을 녹이려면 필히 甲木에 이끌려서 도움을 받는 것에 의지해야만 비로소 불이 빨갛게 타는 화로가 된다. 만약 癸水가 멀리 있어도 丁火는 소멸하게 된다. 壬水는 걸림은 없으나 丁火를 합하게 되니 이럴 때에는 모름지기 戊土를 만나 바야흐로 水를 극제하고 火를 보존하여야 옳은 것이다.

【原文】

丁甲丙丙　　用庚金 行戊運連捷 庚運轉侍郞.
卯寅申午　　용경금 행무운연첩 경운전시랑

　　　　　　庚金을 용신으로 하니 戊運에 연이어 과거에 합격하
　　　　　　고 庚運으로 바뀌게 되자 시랑이 되었다.

丁甲壬己　　茂才.
卯戌申亥　　무재

　　　　　　무재(주현학교 생원), 재능이 뛰어난 사람이다.

丙甲庚戊　　縣令 丑運去官.
寅寅申午　　현령 축운거관

　　　　　　현령 벼슬을 하다가 丑運에 관직을 잃었다.

◎ 역자 첨

丁甲庚癸 卯戌申亥	희극배우 고 김희갑(金喜甲)이다. 甲木에 庚丁이 투출하였다. 癸水와 丁火가 격(隔)하여 서로 극하지 않는 것이다.
丙甲甲乙 寅戌申酉	전 국회의원 정형근이다. 辛酉戌 方合 金局을 이루고 丙火가 좌하 長生에서 투출하여 식신제살격이 되었다.
己甲庚戊 巳子申申	방탕한 여성이다. 庚金 칠살이 왕하여 子水로 살인상생하나 戊己土가 투출하여 용신 水를 극하고 살을 생하니 (재생살) 남자를 전전하며 방탕하게 사는 천박한 명이다.

【原文】

八月甲木 木囚金旺 丁火爲先 次用丙火 庚金再次.
팔월갑목 목수금왕 정화위선 차용병화 경금재차

　　8[酉]월 甲木은 木의 기운을 가두고 金이 왕하여 丁火가 먼저 필요하고 다음으로 丙火를 사용하며 庚金은 그 다음이다.

【原文】

一丁一庚 科甲定顯 癸水一透 科甲不全.
일정일경 과갑정현 계수일투 과갑부전

　　하나의 丁火와 하나의 庚金이면 과거에 급제함은 결정적으로 드러난다. 癸水가 하나 투출하면 과거의 급제는 온전하지 못하다.

【原文】

丙庚兩透 富大貴小 丙丁全無 僧道之命.
병경양투 부대귀소 병정전무 승도지명

　　丙庚 두 개가 투출하면 재산은 크나 귀함은 적다. 丙丁이 전혀 없다면 스님과 도사의 운명이다.

【原文】

丙透無癸 富貴雙全 有癸制丙 尋常之人 支成火局 可許假貴 戊己一透 可作富翁.
병투무계 부귀쌍전 유계제병 심상지인 지성화국 가허가귀 무기일투 가작부옹

丙火가 투출하고 癸水가 없어도 부귀가 쌍전하고, 癸水가 있어 丙火를 극제한다면 평범한 사람이다. 지지에서 火局을 이루면 일시적으로 귀함을 허락하고, 戊己가 하나라도 透出하면 늙도록 재산이 많다.

【原文】

或支成金局 干露庚金 爲木被金傷 必主殘疾 得丙丁破金 亦主老來
혹지성금국 간로경금 위목피금상 필주잔질 득병정파금 역주노래
暗疾.
암 질

혹 지지에서 金局을 이루고 천간에 庚金이 노출되면 木이 金에게 다침을 입었으니 주인은 반드시 피폐해져 질병이 있다. 丙丁火를 얻어 金을 파하더라도 역시 이 사람도 늙어서 못된 질환에 시달린다.

【原文】

或支成木局 干透比劫 反取庚金爲先 次用丁火.
혹지성목국 간투비겁 반취경금 위선 차용정화

혹 지지에서 木局을 이루고 천간에 비겁이 투출하면 오히려 庚金을 먼저 취하고 다음이 丁火를 용신으로 한다.

【原文】

丁甲乙乙　　丁火高照 太守命.
卯子酉未　　정화고조 태수명

　　　　　　丁火가 시주에서 높게 비추니 태수의 명조이다.

丁甲乙庚　　支藏丙火 時逢乙丁 參政命.
卯子酉寅　　지장병화 시봉을정 참정명

　　　　　　지장간에 丙火가 암장되고 시주에서 乙丁을 만나니 참정의 명조이다.

甲甲乙乙　　朱文端公造.
子子酉巳　　주문단공조

　　　　　　주의 문단공의 사주명조이다.

丁甲丁丙　　孝廉 卯終.
卯寅酉戌　　효렴 묘종

　　　　　　효렴에 추천되었으며 卯運에 죽었다.

◎ 역자 첨

戊甲己丁　　육군소장, 포항제철회장, 국무총리를 역임한 박태준(朴泰俊)이다. 甲木이 연지 卯와 시지 辰에 통근하고 財官印을 고루 갖추었다. 즉 정관격으로 지지로는 관인상생을 이루고 천간으로는 상관생재를 이루었다.
辰子酉卯

| 庚甲丁辛 | 국민가수 이미자다. 庚辛이 투출하여 관살이 혼잡하나 丁火가 제살하여 맑아졌다. 지지 子水로 化殺하는 용신이다. 대운이 용신 水木方으로 향하였다. |
| 午子酉巳 | |

| 庚甲辛戊 | 부부갈등이 심한 여성이다. 庚辛金이 투출하여 午火 중 丁火로 제살한다. 그러나 습기가 없어 火金이 상전하는 모습이다. |
| 午午酉午 | |

【原文】

九月甲木 木星凋零 獨愛丁火 壬癸滋扶 丁壬癸透 戊己亦透 此命配
구월갑목 목성조령 독애정화 임계자부 정임계투 무기역투 차명배

得中和 可許一榜 庚金得所 科甲定然.
득중화 가허일방 경금득소 과갑정연

9[戌]월 甲木은 木의 기운이 시들어 떨어지니 오직 丁火를 사랑하며 壬癸가 木을 번성하게 도와야 한다. 丁壬癸가 투출하고 戊己 역시 투출한다면 이 사람은 배합에서 중화를 얻은 것이니 가히 과거에 1등으로 이류을 써붙이게 된다. 庚金이 자리(위치)를 얻었다면 과거에 우수한 실력으로 합격함이 틀림없다.

【原文】

或見一二比肩 無庚金制之 平常人也 倘運不得用 貧無立錐 一命 甲
혹견일이비견 무경금제지 평상인야 당운부득용 빈무입추 일명 갑

辰甲戌甲辰甲戌 身伴君王 富貴壽考 此爲天元一氣 又名一才一用
진갑술갑진갑술 신반군왕 부귀수고 차위천원일기 우명일재일용

遇比用才 專取季土 或見庚丙, 甲 可許入泮 白手成家 用火者 木妻火子
우비용재 전취계토 혹견경병 갑 가허입반 백수성가 용화자 목처화자

子肖妻賢.
자 소 처 현

　혹 한두 개의 비견을 보았으나 庚金의 극제함이 없으면 평상한 사람이다. 혹여 운로에서 쓰임을 얻지 못하면 가난하기가 송곳 하나 세울 땅도 없는 사람이다. 일명一命 甲甲甲甲／戌辰戌辰이면, 몸이 군왕과 어울리고 부귀하고 장수하는 것은 천원일기격이고 다른 말로도 재성 하나만 가지고도 한 번에 쓰임이 있어서이다. 비견을 만나 재성을 용신으로 한 것이니 오로지 9월 土를 취한 것이다. 혹은 庚丙과 더불어 甲을 보았다면 국립대학에 입학하니 자기 스스로 가업을 이루는 것이다. 火를 용신으로 하는 사람은 木이 처이고 火가 자식이다. 자식은 쇠약하고 처는 현명하다.

【原文】

或四柱木多 用丙用丁 皆不足異 耑用庚金爲妙 凡四季甲木 總不外
혹사주목다 용병용정 개부족리 단용경금위묘 범사계갑목 총불외

乎庚金 譬如木爲犁 能疏季土 非庚爲犁嘴 安能疏土 雖用丙丁 癸庚
호경금 비여목위리 능소계토 비경위리취 안능소토 수용병정 계경

決不可少也 九月却不取土妻金子 當取水妻木子 凡甲木 多見戊己
결불가소야 구월각불취토처금자 당취수처목자 범갑목 다견무기

定作棄命從才而看 從才格 取火妻土子.
정작기명종재이간 종재격 취화처토자

　혹 사주에 木이 많으면 丙火나 丁火를 사용하나 모두 만족스럽게 다르지 않다. 처음부터 庚金을 사용하는 것이 묘하다. 대저 사계월[辰戌丑未月]에 출생한 甲木은 모두 다 庚金을 버려둘 수 없다. 비유하자면 木은 밭을 가는 쟁기이므로 사계절의 土를 능히 갈아서 부술 수 있는데 庚金이 밭

을 가는 쟁기의 뾰족한 부리(날)가 되지 못하면 어찌 능히 土를 갈아서 부술 수 있겠는가? 비록 丙丁을 사용하더라도 癸庚이 적으면 결단코 불가하다. 9월 甲木은 도리어 土가 처이고 金이 자식으로 취하지 않고 당연히 水가 처이고 木이 자식이다. 대저 甲木이 戊己를 많이 보게 되면 반드시 기명종재격으로 보는데 종재격은 火가 처이고 土를 자식으로 취한다.

【原文】

或見一派丙丁傷金 不過假道斯文4) 有壬癸破了丙丁 技藝之流 無壬
혹견일파병정상금 불과가도사문 유임계파료병정 기예지류 무임

癸破火 支又成火局 乃爲枯朽之木 有庚亦何能爲力 定作孤貧下賤之輩
계파화 지우성화국 내위고후지목 유경역하능위력 정작고빈하천지배

男女一理.
남녀일리

　혹 한 무리의 丙丁火가 金을 다치게 하는 것을 보면 거짓된 선비에 불과하다. 壬癸가 있어 丙丁을 파괴하면 기술과 재주를 부리는 무리이다. 壬癸가 없어 火를 파괴하지 못하는데 지지에서 火局을 이루면 마르고 썩어버린 木이다. 庚金이 있어도 어찌 힘을 쓸 수 있겠는가. 외롭고 가난하고 천한 무리일 뿐이다. 남녀가 같다.

【原文】

或有假傷官 得地逢生 此正合甲乙秋生貴元武之說 用水制傷官者 以
혹유가상관 득지봉생 차정합갑을추생귀원무지설 용수제상관자 이

金爲妻 水爲子.
금위처 수위자

---

4) 사문(斯文): ① '유교'에서 유교의 문화를 이르는 말. ② '유학자'의 경칭.

혹 가상관격이 되었을 때 지지에서 생의 만남을 얻으면 이는 진정 가을의 甲乙木이 가을에 생해서 귀하고 으뜸가는 무장武將의 이야기에 맞는 것이다. 水를 사용해 상관을 극제하는 자는 金이 처이고 水가 자식이다.

【原文】

或丁戊俱多 總不見水 又爲傷官生財格 亦可云富貴 此格取火爲妻
土爲子.

혹 丁戊가 많이 갖춰졌는데 함께 水를 보지 못하면 또한 상관생재격이 된다. 역시 부귀함이 옳다. 이러한 격은 火가 처이고 土가 자식이다.

【原文】

凡甲多庚透 大貴 庚藏小貴 若柱中多庚 則又以丁爲奇 富貴人也 如
庚申年丙戌月甲申日壬申時 此主功名顯達 有文學 若無庚丙年月 又
無火星出干 雖曰好學 終困名場.

무릇 甲이 많고 庚金이 투출하면 대귀한다. 庚金이 지장간에 있으면 귀함이 적다. 만약 사주에 庚金이 많아서 丁火를 사용하면 기이하므로 부귀한 사람이라 한다. 가령 壬甲丙庚/申申戌申 이면, 이 사람은 공명을 이루고 현달한다. 문장의 실력도 있다. 만약 庚丙이 연월에 없고 火가 천간에 나타나지 않았으면 비록 학문을 좋아하나 끝내 명망을 이루기가 곤란하다.

【原文】

九月甲木 耑用丁癸 見戊透必貴 如戊戌壬戌甲子甲申 支成水局 干
구월갑목 단용정계 견무투필귀 여무술임술갑자갑신 지성수국 간

有壬水 正合貴元武之說 配得中和 一榜之命 家計豐足 但庚丁未透出干
유임수 정합귀원무지설 배득중화 일방지명 가계풍족 단경정미투출간

不能館選.
불능관선

　　戌月 甲木은 처음부터 丁火와 癸水를 사용한다. 戊土가 투출함을 보면 필히 귀하다. 가령 甲甲壬戊 / 申子戌戌 이면, 지지에서 申子 水局을 이루고 천간에 壬水가 투출하여 진정으로 귀하고 으뜸가는 무장武將의 이야기에 맞는 것이다. 중화를 적당히 얻어 과거에 합격하며 집안의 살림살이가 풍족하겠다. 그러나 庚丁이 투출하지 않아 館閣(관각-송나라 한림원)에 선출되지 못하였다.

【原文】

庚甲庚壬　　庚丁兩旺 一品當朝.
午午戌午　　경정양왕 일품당조
(明詹丞相)
명첨승상

　　庚과 丁이 둘 다 왕하여 일품으로 조정에 있었다.

戊甲丙庚　　武庠 富而且壽.
辰戌戌戌　　무상 부이차수

　　무장武將이면서 교육자다. 부자이면서 장수하였다.

| 甲甲甲己 |
| 子戌戌丑 |

乏庚 丁火入墓 早貧賤 晚景大發 但庸人耳.
핍경 정화입묘 조빈천 만경대발 단용인이

庚金이 허약하고 丁火가 묘지에 들었으니 일찍이 가난하고 천하였으나 늦게는 크게 좋았다 하나 다만 평범한 사람일 뿐이다.

◎ 역자 첨

| 甲甲甲甲 | 청나라 말기의 중국 혁명가 황극강(黃克疆)이다. 戌月에 실령했으나 천간의 4甲木이 일지 寅木에 통근하고 천원일기를 이루었다. 3戌土의 戊土가 있으니 장군 기상은 있으나 火가 투출되지 않고 水木운으로 향하자 기세가 어그러져 피살되고 말았다. |
| 戌寅戌戌 | |

| 壬甲壬癸 | 서울대 미대 교수다. 戌月은 조열한 중 午戌火局까지 이루었는데 壬癸水가 투출하여 申에 근을 두니 아름답다. 천간 왕한 水는 인수이고 지지는 상관국을 이루어 예술의 길을 간 것이다. |
| 申午戌巳 | |

| 甲甲壬戊 | 도서관장이다. 申金에서 투출한 壬水가 조열한 土를 적시고 甲木은 土를 극제하여 壬水를 보호한다. |
| 戌午戌申 | |

【原文】

甲乙比肩 又逢比劫運 主弟兄財劫爭訟 刑妻損子 甲乙生正二月 無
갑을비견 우봉비겁운 주제형재겁쟁송 형처손자 갑을생정이월 무

制無洩 中長髮師姑.
제무설 중장발사고

위의 사주를 해석한 것이다. 甲乙 비겁이 있고 다시 비겁운을 만나면 아우가 형의 재물을 겁탈하기 위해 소송으로 다투고 처자를 해치고 다치게 된다. 甲乙木이 1, 2월에 태어나서 극제함과 설기됨이 없다면 머리기를 비구니다.

7. 三冬甲木
삼동갑목

【原文】

十月甲木 庚丁爲要 丙火次之 忌壬水乏身 須戊土制之.
십월갑목 경정위요 병화차지 기임수핍신 수무토제지

10[亥]월의 甲木은 庚丁을 필요로 하며 丙火는 그 다음이다. 꺼리는 것은 壬水가 甲木을 괴롭히는 것인데 모름지기 戊土로 극제하여야 한다.

【原文】

若庚丁兩透 又加戊出干 名曰去濁留淸 富貴之極 卽乏丁火 亦稍有富貴
약경정양투 우가무출간 명왈거탁유청 부귀지극 즉핍정화 역초유부귀
或甲多制戊 庚金無根 平常人也 庚戊若透 雖出比劫 必定富而壽.
혹갑다제무 경금무근 평상인야 경무약투 수출비겁 필정부이수

만약 庚丁이 다 투출하고 더불어 戊土가 천간에 나타났다면 이름하기를 탁기를 제거하고 맑은 기운만 머무른다 하여 부귀함이 지극할 것이다. 그러나 丁火를 괴롭히면 역시 부귀함이 있겠지만 적다. 혹은 甲木이 많아 戊土를 극제하는데 庚金이 뿌리가 없으면 평범한 사람이다. 庚戊가

만약 함께 투출하면, 비록 비겁이 투출하였더라도 필연코 부자이며 수명도 오래다.

【原文】

或多比劫 只一庚出干 坐祿逢生 乃爲捨丁從庚 略富貴 或支見申亥
혹다비겁 지일경출간 좌록봉생 내위사정종경 약부귀 혹지견신해

戊己得所 以救庚丁 可許科甲 若單己透 其力弱小 不過貢監而已.
무기득소 이구경정 가허과갑 약단기투 기력약소 불과공감이이

혹 비겁이 많은데 오로지 하나의 庚金만 투출하였더라도 庚金이 건록에 앉아 생함을 만난다면 丁火를 버리고 庚金을 좇아 약간이나마 부귀할 것이다. 혹은 지지에 申亥를 보고 戊己가 제 할 바를 얻어 庚丁을 구한다면 과거에 장원급제를 허락한다. 만약 己土가 혼자 투출하면 그 힘이 약하고 적어 공감(말단관리)에 불과할 것이다.

【原文】

用庚 土妻金子 用丁 木妻火子.
용경 토처금자 용정 목처화자

庚金이 용신이면 土가 처이고 金이 자식이다. 丁火가 용신이면 木이 처이고 火가 자식이다.

【原文】

甲甲乙己
子子亥巳
(明錢丞相)
명전승상

金土得位 官至一品.
금토득위 관지일품

金土가 마땅한 위치를 얻으니 관직이 일품에 이르렀다.

丙甲辛壬
寅戌亥辰

耑用戊土 先貧後富.
단용무토 선빈후부

오로지 戊土를 사용하니 먼저 가난하고 뒤에 부자가 된다.

壬甲己辛
申辰亥丑

此爲燈火拂劍 異路恩封 妻賢子肖.
차위등화불검 이로은봉 처현자초

이 사주는 등불 앞에서 (책을 읽어야 하는데 쓸데없이) 검을 휘두르니, (실력을 인정받지 못하고) (과거가 아닌) 다른 길로 벼슬이 봉해지는 은혜를 입었다. 처는 어질고 자식은 잘났다.

乙甲癸戊
亥子亥辰

戊出天干 止流水 號曰六甲趨乾 官至封侯.
무출천간 지류수 호왈육갑추건 관지봉후

戊土가 천간으로 투출하여 흐르는 물을 제지하니 말하기를 육갑추건격[5]이라 한다. 관직이 제후에 봉함에 이르렀다.

---

5) 육갑추건격(六甲趨乾格): 여섯 甲일생이 乙亥시에 나고 巳나 亥를 六合하는 인이 없거나 亥가 많으면 서 寅, 巳가 없는 격

己甲辛壬　　火土失令 畧有衣食 但孤寡多疾.
巳子亥辰　　화 토 실 령 약 유 의 식 단 고 과 다 질

甲己 火土가 亥月에 실령하였음에도 대략 의식은 걱정 없겠으나 외롭고 고독하며 질병이 많았다.

◎ 역자 첨

| 丙甲辛壬
寅午亥戌 | 롯데 신격호(辛格浩) 회장이다. 壬水와 정관 辛金이 관인 생생을 이루고 시상의 식신 丙火가 투출하여 품격을 갖췄다. 寅午戌 火局을 이루는 중에 지장간의 戊土를 식신 생재하게 되어 부를 이루었다. |

| 甲甲癸戊
戌子亥辰 | SK 창업주 최무현(崔武鉉)이다. 지지가 亥子辰으로 水가 왕한 중 戊土가 투출하여 부귀하게 되었다. 최태원의 큰아버지이다. |

| 甲甲己丙
子子亥寅 | 서울시장과 내무장관을 역임한 김현옥(金玄玉)이다. 丙火가 투출하였으며 초년이 지나면서 대운이 동남방으로 향하여 부귀하게 되었다. 말년에 고향에서 중학교 교장을 지냈다. |

| 戊甲癸戊
辰申亥子 | 중국 군인, 원수. 공산당 혁명가 주덕(朱德)이다. 水왕한 중 戊土가 투출하였고 일지에 申金 칠살로 이끄니 재생살이 되어 비범하다. |

```
庚甲己辛
午辰亥酉
```
탤런트 송혜교다. 甲木 日主가 亥月에 생하고 辰에 통근하였다. 시상의 칠살 庚金을 午中 丁火가 제살하여 귀하게 되었다. 丁酉년 송중기와 결혼.

【原文】

十一月甲木 木性生寒 丁先庚後 丙火佐癸 癸水司權 爲火金之病 庚
십일월갑목 목성생한 정선경후 병화좌계 계수사권 위화금지병 경

丁兩透 支見巳寅 科甲有准 風水不及 選拔有之 若癸透傷丁 無戊己補救
정양투 지견사인 과갑유준 풍수불급 선발유지 약계투상정 무무기보구

殘疾之人 或壬水重出 丁火全無者 庸人也 得丙方妙.
잔질지인 혹임수중출 정화전무자 용인야 득병방묘

11[子]월 甲木은 木의 성질이 한기를 생하니 丁火를 먼저 사용하고 뒤에 庚金을 사용한다. 丙火는 癸水를 도우는 뜻이다. 癸水가 사령하여 권세를 맡으니 火金이 병이다. 庚丁이 모두 투출하고 지지에 巳寅을 보면, 과거에 급제할 것을 인정받는다. 풍수의 불급함이 있더라도 왕궁에서 선발됨이 있겠다. 만약 癸水가 투출하여 丁火를 다치고 있는데 戊己土가 도와서 구하지 않는다면 질병으로 몸이 이지러진다. 혹은 壬水가 거듭 투출하고 丁火가 없으면 평범한 사람이나 丙火를 얻으면 비로소 묘함이 이루어진다.

【原文】

或支成水局 加以壬透 名爲水泛木浮 死無棺木.
혹지성수국 가이임투 명위수범목부 사무관목

　혹 지지에서 水局을 이루고 壬水가 투출하여 보태어지면, 말하기를 水가 넘실거려 木이 뜨는 것이니 죽어서도 관을 짤 나무도 없겠다

【原文】

總之十一月甲木 爲寒枝 不比春木淸茂 耑取庚丁 透壬無丙 不過刀
총지십일월갑목 위한지 불비춘목청무 단취경정 투임무병 불과도
筆異途 武職有驗.
필이도 무직유험

　전체적으로 11[子]월 甲木은 차가운 초목의 가지이다. 春木의 맑고 무성함에 비교할 수가 없다. 오로지 庚丁을 취하여야 한다. 壬水가 투출하고 丙火가 없으면 서류를 베끼는 말단 관리에 불과하다. 군인이라면 좋을 수도 있다.

【原文】

用庚 土妻金子 用火 木妻火子.
용경 토처금자 용화 목처화자

　庚金을 사용하면 土가 처이고 金이 자식이다. 火를 사용하면 木이 처이고 火가 자식이다.

【原文】

甲甲戊乙　　印綬格.
子寅子亥　　인수격

인수격이다.

丁甲庚丙　　庚丁兩透 又加丙除寒氣 官至王侯.
卯午子子　　경정양투 우가병제한기 관지왕후

庚丁이 투출하고 丙火가 한기를 다시 제거하니 관직이 왕후에 이르렀다.

庚甲戊乙　　大將軍命.
午辰子巳　　대장군명

대장군의 명조이다.

壬甲戊乙　　一派水局 申運溺死.
申辰子巳　　일파수국 신운익사

한 무리의 申子辰 水局에 壬水가 투출하니 申運에 물에 빠져 죽었다.

◎ 역자 첨

甲甲丙己　　중앙대학교를 설립한 임영신(任永信) 여사다. 국회의원
戌子子亥　　과 상공장관을 역임했다. 식신 丙火가 투간하여 식신생재격이다. 己土와 戌土가 旺水를 制하고 동남방 운을 만나 부귀하였다.

| 戊 甲 戊 庚 |
| 辰 子 子 申 |

명지대를 설립하고 통일부장관을 역임한 유상근(兪相根)이다. 申子辰 水局을 이루었으나 水는 투출되지 않았고 戊土가 둘씩이나 투출하여 극제하여 부귀하게 되었다.

【原文】

十二月甲木 天氣寒凍 木性極寒 無發生之象 先用庚劈甲 方引丁火
십이월갑목 천기한동 목성극한 무발생지상 선용경벽갑 방인정화

始得木火通明之象 故丁次之 庚丁兩透 科甲恩封 庚透丁藏 小貴 丁
시득목화통명지상 고정차지 경정양투 과갑은봉 경투정장 소귀 정

透庚藏 小富貴 無庚者 貧賤 無丁者 寒儒.
투경장 소부귀 무경자 빈천 무정자 한유

　　12[丑]월 甲木은 하늘의 기운이 매우 춥고 얼었다. 木의 성질이 추위가 지극하므로 생명을 발산시키려는 뜻이 없게 된다. 먼저 庚金으로 甲木을 쪼개어 丁火를 이끌어야 비로소 목화통명의 형상을 이룰 수 있다. 고로 丁火는 그 다음이다. 庚丁이 함께 투출하면 과거에 장원급제하여 임금에게 직접 벼슬을 하사받는 은혜로움이 있다. 庚金은 투출하고 丁火는 지장간에 있다면 적은 귀함이고, 丁火가 투출하고 庚金이 지장간에 있다면 작은 부자이면서도 귀함이 있다. 庚金이 없으면 빈천하고 丁火가 없으면 쓸쓸한 선비이다.

【原文】

或有丁透重重 亦是富貴中人 但須比肩 能發丁之燄 自有德業才能
혹유정투중중 역시부귀중인 단수비견 능발정지염 자유덕업재능

如無比肩 尋常之士 稍有衣食而已 或支見多水 卽有比肩 亦屬平常.
여무비견 심상지사 초유의식이이 혹지견다수 즉유비견 역속평상

혹 丁火가 거듭 투출하여도 부귀한 사람 중 한 사람이다. 그러나 비견 甲木은 모름지기 丁火의 불꽃을 발산시키니 스스로의 덕업(덕스러운 업적)과 재능이 있다. 비견이 없으면 보통의 선비이나 약간의 의식이 있을 뿐이다. 혹은 지지에서 水를 많이 보면 비견이 있어도 역시 평범한 사람의 부류이다.

【原文】

總之臘月甲木 雖有庚金 丁不可少 乏庚略可 乏丁無用 經云 甲木無根
총지랍월갑목 수유경금 정불가소 핍경약가 핍정무용 경운 갑목무근

男女夭壽.
남녀요수

전체적으로 정리하면 丑月의 甲木은 비록 庚金이 있더라도 丁火가 적으면 불가하다. 庚金을 괴롭히는 것은 괜찮을지 몰라도 丁火를 괴롭히면 쓸모가 없다. 경전에 말하기를 甲木이 통근처가 없으면 남녀 모두 수명이 짧다.

【原文】

甲甲丁己　　此命有丁不貴 因支下多水 濕木不能生燄.
子辰丑丑　　차명유정불귀 인지하다수 습목불능생염

丁火가 있음에도 귀하지 않은 것은 지지에서 水가 많아서이다. 젖은 나무는 불꽃을 일으킬 수가 없다.

乙甲癸癸
亥午丑亥

孤貧 壽至百歲.
고 빈 수 지 백 세

외롭고 가난하였지만 수명은 100세이다.

庚甲丁己
午戌丑亥

財旺生官格 庚丁兩透 火又會局 鼎甲.
재 왕 생 관 격 경 정 양 투 화 우 회 국 정 갑

재성이 왕하여 관성을 생하는 격이다. 庚丁이 투출하고 午戌 회국을 이루니 과거에 장원급제한다.

癸甲丁己
酉辰丑丑

癸水傷丁 貧而且賤.
계 수 상 정 빈 이 차 천

癸水가 丁火를 다치게 하니 가난하면서도 천하였다.

庚甲丁己
午辰丑丑

富貴雙全 由午中丁火幇助月干也.
부 귀 쌍 전 유 오 중 정 화 방 조 월 간 야

부귀가 쌍전한 것은 午 중 丁火가 월간에서 힘을 얻은 것이다.

◎ 역자 첨

乙甲癸壬
亥子丑辰

중화민국 대총통 손문(孫文)의 부인 송경령(宋慶齡) 여사다. 여동생은 장개석의 부인이다. 지지는 亥子丑 水局과 子辰 水局을 이루었고 壬水가 투출되었으니 己土는 水勢에 휩쓸릴 뿐 旺한 水를 제할 수 없다. 水를 따라가야 하는 종강격이 되었다.

| 丙 甲 癸 丁 | 방송국 구성작가다. 丑月에 일시지로 申子 水局까지 이 |
| 子 申 丑 巳 | 루었는데 丙丁火가 모두 투출하여 맑아졌다. |

甲 甲 丁 甲	대학교수로 정치에 실패하였다. 甲木이 나란히 대열을
戌 子 丑 辰	이루고 丁火 상관이 투출하여 조후한다. 火대운에 국회
	의원에 출마했으나 낙선하였다.

◎ 역자 요약

甲木일주를 요약하면,
- 寅月에는 丙癸가 필요하다. 丙火가 주된 중심이니 기후를 조화시켜야 하기 때문이다. 癸水로 보좌해야 한다.
- 卯月은 庚丙丁戊己가 필요하다. 陽刃格은 칠살이 있어야 하므로 庚金을 주로 하여 戊己土가 칠살을 도와주어야 하며 제살함은 옳지 않다.
- 辰月은 庚丁壬이 필요하다. 庚金은 필수적으로 丁火의 제지함이 있어야 하는 것이니 상관으로써 칠살을 극제하는 것이다. 庚金이 없으면 壬水를 용신으로 한다.
- 巳月은 癸丁庚이 필요한 것은 기후를 조화시키기 때문이며, 癸水를 위주로 한다. 사주에 기운이 윤택하다면 庚丁을 함께 사용한다.
- 午月은 癸丁庚이 필요한 것은 木의 성품이 비어서 메마르기 때문이니 癸水를 위주로 하고, 癸水가 없으면 丁火를 용신으로 하나 북방운이어야 한다. 木이 왕성하면 庚金을 취하고, 庚金이 왕성하면 丁火를 취한다.
- 未月은 癸庚丁이 필요하다. 처음 보름간은 癸水를 용신으로 하고 뒤에 보름간은 庚丁을 함께 용신으로 한다.

- 申月은 丁壬庚이 필요한 것은 상관으로서 칠살을 극제함이다. 丁火가 먼저 필요하고 庚金은 다음에 필요하다. 丁火가 없으면 壬水를 용신으로 하면 부자이나 귀함은 없다. 상관격은 壬水를 용신으로 한다.
- 酉月은 丁丙庚이 필요하다. 木의 기운이 쇠약하고 金이 왕성하므로 丁火를 용신으로 하여 칠살을 제거하여야 한다. 丙火를 용신으로 함은 조후이기 때문이다. 丁丙을 같이 사용하고, 庚金은 그 다음이다.
- 戌月은 甲庚丁이 필요하다. 土가 왕하면 甲木을 용신으로 하고, 木이 왕하면 庚金을 용신으로 한다. 그러나 丁壬癸로 도와주어야 하며 壬癸가 보좌하여야 한다.
- 亥月은 庚丁丙戊를 필요로 한다. 庚金을 용신으로 하면 丁火가 극제하여야 하고, 丙火는 조후로 필요하다. 水가 왕하면 戊土가 용신이다.
- 子月은 丁庚丙戊가 필요하다. 木의 성품이 한기를 생하므로 먼저 丁火를 사용하고 庚金이 다음이며 丙火가 보좌하여야 한다. 水가 왕하면 戊土가 용신이다.
- 丑月은 丁庚丙이 필요하다. 庚金으로 甲木을 쪼개어 丁火를 끄집어내야 한다. 丁火는 결단코 적어서는 안 된다. 丁火가 巳寅에 통근되어야 아름답다.

8. 三春乙木 總論
삼춘을목 총론

【原文】

三春乙木 爲芝蘭蒿草之物 丙癸不可離也 春乙見丙 卉木向陽 萬象
삼춘을목 위지란호초지물 병계불가리야 춘을견병 훼목향양 만상

回春 須癸滋養根基 丙癸齊透天干 無化合制剋 自然登科及第 故書曰
회춘 수계자양근기 병계제투천간 무화합제극 자연등과급제 고서왈

乙木根荄種得深 只須陽地不宜陰 漂浮只怕多逢水 剋制何須苦用金.
을목근해종득심 지수양지불의음 표부지파다봉수 극제하수고용금

 삼춘의 乙木은 약재인 지초, 난초, 쑥 등의 풀과 같은 물질이니 丙癸를 떠나서는 안 된다. 봄의 乙木이 丙火를 보면 초목이 양기를 향하여 삼라만상이 봄으로 돌아가는 형상이니 모름지기 癸水는 뿌리의 기반을 자양해 주어야 한다. 丙癸가 나란히 천간으로 투출하면서 化하여 합하거나 제극制剋됨이 없으면 저절로 과거에 올라 급제한다. 그런고로 서서에 이르기를 乙木의 뿌리는 뿌리의 종자를 깊게 심어야 얻을 수 있는데 오로지 볕이 드는 곳이 좋고 그늘진 곳은 마땅하지 않다. (乙木이) 물에 둥둥 떠 있으면 단지 水를 많이 만나는 것을 두려워할 뿐이다. 어찌 힘들게 金을 사용하여 극제하려 하는가.

9. 三春乙木
삼춘을목

【原文】

正月乙木 必須用丙 因天氣尤有餘寒 非丙不暖 雖有癸水 恐凝寒氣
정월을목 필수용병 인천기우유여한 비병불난 수유계수 공응한기

故以丙火爲先 癸水次之.
고이병화위선 계수차지

1[寅]월의 乙木은 丙火를 반드시 사용한다. 이는 천기가 아직도 추운 기운이 남아 있어서 丙火가 아니면 따뜻하지가 않다. 비록 癸水가 필요하기도 하지만 추운 기운으로 얼어버릴까 두려운 것이므로 丙火를 먼저 사용하고 癸水는 그 다음이다.

【原文】

丙癸兩透 科甲定然 或有丙無癸 門戶闡揚 或丙多乏癸 名曰春旱 獨
병계양투 과갑정연 혹유병무계 문호천양 혹병다핍계 명왈춘한 독

陽不長 濁富之人.
양부장 탁부지인

丙癸 두 개가 투출하면 과거에 급제함이 당연하다. 혹은 丙火는 있고

癸水가 없다면 집안을 분명하게 일으키나 혹은 丙火는 많고 癸水가 결핍되어 있다면 이름하기를 봄에 가뭄이 들었다 하는 것이니 丙火 혼자로서는 乙木을 자라게 할 수 없어 부정한 방법으로 富를 이룬 사람이다.

【原文】

或丙少癸多 又爲困丙 終爲寒士 或癸己多見 爲濕土之木 皆下格.
혹 병 소 계 다 우 위 곤 병 종 위 한 사 혹 계 기 다 견 위 습 토 지 목 개 하 격

혹 丙火는 적고 癸水가 많으면 丙火가 피곤하므로 끝내 쓸쓸한 선비일 뿐이다. 혹은 癸己를 많이 보면 이것은 젖은 땅에서 자라는 乙木이니 모두가 하격이 된다.

【原文】

用丙者 木妻火子 用癸水見火多者 金妻水子.
용 병 자 목 처 화 자 용 계 수 견 화 다 자 금 처 수 자

丙火를 사용하면 木이 처이고 火는 자식이다. 癸水를 사용하는데 火를 많이 보면 金이 처이고 水가 자식이다.

【原文】

丙乙壬丁
子卯寅丑

貴在丙子 上書.
귀재병자 상서

귀함이 丙子에 있으니 관직이 상서이다.

己乙甲戊
卯亥寅子

歸祿格 丙癸得所 官至大學士.
귀록격 병계득소 관지대학사

귀록격이다. 丙癸가 마땅한 자리를 얻었으므로 관직이 대학사에 이르렀다.

庚乙丙甲
辰卯寅寅

御史.
어사

벼슬이 어사이다.

◎ 역자 첨

戊乙甲戊
寅亥寅寅

3.1 독립운동 33인 중 최린(崔麟)이다. 식상 丙火가 투출되지 않았고, 庚金도 없으니 쟁재(爭財) 형국이다. 지지 寅木의 지장간에 丙火 상관을 세 개나 품고 있으니 그 속을 알 수가 없다. 후에 친일파가 되었다.

庚乙壬丁
辰卯寅酉

대한민국 최초로 여성 법무부장관을 지낸 강금실이다. 寅卯辰 木方局에 庚金과 壬水가 투출하여 관인상생을 이루었다.

戊乙戊庚
寅巳寅辰

작곡가 정인섭(鄭寅燮)이다. 천간으로 戊庚으로 재생관을 이루었으나 뿌리가 약하고, 乙木은 일지 巳 중 丙火 상관을 쓰니 문예에 뛰어난 재주를 보였다.

丙乙壬壬
戌未寅寅

2017 대권에 도전했던 안철수다. 寅月에 丙火 상관이 투출하였으며 壬水가 나란히 하니 傷官佩印格을 이루었다. 비범하고 총명하여 의사가 되었고, 백신을 개발하여 벤처사업을 성공하였으며, 카이스트 및 서울대 교수를 역임하였으나 정치에서는 크게 빛을 발하지 못하는 것은 상관격에 無官이기 때문일 것이다.

【原文】

二月乙木 陽氣漸升 木不寒矣 以丙爲君 癸爲臣 丙癸兩透 不透庚金
이월을목 양기점승 목불한의 이병위군 계위신 병계양투 불투경금
大富大貴.
대부대귀

2[卯]월 乙木은 따뜻한 기운이 점차 오르니 木이 춥지 않아 丙火를 주인으로 하고 癸水가 신하가 되어 보좌한다. 丙癸가 둘 다 투출하고 庚金이 투출하지 않으면 큰 부자이고 대귀한다.

【原文】

或天干透庚 支下無辰 不能化金 得癸透養木亦貴 若見水庫 則爲假化
혹천간투경 지하무진 불능화금 득계투양목역귀 약견수고 즉위가화
平常人也.
평상인야

혹 천간에 庚金이 투출하나 지지에 辰土가 없으면 金으로 변화되지 않는다. 癸水의 투출을 얻으면 木을 기르니 역시 귀하다. 만약 水의 묘고 墓庫를 (즉 辰土를) 만나면 假化격이 되니 평범한 사람이다.

【原文】

二月乙木 岀用丙癸 或支成木局 有癸透乃作貴命 更得丙洩木氣 上
이월을목 단용병계 혹지성목국 유계투내작귀명 갱득병설목기 상
上之命 但須透癸 或水多困丙 多戊化癸 皆下格.
상 지 명 단 수 투 계 혹 수 다 곤 병 다 무 화 계 개 하 격

2[卯]월 乙木은 처음에는 丙癸를 사용한다. 혹은 지지에서 木局을 이루고 癸水가 투출하면 귀한 사주이다. 다시 丙火를 얻어 木의 기운을 설기하면 上上의 운명이다. 그러나 단지 癸水가 투출하고 혹 水가 많아 丙火가 어려움을 당하거나 戊土가 많아 癸水를 合으로 변화시키면 모두 하격이다.

【原文】

用丙者 木妻火子 用癸者 金妻水子.
용 병 자 목 처 화 자 용 계 자 금 처 수 자

丙火를 사용하면 木이 처이고 火가 자식이다. 癸水를 사용하면 金이 처이고 水가 자식이다.

【原文】

己乙癸壬 此乃夾祿格 貴小富大 但子女多刑.
卯丑卯午 차내협록격 귀소부대 단자녀다형

이는 협록격으로 귀함은 적고 재산은 많다. 다만 자녀는 어려움이 많다.

丙乙丁甲 此乃曲直格 加丙照癸滋 官至總兵.
子未卯寅 차내곡직격 가병조계자 관지총병

이는 곡직격이다. 丙火가 투출하여 따뜻함을 비추고 癸水가 乙木을 자양하니 관직이 총병(총사령관)에 이르렀다.

庚乙乙癸 曲直仁壽格 無東方運 一介寒士 惜哉.
辰未卯亥 곡직인수격 무동방운 일개한사 석재

곡직인수격이다. 東方운이 없어 한낱 가난한 선비에 불과하였다. 안타깝다.

丙乙辛丙 出將入相.
子卯卯子 출장입상

나아가면 장군이며 정부로 들어오면 재상이다.

◎ 역자 첨

己乙丁己 초대 대법원장 김병로(金炳魯)다. 민주당 선대위원장을 맡
卯未卯亥 았던 김종인의 할아버지로 丁火가 투출하여 亥卯未 木局의 기운을 이끌어 土를 생하는 식상상재의 미덕이 있다.

己乙丁己	대만 사람으로 미국 법학박사, 철학교수 오경웅(吳經熊)
卯未卯亥	이다. 위 사주와 동일하며, 법을 전공한 것과 지식인이
	라는 점이 동일하다.

辛乙乙戊	영화배우 최무룡(崔武龍)이다. 乙木 일주가 비견이 지나
巳卯卯辰	치게 왕하니 辛金 편관을 용신으로 쓴다. 戊土가 투출하
	여 재생관을 이루었다.

戊乙己庚	가수 조용필이다. 乙木이 지지가 모두 木局이으로 천간
寅卯卯寅	庚戊己 재관이 용신이다. 그러나 庚金과 재성 戊己土가
	통근되지 못하여 爭財가 된다. 가수로 성공했으나 여러
	차례 이별을 하였고, 늦게 재혼을 하였으나 결국 喪妻하
	였다.

【原文】

亥卯未逢於甲乙 富貴無疑 木全寅卯辰方 功名有准 活木忌埋根之鐵
해묘미봉어갑을 부귀무의 목전인묘진방 공명유준 활목기매근지철

支下有庚辛 戕賊其根 木則朽矣.
지하유경신 장적기근 목즉후의

亥卯未 木局이 甲乙을 만나면 부귀를 의심하지 않는다. 寅卯辰 동방이 갖춰지면 공명을 이룸이 정확하다. 활목活木은 뿌리가 쇠에 있으면 땅에 묻혀지니 싫어한다. 지지에 庚辛이 있으면 도둑놈이 나의 뿌리를 해치는 것이니 나무는 썩는다.

【原文】

三月乙木 陽氣愈熾 先癸後丙.
삼월을목 양기유치 선계후병

3[辰]월 乙木은 양기가 매우 왕성하니 먼저 癸水를, 후에 丙火를 사용한다.

【原文】

癸丙兩透 不見己庚 玉堂之客 見己庚者 平常之人 或一乙逢庚 不見
계병양투 불견기경 옥당지객 견기경자 평상지인 혹일을봉경 불견
己者 亦主小富貴 但不顯達 或多水見己 只恐高才不第 見戊勘發異途
기자 역주소부귀 단불현달 혹다수견기 지공고재부제 견무감발이도
或庚己混雜 丙癸全 則爲下格.
혹경기혼잡 병계전 즉위하격

癸丙이 모두 투출하고 己庚을 보지 않으면 옥당(국립교육기관)에 들어가고, 己庚을 보면 평범한 사람이다. 혹은 하나의 乙木이 庚金을 만나더라도 己土를 보지 않으면 역시 적은 부귀를 지니나 그럼에도 크게 출세하지는 못한다. 혹은 水가 많은데 己土를 보면 높은 재능에도 과거에 급제하지 못할까 두렵다. 戊土를 보게 되면 과거에 합격하지 않고도 출세함을 감당할 수도 있겠다. 혹은 庚己가 혼잡되면 丙癸를 갖추어도 하격이다.

【原文】

或見水局 丙戊高透 亦主科甲 或柱中全無丙戊 支合水局 此離鄕之命.
혹견수국 병무고투 역주과갑 혹주중전무병무 지합수국 차이향지명

혹 水局을 보고 丙戊가 천간에 투출하면 역시 주인은 과거에 합격한다. 혹은 사주에 丙戊가 없고 지지에서 水局으로 합이 되면 이는 고향을 떠나게 되는 운명이다.

【原文】

或見一派癸水 又有辛金 則作旺看 得一戊己制癸 亦可云小富貴 若
혹견일파계수 우유신금 즉작왕간 득일무기제계 역가운소부귀 약
一派壬癸 不特貧賤 而且夭折 有一戊己 方云有壽 但終爲技術之人.
일파임계 불특빈천 이차요절 유일무기 방운유수 단종위기술지인

혹 한 무리의 癸水를 보고 辛金이 또 있으면 이는 신왕한 것으로 간주하고, 하나의 戊土나 己土가 癸水를 극제하면 역시 작은 부귀가 있다. 만약 한 무리의 壬癸가 있으면 빈천하기만 한 것이 아니라 또한 요절하기도 한다. 하나의 戊土나 己土가 있으면 말하기를 수명은 오래되겠으나 끝내 기술자로 인생을 마친다.

【原文】

又或庚辰時月 名二庚爭合 乃貧賤之輩 如年見丁破庚 可云從化 亦
우 혹경진시월 명이경쟁합 내빈천지배 여년견정파경 가운종화 역
不失武職之權.
부실무직지권

또, 혹은 庚辰時에 庚辰月이라면, 말하기를 두 개의 庚金이 합을 다투는 것이므로 이는 빈천의 무리라 한다. 년에 丁火를 보고 庚金을 파하면 종화(따르는 것과 합하는 것)하는 것이 옳다고 하겠으며, 역시 무관武官으로서의 권력은 잃지 않는다고 말할 수 있다.

【原文】

用癸者 金妻水子 癸多用丙者 木妻火子.
용계자 금처수자 계다용병자 목처화자

癸水를 사용하면 金이 처이고 水가 자식이다. 癸水가 많아 丙火를 사용하면 木이 처이고 火가 자식이다.

【原文】

丁乙庚庚　　**此作從化格 但不逢時 一富翁耳.**
亥酉辰午　　　차작종화격 단불봉시 일부옹이

　　　　　　이는 乙庚 종화격이나 다만 때를 만나지 못하여 한 마을의 부자일 뿐이다.

丙乙戊甲　　**六乙鼠貴格 丙火高透 戊土制水 官至按院.**
子亥辰寅　　　육을서귀격 병화고투 무토제수 관지안원

　　　　　　육을서귀격[6]이다. 丙火가 높이 투출하고 戊土가 水를 극제하니 관직이 안찰사에 이르렀다.

甲乙甲丁　　**拔貢 但刑妻損子 兄弟全無 因支中戊土太多.**
申巳辰酉　　　발공 단형처손자 형제전무 인지중무토태다

　　　　　　하급관리[7]에 뽑혔으나 다만 처자와 헤어지고 다치고 형제들이 없는 것은 지지에서 戊土가 많아서이다.

---

6) 육을서귀격(六乙鼠貴格) : 六乙(乙丑, 乙亥, 乙酉, 乙未, 乙巳, 乙卯)日干이 子時에 출생함으로써 귀하게 된다는 格.
7) 공생(貢生) = 공사(貢士) : 제후가 중앙정부에 재학(才學)이 있는 선비를 천거할 때 천거된 사람

◎ 역자 첨

| 丁乙庚庚
亥酉辰午 | 국회의원을 지낸 김준연(金俊淵)이다. 일제시대에 공산당으로 독립운동을 하였다. 정관 庚金이 兩透하고 지지는 辰酉金局을 이루어 丁火로 制殺하고 亥水로 化殺한다. |

| 壬乙丙戊
午亥辰戌 | 국회의원 보좌관이다. 丙火와 壬水가 투출하였으나 戊土가 함께 투출하여 소통시킬 金이 있어야 한다. 申酉 대운에 12년 동안 국회의원 보좌관을 하였다. |

| 丙乙庚乙
子卯辰酉 | 대학총장을 역임했다. 庚丙이 투출하고 지지로 子辰이 윤습하여 길하다. |

| 庚乙丙癸
辰巳辰卯 | 초년고생 후 발복한 여인이다. 癸水와 丙火가 투출하였으나 정관 庚金이 투출하여 귀함을 잃는다. 초년부터 火운으로 향하여 어려움을 겪다가 중년 金水운으로 향하자 발복하였다. |

10. 三夏乙木 總論
삼하을목 총론

【原文】

三夏乙木 木性枯焦 四月專尙癸水 五六月先丙後癸 夏至前仍用癸水.
삼하을목 목성고초 사월전상계수 오육월선병후계 하지전잉용계수

여름의 乙木은 목의 성질이 메마르고 지쳤다. 巳월은 오로지 癸水를 좋아하고 5, 6[午未]월은 먼저 丙火를, 뒤에 癸水를 사용한다. 하지 전에는 거듭하여 癸水를 사용한다.

【原文】

先得丙透 支下又有丙火 名曰木秀火明 得一癸透 科甲中人 或透二丙一癸 可許採芹.
선득병투 지하우유병화 명왈목수화명 득일계투 과갑중인 혹투이병일계 가허채근

먼저 丙火의 투간됨을 얻고, 지지에 丙火가 또 있으면 말하기를 木은 우수하고 火는 밝다 라고 한다. 하나의 癸水가 투간됨을 얻으면 과거에 합격한 사람 중의 하나이며, 혹은 두 개의 丙火와 하나의 癸水가 투간되

면 국립학교에 학생으로 뽑힐 만하다.

【原文】

或一派癸水 有丁無丙 平常之人 或一癸透干 異途顯宦 難由科甲 癸
혹일파계수 유정무병 평상지인 혹일계투간 이도현환 난유과갑 계

居子辰 異路小職 或丙藏支下 癸透年干 己出月上 雖非科甲 異路功名.
거자진 이로소직 혹병장지하 계투년간 기출월상 수비과갑 이로공명

혹 한 무리의 癸水가 있는데 丁火는 있고 丙火가 없으면 평범한 사람이다. 혹은 하나의 癸水가 투간되면 과거에 합격하지 않고도 벼슬이 드러나니 과거에 합격하기는 어렵다. 癸水가 지지에 子辰이 있으면 과거에 합격하지 못한 말단 관리이다. 혹은 丙火는 지장간에 있고 癸水가 연간으로 투간되고 己土가 월간으로 투출되면 비록 과거에 합격하지 못하였음에도 다른 길을 통해서 공명을 이룰 수 있다.

【原文】

又或重重癸水 或支藏癸水 由行伍得功名.
우혹중중계수 혹지장계수 유항오득공명

다시 말한다. 혹 癸水가 거듭되고 혹은 癸水가 지장간에 있다면 졸병 출신으로 공명을 얻게 된다.

11. 三夏乙木
삼하을목

【原文】

四月乙木 自有丙火 峀取癸水爲尊 四月乙木專癸水 丙火酌用 雖以
사월을목 자유병화 단취계수위존 사월을목전계수 병화작용 수이

庚辛佐癸 須辛透爲淸.
경신좌계 수신투위청

　　4[巳]월의 乙木은 스스로 丙火가 있으므로 오로지 癸水를 취하는 것을 높이 여긴다. 巳월 乙木은 전적으로 癸水가 용신이며 丙火는 짐작하여 사용할 수도 있다. 비록 庚辛이 癸水를 보좌하나 하나 모름지기 辛金이 투출하여야 (사주가) 맑게 된다.

【原文】

癸透 庚辛又透 科甲定然 獨一點癸水 無金 是水無根 雖出天干 不
계투 경신우투 과갑정연 독일점계수 무금 시수무근 수출천간 불

過秀才小富 須要大運相扶 或土多困癸 貧賤之人 丙戊太多 支成火局
과수재소부 수요대운상부 혹토다곤계 빈천지인 병무태다 지성화국

瞽目之流.
고목지류

癸水가 투출하고 庚辛이 다시 투출되었다면 당연히 과거에 합격한다. 하나의 癸水가 홀로 있고 金이 없다면 이러한 水는 뿌리가 없으므로 비록 천간으로 투출되었더라도 (과거에 합격하지 못하는) 수재에 불과하며 적은 재물은 있겠으나 반드시 중요한 것은 대운에서 서로 도와주어야 한다. 혹은 土가 많아 癸水를 괴롭힌다면 가난하고 천한 사람이다. 丙戌가 너무 많고 지지에서 火局을 이루면 맹인이거나 눈치가 없는 무리이다.

【原文】

用癸者 金妻水子.
용계자 금처수자

癸水를 사용하면 金이 처이고 水가 자식이다.

【原文】

乙逢雙女木傷殘 若見辛金壽必難 不得丙丁來制伏 豈知安樂不久長.
을목쌍녀목상잔 약견신금수필난 부득병정래제복 기지안락불구장

乙木이 雙女(巳宮의 별자리 명칭)를 만나면 木이 다쳐 이지러지는 것이다. 만약 辛金을 보면 장수가 필히 힘들다. 丙丁이 있어서 (金을) 극제하지 못하면 어찌 편안하고 즐거운 세월이 오래가지 못함을 알겠는가?

◎ 역자 첨

壬乙癸丙 午酉巳戌	독립운동가 여운형(呂運亨)의 사주다. 丙火가 투출하여 상관격으로 웅변가이다. 인수 壬癸水가 火氣를 조절하나 巳酉 칠살국이 된 중 金운에서 水가 왕해지자 木이 없어 火를 살리지 못하니 피살되었다.
癸乙乙丁 未未巳丑	영화배우 신성일이다. 火식상과 土재성이 왕성하여 癸水 인성을 용신으로 쓴다. 연월지 巳丑 合 金局의 공이 있다.
丙乙丁戊 戌酉巳戌	남장을 하고 다닌 여성 국회의원 김옥선이다. 丙火와 戊土가 투출하고 일간은 의지처가 일점 없으니 종격이다. 지지로 巳酉 金局을 이루어 종세격이다.
丁乙癸辛 丑酉巳丑	대한제당 창업주 설경동이다. 巳酉丑 삼합을 이루고 辛金 칠살이 투출하였다. 癸水 인성으로 化殺하고 丁火는 制殺의 공이 있다. 둘은 水木火로 상생되었다.
丙乙癸丙 戌卯巳午	삼성그룹 이병철의 동생 이병각(李秉珏)이다. 두 丙火가 투출하여 乙木 일주가 極洩되니 癸水가 용신이다. 초년 이후 金水운으로 향하였다.

【原文】

五月乙木 丁火司權 禾稼俱旱 上半月屬陽 仍用癸水 下半月屬陰 三
오월을목 정화사권 화가구한 상반월속양 잉용계수 하반월속음 삼

伏生寒 丙癸齊用 柱多金水 丙火爲先 餘皆用癸水爲先.
복생한 병계제용 주다금수 병화위선 여개용계수위선

5[午]월 乙木은 丁火가 주권을 장악하니 천기가 가물어 곡물이 자라지 못하게 된다. 처음 보름간은 陽에 속하니 癸水를 사용하고 뒤에 보름간은 陰에 속하여 삼복더위에 한기가 생하므로 丙癸를 함께 사용한다. 사주에 金水가 많으면 丙火를 사용함이 먼저다. 나머지 사주는 癸水를 먼저 사용한다.

【原文】

乙木重逢火位 名爲氣散之文 支成火局 洩乙精神 須用癸滋 富貴雙全
을목중봉화위 명위기산지문 지성화국 설을정신 수용계자 부귀쌍전
或庚辛年上 癸透時干 定許科甲 無癸者常人.
혹경신년상 계투시간 정허과갑 무계자상인

乙木이 火를 거듭 만나면 말하기를 기운이 흩어지는 모양(기색)이 된다. 지지에서 火局을 이루면 乙木의 정신이 설기되므로 모름지기 癸水의 자양을 사용해야 부귀가 온전하다. 혹은 庚辛이 연상에 투출하고 癸水가 시상에 투출하면 단정코 과거에 합격을 허락한다. 癸水가 없으면 평범한 사람이다.

【原文】

若見丙透 支成火局 陽焦木性 此人殘疾 無癸必夭 見壬可解 或火土太多
약견병투 지성화국 양초목성 차인잔질 무계필요 견임가해 혹화토태다
其人愚賤 或爲僧道門下閒人.
기인우천 혹위승도문하한인

만약 丙火가 투출하고 지지에서 木局을 이루면 木의 성질이 양기에 타버린 것이니 이 사람은 질병으로 몸이 이지러졌다. 癸水가 없으면 필

히 요절하나 壬水를 보면 문제가 해결된다. 혹은 火土가 지나치게 많으면 그 사람은 어리석고 천박하거나 혹은 스님이나 도사의 무리로서 할 일 없는 사람이다.

◎ 역자 첨

| 丙乙壬庚
戌丑午寅 | 국문학자 최남선이다. 丙火가 투출하였고 지지로 火局을 이루니 壬水와 庚金이 용신이다. |

| 庚乙戊癸
辰酉午丑 | 여성 가정의학과 전문의다. 庚戊癸가 투출하여 재관인을 이루었다. |

| 辛乙戊癸
巳酉午丑 | 여성 가정의학과 전문의다. 위 사주와는 시주만 辛巳로 다르니 辛戊癸로 재관인을 이루었다. |

| 丁乙丙丁
亥丑午卯 | 심리적으로 불안한 여성이다. 乙木 일주가 午月에 丙丁火가 투출하니 설기가 심하다. 지지 亥水와 丑土가 火氣를 다스리는 용신이다. |

【原文】

六月乙木 木性且寒 柱多金水 丙火爲尊 支成水局 乙得無傷 癸水透干
육월을목 목성차한 주다금수 병화위존 지성수국 을득무상 계수투간
大富大貴 無癸定作常人 過不行北 困苦一生.
대부대귀 무계정작상인 과불행북 곤고일생

6[未]월 乙木은 木의 성질이 장차 차가워지려 하는데 사주에서 金水가

많으면 丙火를 높이 여긴다. 지지에서 水局을 이루고 乙木이 상하지 않으면서 癸水가 투간하면 크게 부귀한다. 癸水가 없으면 반드시 평범한 사람이다. 행운이 북쪽으로 흐르지 않으면 괴롭고 고통스러운 일생을 보낸다.

【原文】

凡五六月乙木 氣退枯焦 用癸水切忌戊己雜亂 則爲下格 或甲木高透
범오육월을목 기퇴고초 용계수절기무기잡란 즉위하격 혹갑목고투
制伏土神 名爲去濁留淸 可許俊秀 土多乏甲 秀氣脫空 庸人而已.
제복토신 명위거탁류청 가허준수 토다핍갑 수기탈공 용인이이

　　무릇 5, 6[午未]월 乙木은 성장의 기운이 물러나 메마르고 그을렸으니 癸水를 사용하는데 결단코 戊己가 섞여 혼란되는 것을 꺼리니 즉 下格이 된다. 혹은 甲木이 홀로 투출하여 土의 기운을 극제하면 말하기를 탁한 기운을 제거하여 맑은 기운이 머물러 있다 하여 빼어난 인물이다. 土가 많아 甲木이 약하다면 빼어난 기운이 없어진 것이니 평범한 사람이다.

【原文】

或丙癸兩透 加以甲透制戊 選拔定然 若不見丙癸 只有丁火 亦屬常人
혹병계양투 가이갑투제무 선발정연 약불견병계 지유정화 역속상인
有壬可充衣食.
유임가충의식

　　혹 丙癸가 함께 투출하고 다시 甲木이 투출하여 戊土를 제압하면 당연히 인재로 뽑히게 된다. 만약 丙癸를 함께 보지 못하고 단지 丁火만 있다면 역시 평범한 사람에 속한다. 壬水가 있다면 먹고사는 생활은 충분하겠다.

【原文】

或柱中無水 又無比劫出干 乃爲棄命從才 富大貴小 能招賢德之妻
혹주중무수 우무비겁출간 내위기명종재 부대귀소 능초현덕지처

從才格以火爲妻 土爲子.
종재격이화위처 토위자

　　혹 사주에 水가 없고 또한 비겁이 천간에 출간되는 것이 없으면 이는 기명종재격이니 부자이나 귀함은 적다. 능히 어질고 덕있는 처를 맞이한다. 종재격은 火가 처이고 土가 자식이다.

【原文】

或一派戊土出干 不見比肩 名爲才多身弱 終爲富屋貧人.
혹일파무토출간 불견비견 명위재다신약 종위부옥빈인

　　혹 한 무리의 戊土가 천간에 투출하고 비견을 보지 못하면 말하기를 재성은 많고 일주는 신약하다 하여 마침내 부유한 집안의 가난한 사람(머슴, 하인)이다.

【原文】

或丙辛化水 嫖賭破家 終非承受之兒.
혹병신화수 표도파가 종비승수지아

　　혹 丙辛이 변화하여 水가 되었다면 음란하면서 도박으로 집안을 깨트리니 끝내 집안을 물려받을 수 있는 자식이 아니다.

【原文】

或一派乙木 不見丙癸 名爲亂臣無主 勞碌奔波 又加多支辛金 僧道之輩.
혹일파을목 불견병계 명위난신무주 노록분파 우가다지신금 승도지배

　　혹 한 무리의 乙木이 丙癸를 함께 보지 못하면 말하기를 주인의 권위가 없고 못된 무리들이 날뛰어 몹시 애써 일하고 고생하며 분주하다. 다시 지지에서 辛金이 많이 있으면 스님이나 도사의 무리이다.

【原文】

或一派甲木 無癸無丙 又無庚金 此人一生虛浮 總不誠實 有庚制甲
혹일파갑목 무계무병 우무경금 차인일생허부 총불성실 유경제갑
乃有謀之人 但嗜酒貪花 多慾敗德 不脩品行 男女一理.
내유모지인 단기주탐화 다욕패덕 불수품행 남녀일리

　　혹 한 무리의 甲木을 보고 癸丙이 함께 없고 다시 庚金도 없다면 이 사람의 일생은 헛되이 돌아다닐 뿐이다. 전체적으로 성실하지 못한 것이니 庚金이 있어 甲木을 극제하면 꾀가 있는 사람이다. 다만 술을 좋아하고 여자만 찾는 놈으로 욕심만 많아 덕을 더럽히며 품행을 닦지 못하게 된다. 남녀가 같다.

【原文】

總之夏月乙木 耑用癸水 丙火酌用 庚辛次之.
총지하월을목 단용계수 병화작용 경신차지

　　전체적으로 여름의 乙木은 처음에는 癸水를 사용하고 丙火는 적당히

사용한다. 庚辛은 그 다음이다.

◎ 역자 첨

| 丁乙癸庚
丑亥未戌 | 산부인과 의사다. 未月에 丁火식신이 투출한 중, 癸水가 투출하고 庚金이 도우니 土는 윤습하고 생생유통이 잘 되어 성공하였다. |

| 乙乙癸庚
酉酉未申 | 癸水로 왕한 金을 化殺한다. 다만 丁火가 제살하는 공이 없으니 남성편력으로 나타나는 여성이다. |

| 辛乙癸乙
巳未未未 | 상속녀. 癸水가 마른 땅을 적시고 辛金 칠살을 化殺하고 있다. 대운이 용신 金水운으로 향하자 부모의 재산을 많이 상속받아 임대수입으로 살아간다. 다만, 첫 남편과의 사이에서 아이 둘을 낳고 이혼하고, 재혼한 남편도 돈을 주고 이혼했다. |

| 丙乙辛己
戌丑未丑 | 경찰공무원을 역임했다. 辛金 칠살을 丙火상관이 合殺하고 丑土에 癸水가 암장되어 조후하게 된다. 그러나 乙木 일주는 왕한 土를 거역할 수 없으니 기명종재를 하였다. |

12. 三秋乙木
삼추을목

【原文】

三秋乙木 金神司令 先丙後癸 惟九月單用癸水 恐丙暖戊土爲病也.
삼추을목 금신사령 선병후계 유구월단용계수 공병난무토위병야

가을의 乙木은 金의 기운이 장악하므로 먼저 丙火를, 뒤에 癸水를 사용한다. 9월은 오로지 癸水를 사용하여야 하는 것은 丙火가 戊土를 덥게 하여 병病이 되는 것을 두려워하기 때문이다.

【原文】

七月乙木 庚金承令 庚雖輸情於乙妹 怎奈干乙難合支金 柱見庚多
칠월을목 경금승령 경수수정어을매 즘나간을난합지금 주견경다
乙難受載 或丙透干 又加己出埋金 此格可云科甲 有己透 加丙 亦是上命
을난수재 혹병투간 우가기출매금 차격가운과갑 유기투 가병 역시상명
七月喜己土爲用 或不見丙癸 己土決不可少 此則以火爲妻 土爲子.
칠월희기토위용 혹불견병계 기토결불가소 차즉이화위처 토위자

7[申]월의 乙木은 庚金이 월령을 이어 받았으니 庚金이 비록 乙木 누이에게 정을 주려고 진심을 다하나 천간의 乙木은 지지의 (申 중 庚) 金과 합

하기가 어려운 것을 어쩌겠는가? 사주에 庚金이 많으면 乙木은 庚金을 감당하기가 어려우니 혹 丙火가 투간하고 또 己土가 투출하여 金을 묻으면 이 사주는 과거에 합격한다. 己土가 투출하고 다시 丙火를 보태면 이 또한 상격이다. 7[申]월은 己土를 사용함을 기뻐한다. 혹 丙癸를 보지 못하고 己土가 적으면 결코 불가하다. 이러한 사주는 火가 처이고 土가 자식이다.

【原文】

或癸透丙藏庚少 此不用己 可許貢拔 無丙有癸透者 不失刀筆門戶
혹계투병장경소 차불용기 가허공발 무병유계투자 부실도필문호

有支下庚多 癸又藏者 無丙己二神 平常人物.
유지하경다 계우장자 무병기이신 평상인물

혹 癸水는 투출하고 丙火는 지장간에 있고 庚金이 적으면 이는 己土를 사용하는 것은 아니지만 말단 관리는 선발된다. 丙火가 없고 癸水가 투간하면 문서를 베끼는 말단 분야에서는 직위를 잃지는 않는다. 지지에 庚金이 많고 癸水 역시 지장간에 있고 丙己 두 오행이 없으면 평범한 사람이다.

【原文】

或生辰時 此爲從化 反主富貴 凡化合格 皆以所生之神爲用 化金者
혹생진시 차위종화 반주부귀 범화합격 개위소생지신위용 화금자

戊爲用神 特忌丙丁煆練破格 從化者以火爲妻 土爲子 其餘以金爲妻
무위용신 특기병정하련파격 종화자이화위처 토위자 기여이금위처

妻必賢美 以水爲子 子必克肖 但忌刑沖 凡命皆然 不特此也.
처필현미 이수위자 자필극초 단기형충 범명개연 불특차야

혹 辰時에 태어나면 이는 종화격이므로 도리어 부귀가 있다. 대저 化合格은 모두 化神화신을 생하는 것이 용신이다. 金으로 변화되면 戊土가

용신이다. 丙丁이 庚金을 지나치게 극제하여 파격이 되는 것을 특별히 꺼린다. 종화자는 火가 처이고 土가 자식이다. 그 외는 金이 처이며 처는 필연코 현명하고 아름답다. 水가 자식인데 자식은 반드시 아버지를 닮아 유능하다. 그러나 형충됨을 꺼리는데 모든 사주가 그럴 것이므로 특별한 이유가 없다.

【原文】

丁乙甲庚
丑卯申午

富僧 此庚旺無丙之故.
_{부 승 차 경 왕 무 병 지 고}

부자인 승려이다. 이는 庚金은 왕하나 丙火가 없는 연고이다.

戊乙庚戊
寅丑申午

知縣 此化格 妻賢子肖.
_{지 현 차 화 격 처 현 자 초}

지현의 벼슬로, 이는 乙庚 化金格이다. 처는 어질고 자식은 아버지를 닮았다.

◎ 역자 첨

庚乙丙丙
辰丑申戌

클린턴 미국 대통령이다. 申月의 乙木이 신약하나 申丑辰에 水가 저장되어 있고, 사주는 火土金, 즉 食財官이 고르게 있으니 균형을 이루었다. 傷官見官으로 유년에는 힘들고 水木운에 출세한다.

| 癸乙壬甲 | 여성 공무원이다. 예컨대 '癸水가 투출하고 丙火가 지장 |
| 未未申寅 | 간에 있으며 庚金이 적으면 말단관리는 된다.'고 하였다. |

庚乙丙辛	여성 국선변호사다. 丙火가 투출하였고 일지 丑土와 시
辰丑申酉	지 辰土 중의 癸水가 일간을 생한다. 대운이 水運으로 향
	하여 길하다.

辛乙庚戊	도벽으로 형액을 치른 사람이다. 庚辛이 투출하여 관살
巳卯申寅	혼잡이 되었다. 火로 制殺하거나 水로 化殺해야 하는데
	모두 투출하지 않아 불미하게 되었다.

【原文】

秋乙逢金 非貧卽夭 秋生乙木忌根枯 根旣枯槁 貧苦到老.
추을봉금 비빈즉요 추생을목기근고 근기고고 빈고도로

가을의 乙木이 金을 만나면 가난하지 않으면 요절한다. 가을에 태어난 乙木은 뿌리가 메마르게 되는 것을 꺼리는데 지지에서 뿌리가 이미 마르고 말랐으니 늙어서까지 가난하고 괴로운 일생을 지낸다.

【原文】

八月乙木 芝蘭禾稼均退 以丹桂爲乙木 在白露之後 桂蕊未開 耑用
팔월을목 지란화가균퇴 이단계위을목 재백로지후 계예미개 단용
癸水以滋桂萼 若秋分後 桂花已開 却喜向陽 又宜用丙 癸水次之 丙
계수이자계악 약추분후 계화이개 각희향양 우의용병 계수차지 병
癸兩透 科甲名臣.
계양투 과갑명신

8[酉]월의 乙木은 향기나는 풀인 지초와 난초 그리고 곡식들이 물러나고, 붉은 계수나무는 乙木이 된다. 백로 후에는 계수나무의 꽃술이 열리지 않았으니 오로지 癸水를 사용하여 계수나무의 꽃받침을 자양한다. 만약 추분 후에는 계수나무 꽃이 이미 피었으므로 따뜻한 곳으로 향하는 것을 기뻐하여 의당히 丙火를 사용하고 癸水는 그 다음이다. 丙癸가 나란히 투출하면 과거에 합격하여 출세하는 신하이다.

【原文】

或支成金局 宜暗藏丁 無丁制金 恐木被金傷 若無水火 此人勞碌 或
혹지성금국 의암장정 무정제금 공목피금상 약무수화 차인노록 혹
得癸水 爲子得母 其人一生豊盈 或丙癸兩透 戊土雜出 亦主異路功名.
득계수 위자득모 기인일생풍영 혹병계양투 무토잡출 역주이로공명

혹 지지에서 金局을 이루면 의당히 丁火가 지장간에 있어야 하는데 丁火가 없어 金을 억제하지 못하면 乙木이 金에게 다침을 당할까 두렵다. 만약 水火가 없으면 이 사람은 평생 고달프다. 혹은 癸水를 얻으면 자식이 어머니를 만난 것이니 그 사람의 일생은 풍성함이 넘칠 것이다. 혹은 丙癸가 함께 투출하고 戊土가 혼잡스럽게 투출하면 이 사람은 과거가 아닌 다른 길로 공명을 이루겠다.

【原文】

生秋分後 有丙無癸 亦略富貴 若有癸無丙 名利虛花 若四柱不見丙癸
생추분후 유병무계 역략부귀 약유계무병 명리허화 약사주불견병계
下格.
하격

추분 후에 태어나고 丙火는 있으나 癸水가 없으면 잠시 부귀는 있다. 만약 癸水는 있고 丙火가 없으면 명리는 허망한 꽃이다. 만약 사주에 丙癸를 보지 못하면 하격이다.

【原文】

或癸在年月干 丙透時干 名爲木火文星 定主上達 生於秋分後方佳.
혹계재년월간 병투시간 명위목화문성 정주상달 생어추분후방가

혹 癸水가 연간 또는 월간에 있고 丙火가 시간에 투출하면 이름하여 木火의 문성(문장이 빛나다)이라 하는 것이니 반드시 높게 출세한다. 추분 이후에 태어나면 바야흐로 아름다운 것이다.

【原文】

或生上半月無癸 姑用壬水 不然 枯木無用 必作貧人 又四柱多見戊己
혹생상반월무계 고용임수 불연 고목무용 필작빈인 우사주다견무기
下格.
하격

혹 처음 보름에 태어나서 癸水가 없으면 힘들어도 壬水를 사용할 수밖에 없지만 당연한 것이 아니다. 메마른 木이라 쓸모가 없으니 필연코 가난하다. 또 사주에서 戊己를 많이 보게 되면 하격이다.

【原文】

用癸者 金妻水子 用丙者 木妻火子 用壬者 金妻水子.
용계자 금처수자 용병자 목처화자 용임자 금처수자

癸水를 사용하면 金이 처이고 水가 자식이다. 丙火를 사용하면 木이 처이고 火가 자식이다. 壬水를 사용하면 金이 처이고 水가 자식이다.

【原文】

甲乙遇强金 魂歸西土 靑龍逢兌旺 且賤且貧.
갑을우강금 혼귀서토 청룡봉태왕 차천차빈

甲乙이 강력한 金을 만나면 혼백이 죽음으로 돌아간다. 청룡(동방 木)이 태(백호 서방 金)가 왕함을 만나면 또한 천하고 또한 가난하다.

【原文】

乙木生居酉 莫逢巳酉丑 富貴坎離宮 貧窮申酉守 木逢金旺已傷 再
을목생거유 막봉사유축 부귀감리궁 빈궁신유수 목봉금왕이상 재
遇金鄕 豈不損壽.
우금향 기불손수

乙木이 酉月에 태어나면 巳酉丑 金局을 만나지 말라. 부귀는 감리궁(水火:남쪽과 북쪽)에 있고 가난한 것은 申酉에서 머무른다. 乙木이 金旺함을 만나면 이미 다치어 상한 것이니 다시 金의 고향을 만나면 목숨이 위태롭지 않겠는가?

◎ 역자 첨

| 辛乙癸己
巳丑酉巳 | 인도의 독립영웅 간디의 사주이다. 巳酉丑 金局에 辛金 칠살이 투출하고 편인 癸水가 化殺하는 용신이다. |

| 乙乙乙乙
酉酉酉亥 | 원 세조(元 世祖)의 명이다. 亥水 인성이 化殺하는 용신이다. 칠살이 중중하여 잔인하다. |

| 丁乙辛癸
亥酉酉未 | 산서 지역에서 왕이라 칭하는 염석산(閻錫山)이다. 癸水는 화살하고 丁火는 제살하여 문무가 겸전하였다. 丁火와 癸水가 멀리 떨어져 있어서 기쁘다. |

| 己乙丁辛
卯酉酉酉 | 한나라 장수 한신(韓信)이다. 酉金이 局을 이루고 칠살 辛金이 투출하였다. 丁火식신으로 칠살을 제살하니 총명하였다. |

| 戊乙丁丙
寅丑酉辰 | 대성회장 김수근이다. 식상이 혼잡되었으나 제살의 공이 있고, 생재로 흐르며 대운이 용신 水木운으로 향하여 삼천리 연탄 공장을 필두로 재벌이 되었다. |

| 壬乙癸己
午卯酉卯 | 제일제당 손경식 회장이다. 癸水 인성이 화살하고 午火가 제살한다. 癸와 午의 격(隔)이 충분하여 좋다. |

| 丙乙癸甲
戌亥酉午 | 외교관이 된 여성이다. 癸水가 투출하여 살인상생하고 시상 丙火 상관으로 설기하는 것이 아름답다. 대운이 남방운으로 향하자 외무고시에 합격하였다. |

【原文】

九月乙木 根枯葉落 必須癸水滋養 如見甲申時 名爲藤蘿繫甲 可秋
구월을목 근고엽락 필수계수자양 여견갑신시 명위등라계갑 가추
可冬.
가동

　　9[戌]월 乙木은 뿌리가 메마르고 잎은 떨어졌다. 필수적으로 癸水가 자양해야 한다. 甲申時 사주를 본다면 이름하여 담쟁이 넝쿨이 큰 나무를 칭칭 감아 타서 끝없이 자라는 것이니 가을도 좋고 겨울도 좋다.

【原文】

若見癸水 又遇辛金發水之源 定主科甲 或有癸無辛 常人 有辛無癸 貧賤
약견계수 우우신금발수지원 정주과갑 혹유계무신 상인 유신무계 빈천
或四柱壬多 水難生乙 亦是尋常之輩.
혹사주임다 수난생을 역시심상지배

　　만약 癸水를 보고 또한 물이 나오는 근원인 辛金을 만난다면 水의 근원이니 반드시 과거에 급제한다. 혹은 癸水는 있고 辛金이 없으면 평범한 사람이다. 辛金은 있고 癸水가 없어도 가난하고 천박하다. 혹은 사주에 壬水가 많으면 水는 乙木을 생하기 어려우니 역시 보통의 무리이다.

【原文】

或支多戊土 又透天干 作從才看 無比劫方妙 一逢比劫 富屋貧人.
혹지다무토 우투천간 작종재간 무비겁방묘 일봉비겁 부옥빈인

　　혹 지지에서 戊土가 많고 다시 천간으로 투출하면 종재격으로 본다.

비겁이 없으면 바야흐로 묘하다. 비겁을 하나라도 만나면 부잣집에서 일하는 가난한 사람이다.

【原文】

用癸者 金妻水子 但子女艱難 季土剋制故也.
용계자 금처수자 단자녀간난 계토극제고야

癸水를 사용하면 金이 처이고 水가 자식이나 단지 자녀를 기르기가 힘들겠다. 季土[戌土]가 水를 극하기 때문이다.

【原文】

丙乙甲甲　　名藤蘿繫甲 癸水得祿 科甲名臣.
子酉戌寅　　명등라계갑 계수득록 과갑명신

이름하여 등라계갑이다. 癸水가 건록을 얻으니 과거에 급제하여 이름난 신하이다.

癸乙戊辛　　辛癸兩透 木局破戊 行酉運選拔 位至尙書.
未卯戌丑　　신계양투 목국파무 행유운선발 위지상서

辛癸가 함께 투간하고 卯未 木局이 戌 중 戊土를 극파하였다. 酉運으로 행하자 뽑히어 출세하니 직위가 상서에 이르렀다.

庚乙丙庚
辰亥戌辰

支見辰可云化合 但非其時 孤貧有壽.
지견진가운화합 단비기시 고빈유수

지지에서 辰土를 보아 乙庚 화금격이나 때가 戌土 燥土이니 어긋나서 외롭고 가난하였으나 오래 살았다.

◎ 역자 첨

戊乙甲甲
寅巳戌辰

은행에 근무하는 남자다. 연월간의 甲木에 등라계갑(藤蘿繫甲)하고 戊土가 투출하여 신왕재왕하다. 대운이 용신 북동방 운으로 향하였다.

辛乙甲甲
巳未戌午

평생 무위도식한 사람이다. 두 甲木이 있어 등라계갑한다지만 지지가 火焰하고 燥熱하니 木이 말라비틀어지고, 시상의 칠살 辛金이 녹아내린 탓이다.

己乙戊丙
卯丑戌午

직업상담사인 여성이다. 조열하고 신약하나 다행히 일지 丑土에 癸水와 辛金을 저장하고 있으니 癸水는 乙木일간을 생하고 辛은 癸水를 생하는 중 乙木일간은 시지 卯木에 통근하였다. 48 癸水 대운을 만나자 학업을 계속하여 박사과정에 진학하였다.

癸乙戊丙
未巳戌辰

감정평가사이다. 시간의 癸水는 일점 根이 없는 중 戊癸合이 되어 乙木 일간을 생할 수 없고, 乙木 일간은 의지할 비견이 없으니 土 財를 따라 종재격이 되었다.

13. 三冬乙木
삼동을목

【原文】

十月乙木 木不受氣 而壬水司令 取丙爲用 戊土爲次.
십월을목 목불수기 이임수사령 취병위용 무토위차

10[亥]월의 乙木은 乙木이 (亥水의) 기운을 받지 못하고, 이것은 壬水가 사령한 것이니 丙火를 취해 사용하고 戊土는 그 다음이다.

【原文】

丙戊兩透 科甲定然 有丙無戊 雖不科甲 亦入儒林 支多丙火 運入火鄕
병무양투 과갑정연 유병무무 수불과갑 역입유림 지다병화 운입화향
亦主顯達.
역주현달

丙戊가 나란히 투출하면 과거에 급제함이 당연하나 丙火는 있고 戊土가 없으면 비록 과거에 급제하지는 못하였지만 유림에는 들어간다. 지지에 丙火가 많고 행운이 火의 고향으로 돌아가면 역시 출세를 한다.

【原文】

或水多無戊 乙性漂浮 流蕩之徒 若不見丙己 妻子難全 或一點壬水
혹수다무무 을성표부 유탕지도 약불견병기 처자난전 혹일점임수
即多見戊土 亦爲不妙 得甲制戊 可許能幹 但爲人好生禍亂 構訟爭非
즉다견무토 역위불묘 득갑제무 가허능간 단위인호생화란 구송쟁비
男女一理.
남녀일리

　　혹 水가 많고 戊土가 없으면 乙木의 성질은 부목浮木이 되니 이곳저곳으로 쏠리어 다니는 쓸데없는 무리이다. 만약 丙己를 보지 못하면 처자식을 안전하게 보호하기 어렵다. 혹은 일점의 壬水가 있더라도 많은 戊土를 보는 것도 묘한 것이 아니다. 甲木을 얻어 戊土를 극제하면 능력있는 인물이나 단지 사람 됨됨이 허물이 많아 혼란스럽고 송사를 꾸며서 시비를 다투는 것은 남녀의 이치가 같다.

【原文】

支成木局 時値小陽 此又如春木同旺 若有癸出 須取戊爲尊 加以丙透
지성목국 시치소양 차우여춘목동왕 약유계출 수취무위존 가이병투
科甲之人 若無丙戊二字 自成自敗 終非承受之輩.
과갑지인 약무병무이자 자성자패 종비승수지배

　　지지에서 木局을 이루고 시절은 10월을 만났으니 이는 봄의 木과 같이 왕한 것이므로 만약 癸水가 있으면 반드시 戊土가 존귀하고 丙火가 가세하여 투출되어야 과거에 급제한다. 만약 丙戊 두 글자가 없으면 자기 멋대로 성패를 이루니 끝내 가업을 잇는 무리가 아니다.

【原文】

丁 乙 乙 己
亥 巳 亥 亥

丙戊祿在巳 惜不透干 可許一榜.
_{병무록재사 석불투간 가허일방}

丙戊의 건록은 巳火이나 애석하게도 투간되지 않았다. 과거에 한 번은 급제한다.

丁 丙 乙 癸 戊
卯 寅 酉 亥 戌

丙戊兩透 都史.
_{병무양투 도사}

丙과 戊가 모두 투출하였다. 도사의 벼슬이다.[8]

◎ 역자 첨

丙 乙 丁 乙
子 丑 亥 未

자희태후(慈禧太后)다. 청나라 말기 태후로서 나라를 망하게 하였다. 지지에 亥子丑 水局을 이루었으나 戊土가 없다. 천간의 丙丁 식상관이 왕하니 주장이 강하고 일시 부귀할 수는 있으나 官이 없으니 제멋대로다.

甲 乙 辛 壬
申 巳 亥 寅

국회의원을 지낸 서범석(徐範錫)이다. 겁재 甲木에 등라계갑하고 辛壬이 살인상생한다. 巳와 寅 중 丙火를 암장하고 있어 조후가 잘 되고 있다.

丙 乙 辛 壬
戌 亥 亥 戌

大富의 사주다. 丙火가 투출하고 연시지의 두 戌土가 水를 제하니 부를 이루게 되었다.

---

8) [참고] 丙寅時를 丁卯時로 오기한 것 같다.

丁 乙 癸 癸
丑 亥 亥 巳

2017년 대권에 도전했던 홍준표의 사주다. 巳 中 丙火가 있고 시상으로 丁火가 투출하였으나 水가 범람한다. 34 己未, 44 戊午, 54 丁巳, 용신 火대운으로 향하여 검사와 국회의원, 도지사를 지냈고 64 丙辰 대운 丁酉에 대권에 도전하였으나 원국과 巳酉丑 金局을 이루어 실패했다.

【原文】

十一月乙木 花木寒凍 一陽來復 喜用丙火解凍 則花木有向陽之意
십일월을목 화목한동 일양내부 희용병화해동 즉화목유향양지의
不宜用癸以凍花木 故峀用丙火.
불의용계이동화목 고단용병화

11[子]월 乙木은 꽃나무가 추운 날씨에 얼었으나 一陽의 기운이 돌아오고 있다. 즐거운 것은 丙火가 추위를 해결하면 꽃나무는 양기로 향하려는 뜻이 있다. 癸水는 꽃나무를 얼어붙게 하므로 안 된다. 고로 오직 丙火만을 사용한다.

【原文】

有一二點丙火出干 無癸制者 可許科甲 即丙藏支內 亦有選拔恩封
유일이점병화출간 무계제자 가허과갑 즉병장지내 역유선발은봉
得此不貴 必因風水薄 或壬癸出干 有戊制 可作能人 即丙在支內 亦
득차불귀 필인풍수박 혹임계출간 유무제 가작능인 즉병재지내 역
是俊秀 若壬透無戊 貧賤之人.
시준수 약임투무무 빈천지인

한두 개의 丙火가 천간에 투출해 있고 癸水의 극제함이 없으면 과거

에 급제한다. 또 丙火가 지장간에 있어도 또한 관리로 선발되어 임금으로부터 봉직을 받는 은혜가 있다. 이러함에도 귀하지 못하는 것은 필시 풍수의 도움이 없어서이다. 혹은 壬癸가 출간하였는데도 戊土의 극제함이 있다면 능력 있는 사람이다. 또 丙火가 지장간에 있어도 또한 빼어난 인물이다. 만약 壬水가 투출하고 戊土가 없다면 가난하고 천박한 사람이다.

【原文】

支成水局 干透壬癸 丙丁全無 雖有戊制 貧乏到老 運至南方 稍有衣
지성수국 간투임계 병정전무 수유무제 빈핍도노 운지남방 초유의
食 丁火有亦如無 丁乃燈燭之火 豈能解嚴寒之凍 設無丙丁 戊己多
식 정화유역여무 정내등촉지화 기능해엄한지동 설무병정 무기다
見 金水奔流 下賤 或有戊己無火 亦屬常人 但不至下賤 或一派丁火
견 금수분류 하천 혹유무기무화 역속상인 단부지하천 혹일파정화
大奸大詐之徒 如無甲引丁 孤鰥到老 丁火見甲 必主麟趾振振[9] 芝蘭
대간대사지도 여무갑인정 고환도노 정화견갑 필주인지진진   지란
繞膝[10].
요슬

지지에서 水局을 이루고 천간으로 壬癸가 투출하면서도 丙丁이 하나도 없다면 비록 戊土가 있어 극제를 하더라도 늙도록 가난하고 결핍되어 있다. 행운이 남방으로 흐르면 작은 살림살이는 있겠다. 丁火는 있어도 없는 것과 다를 바 없으니 丁火는 등잔의 불꽃이니 어찌 꽁꽁 얼어붙는 무서운 추위를 해결할 수 있다고 하겠는가? 설령 丙丁이 없고 戊己를 많이 보았더라도 金水의 기운이 어지럽게 흐르니 하천하다. 혹은 戊己

---

9) 진진(振振) : ① 마음이 인후(仁厚)한 모양. ② 혼자 잘난 체하여 우쭐거리며 널리 떨치는 모양.
10) 요슬(繞膝) : 어린아이들이 부모의 무릎 앞에 둘러 노는 일

가 있고 火가 없다면 역시 평범한 사람에 속하나 그럼에도 하천함에는 이르지 않는다. 혹은 한 무리의 丁火만 있다면 대단히 간사하고 대단히 사기치는 무리들이다. 만일 甲木이 丁火를 이끌어 주지 못하면 외로운 홀아비로 늙을 것이다. 丁火가 甲木을 보면 이 사람은 반드시 기린의 걸음처럼 널리 인품을 떨치며, 자손들이 번성하여 무릎 앞을 두르겠다.

【原文】

或成水局 壬癸兩透 則木浮矣 不特貧賤 而且夭折 得一戊救方可.
혹성수국 임계양투 즉목부의 불특빈천 이차요절 득일무구방가

혹 지지에서 水局을 이루고 壬癸가 투출하면 乙木은 물에 떠있는 것이니 특별함이 없는 인간이니 빈천하고 요절한다. 하나의 戊土를 얻어 구제되면 방향은 잘 잡았다고 하는 것이다.

【原文】

冬月乙木 須取戊制水 不可作用 耑取丙火則可 用火者 木妻火子 用土者
동월을목 수취무제수 불가작용 단취병화즉가 용화자 목처화자 용토자

火妻土子.
화처토자

겨울의 乙木은 비록 戊土를 취하여 水를 극제하더라도 용신으로 사용됨이 마땅하지 않은 것이다. 오직 丙火를 취하여야 옳은 것이다. 火를 사용하면 木이 처이고 火가 자식이다. 土를 사용하면 火가 처이고 土가 자식이다.

【原文】

| 丙 乙 戊 庚 |
| 子 巳 子 申 |

丙戊兩透 詞林.
병무양투 사림

丙戊가 투출하였으니 글 잘 짓는 사람의 관직이다.

◎ 역자 첨

| 辛 乙 甲 戊 |
| 巳 未 子 午 |

동부그룹 회장 김진만(金振晩)이다. 국회의원을 역임했다. 戊土와 甲木이 투출하여 辛金칠살이 쓰임이 있다. 子月이나 巳午未가 모여 식신생재를 이루고 중화를 이루었다.

| 丙 乙 壬 丁 |
| 子 未 子 未 |

원나라 마지막 황제인 원순제(元順帝)다. 子月 子時의 乙木이 向陽하고자 하나 대운이 역행하여 申運에 子辰合水로 왕해지자 나라를 잃었다.

| 甲 乙 丙 甲 |
| 申 丑 子 午 |

미술전공 여성 교수다. 편인 子月의 乙木일주가 甲丙이 투출하여 등라계갑하고 상관으로 秀氣하니 아름답다.

| 乙 乙 庚 辛 |
| 酉 酉 子 亥 |

생계형의 여성이다. 庚辛 金이 투출하여 관살혼잡이니 亥子 水로 살인상생한다. 그러나 혹한에 火가 일점 없어 水가 얼었으니 많은 시간과 노력으로 겨우 찬밥이나 먹을 사주다. 남편과 연이 박하고 날품팔이로 생계를 꾸리고 있다.

【原文】

乙木生於冬至之後 坐下木局 得丙透干者 富貴之造 卽丁出干 亦有
을목생어동지지후 좌하목국 득병투간자 부귀지조 즉정출간 역유

衣祿 須忌癸制丁 乙木生於冬月 己土透干 又有丙透 大富大貴之造.
의록 수기계제정 을목생어동월 기토투간 우유병투 대부대귀지조

乙木이 동지 후에 태어나고 日支에서 木局을 이루고 丙火가 투간하면 부귀한 사주이다. 또 丁火가 천간에 투출하여도 역시 벼슬은 있겠다. 모름지기 癸水가 丁火를 극제함을 싫어한다. 乙木이 겨울에 태어나서 己土가 투간되고 다시 丙火가 투간되면 크게 부귀한 사주이다.

【原文】

十二月乙木 木寒宜丙 有寒谷回春之象 得一丙透 無癸出破格 不特
십이월을목 목한의병 유한곡회춘지상 득일병투 무계출파격 불특

科甲 定主名臣顯宦 丙火藏支 食餼而已 干支無丙 一介寒儒.
과갑 정주명신현환 병화장지 식희이이 간지무병 일개한유

12[丑]월 乙木은 한기가 있어 丙火를 마땅히 여기니 추운 골짜기에 봄이 되돌아오는 형상이다. 하나의 丙火가 투출함을 얻고, 癸水가 투출하였으나 파격이 아니라면 과거에 합격하지 않아도 당연히 명성 있는 신하이고 벼슬이 드러나게 된다. 丙火가 지장간에 있어도 먹고사는 데는 지장이 없다. 간지에 丙火가 없으면 한낱 가난한 선비이다.

【原文】

或四柱多己 不逢比劫 乃爲從才 富比王侯 若見比劫 貧無立錐.
혹사주다기 불봉비겁 내위종재 부비왕후 약견비겁 빈무입추

혹 사주에 己土가 많으나 비겁을 만나지 아니하면 이는 종재격이다. 재산이 왕과 제후와 비슷하겠다. 만약 비겁을 보면 가난하기가 송곳 꽂을 자리도 없다.

【原文】

雖或一派戊己 見甲頗有衣祿 喘以丙火爲用 方妙.
수혹일파무기 견갑파유의록 단위병화위용 방묘

또 한 무리의 戊己가 있어도 甲木을 보면 거의 먹고살 만한 벼슬은 있다. 오직 丙火를 사용하여야 방도(인생살이)가 묘한 것이다.

【原文】

辛乙癸壬　　巳中丙戊得所 一榜 官至太守.
巳卯丑午　　사중병무득소 일방 관지태수

巳 중 丙戊가 제자리를 잎있으니 과서에 올라 관직이 태수에 오른다.

辛乙癸壬　　巳酉丑會金局 帶丙不得祿 一富而已.
巳酉丑午　　사유축회금국 대병부득록 일부이이

巳酉丑 金局이다. 巳 중 丙火가 합이 되어 건록을 얻지 못하니 한 고을의 부자이다.

庚乙己庚 **此命殺重身輕 貧而且夭.**
辰巳丑子 _{차 명 살 중 신 경 빈 이 차 요}

칠살은 많고 일주는 약하여 가난하고 요절한다.

◎ 역자 첨

| 庚乙乙戊
辰巳丑午 | 중국 부총통 풍국장(馮國璋)이다. 청나라 말과 민국 초에 세력을 떨쳤다. 丑月 乙木이라 한기가 돌고 정관 庚金이 차갑다. 일지 巳 중에 丙火가 金을 덥히고 연지 午火가 한기를 녹이며 대운이 동남방으로 향했다. |

| 丙乙丁己
戌卯丑卯 | 한국 최초의 여류 조각가다. 일간이 두 卯木으로 통근하였고, 丙丁 火가 투출하여 乙木 일주를 秀氣하여 己土를 생하니 식상생재가 아름답게 되었다. |

| 庚乙己庚
辰巳丑戌 | 프로그래머다. 지지는 土이고 천간은 庚金으로 기가 모아졌다. 乙木일주가 세를 거역할 수 없으니 기명종관격이 되었다. |

| 丙乙癸壬
戌亥丑辰 | 2017년 대통령에 당선된 문재인의 사주다. 乙木이 한습(寒濕)한 중 천간은 丙火 상관이, 지지는 戌土가 조후하게 되었다. 54 己未 대운 대권에 실패, 64 庚申 정관 대운에 제19대 대통령에 당선되었다. |

◎ 역자 요약

乙木일주를 요약하면,
- 寅月에 丙癸가 필요하다. 丙火는 한기를 해결하고 癸水는 乙木을 윤택하게 번식시키려 한다. 丙火가 약하면 마땅하지 않다. 火가 많으면 癸水가 용신이다.
- 卯月은 丙癸가 필요하다. 癸水는 乙木을 번식시키고 丙火는 빼어남을 설기한다. 金이 투출함은 마땅하지 않다.
- 辰月은 癸丙戊가 필요하다. 먼저 癸水를 사용하고 다음에 丙火를 사용한다. 지지에서 水局을 이루면 戊土를 취하여 보좌하여야 한다.
- 巳月은 癸辛이 필요하다. 月令에서 丙火가 건록을 얻으니 전적으로 癸水가 용신이다. 조후가 급한 것이다. 辛金으로 癸水를 도와야 한다.
- 午月은 癸丙이 필요하다. 처음 보름은 먼저 癸水를 사용하고 다음에는 丙火를 사용한다. 다음 보름은 丙癸를 같이 사용한다.
- 未月은 癸丙이 필요하다. 癸水로 土를 적시고 木을 번식시킨다. 사주에 金水가 많으면 먼저 丙火를 사용한다. 여름의 乙木은 壬癸가 필요하며 戊己가 섞여 혼란됨을 싫어한다.
- 申月은 丙癸己가 필요하다. 丙火를 취하거나 혹 癸水로 申金을 변화시킨다. 丙癸가 있어야 한다. 그럼에도 다시 己土가 보좌하여야 한다.
- 酉月은 癸丙丁이 필요하다. 처음 보름은 먼저 癸水를 사용하고 뒤에 丙火를 사용한다. 다음 보름은 먼저 丙火를 사용하고 뒤에 癸水를 사용한다. 癸水가 없으면 壬水로 취하기도 한다. 지지에서 金局을 이루면 당연히 丁火를 사용한다.
- 戌月은 癸辛이 필요하다. 癸水가 용신이고 辛金은 水의 근원인 것이다. 甲時를 보면 등라계갑(藤蘿繫甲)이다.
- 亥月은 丙戊가 필요하다. 전적으로 丙火를 사용하고 겸하여 戊土가 보좌한다.
- 子月은 丙火가 추운 乙木을 양기로 향하게 하니 전적으로 丙火가 필요하다. 癸水를 보면 싫어한다.
- 丑月은 丙火가 추운 골짜기에 봄을 맞이하는 것이니 전적으로 丙火가 필요하다.

제2부
論火

論火

1. 火를 논함

【原文】

炎炎眞火 位鎭南方 故火無不明之理 輝光不久 全要伏藏 故明無不
염염진화 위진남방 고화무불명지리 휘광불구 전요복장 고명무불
滅之象 火以木爲體 無木則火不長焰 火以水爲用 無水則火太酷烈
멸지상 화이목위체 무목즉화불장염 화이수위용 무수즉화태혹열
故火多則不實 火烈則傷物 木能藏火 到寅卯方而生火 不利於西 又
고화다즉부실 화열즉상물 목능장화 도인묘방이생화 불리어서 우
申酉而必死 生居離位 果斷有爲 若居坎宮 謹畏守禮.
신유이필사 생거이위 과단유위 약거감궁 근외수례

    뜨겁게 타오르는 것이 참된 火의 성품이며 남쪽에 자리를 잡고 지킨다. 그러므로 火는 밝게 드러날 이치가 없지 않아 광채의 빛남이 오래도록 지속되지 않으므로 온전히 깊이 감추어 둘 필요가 있다. 그리하면 맑지는 않으나 형상은 사라지지 않을 것이다. 火는 木이 생함으로써 주체를 이루니 木이 없다면 火는 불빛이 오래가지 않는다. 火는 水와 함께 작용되어야 하니 水가 없다면 火는 매우 혹독하게 뜨거워진다. 그러므로 火가 많으면 오히려 충실하지가 않다. 火가 뜨거우면 사물을 다치게 한다. 木은 火를 갈무리한 것이니 寅卯 방향에 도착하면 火를 생한다. 서쪽

은 불리하니 申酉 방향이면 필연코 죽는다. 火는 이궁(離宮:火, 南)의 자리에서 생활하니 과감하게 결단하여 일을 도모한다. 만약 감궁(坎宮:水, 北)에 있다면 삼가고 근심하는 마음으로 예절을 지킨다.

【原文】

金得火和而能鎔鑄 水得火和則成旣濟 遇土不明多主騫塞 逢木旺處
금득화화이능용주 수득화화즉성기제 우토불명다주건색 봉목왕처
決定爲榮 木死火虛難得永久 縱有功名必不久長 春忌見木惡其焚也
결정위영 목사화허난득영구 종유공명필불구장 춘기견목악기분야
夏忌見土惡其暗也 秋忌見金金難剋制 冬忌見水水旺則滅 故春火欲
하기견토악기암야 추기견금금난극제 동기견수수왕즉멸 고춘화욕
明不欲炎 炎則不實 秋火欲藏不欲明 明則太燥 冬火欲生 不欲殺 殺
명불욕염 염즉부실 추화욕장불욕명 명즉태조 동화욕생 불욕살 살
則歇滅.
즉헐멸

　　　金을 얻어야 火는 조화로워 능히 쇠를 녹여서 기물을 만든다. 水를 얻어야 火는 조화를 이루게 되어 곧 기제(旣濟)[11]의 공을 이룬다. 土를 만나면 밝게 드러나지 않으니 이 사람은 자주 일이 어긋나거나 막히며 木이 왕한 곳을 만나면 반드시 영화롭다. 木이 죽으면 火는 허약하게 되어 오래가지 못하니 공명을 이루나 필연코 오래 가지 않기 때문이다. 봄에 木을 보는 것을 꺼리는 것은 불에 타버릴까 하여 싫어하기 때문이며, 여름에 土를 보는 것을 꺼리는 것은 어두워지는 것을 꺼리는 것이며, 가을에 金을 보는 것을 꺼리는 것은 金을 극제하기가 어렵기 때문이며, 겨울에 水를 보는 것을 꺼리는 것은 水가 왕하면 火가 꺼지기 때문이다. 고로 봄

---

11) 기제(旣濟): 64괘의 하나로 만사가 잘되어가는 상(象).

의 火는 밝음을 바라고 뜨거워지는 것을 바라지는 않는다. 뜨거우면 결과를 이루지 못한다. 가을의 火는 갈무리되기를 원하는 것이지 밝음을 원하는 것은 아니다. 밝다는 것은 지나치게 건조한 것이다. 겨울의 火는 생함을 바라지 죽이는 것을 바라지 않는다. 죽이는 것은 즉 (火가) 다하여 없어지기 때문이다.

【原文】

生於春月 母旺子相 勢力並行 喜木生扶 不宜過旺 旺則火炎 欲水旣濟
생어춘월 모왕자상 세력병행 희목생부 불의과왕 왕즉화염 욕수기제
不愁興盛 盛則沾恩 土多則蹇塞埋光 火盛則傷多烈燥 見金可以施功
불수흥성 성즉첨은 토다즉건색매광 화성즉상다열조 견금가이시공
縱重見用才尤逐.
종중견용재우축

　　丙火가 봄에 태어나면 어머니[木]는 왕하고 자식[火]은 따르는 것이니 木火의 세력이 함께 움직여야 한다. 고로 木의 생부를 좋아하나 지나치게 왕한 것은 마땅하지 않다. 왕하면 火가 이글거리니 水火기제를 원하되 흥성함을 걱정하지 않으니 흥성하면 은혜가 넘치기 때문이다. 土가 많으면 어긋나거나 막혀 빛을 덮어 버린다. 火가 왕성하면 뜨겁고 건조됨이 많아 다치게 된다. 金을 보면 공을 베풀 수 있으니, 비록 거듭 보더라도 재를 쓰면 공이 이루어진다.

【原文】

夏月之火 秉令乘權 逢水制則免自焚之咎 見木助必招夭折之患 遇金
하월지화 병령승권 봉수제즉면자분지구 견목조필초요절지환 우금

必作良工 得土遂成稼穡 金土雖爲美利 無水則金燥土焦 再加木助
필작양공 득토수성가색 금토수위미리 무수즉금조토초 재가목조

太過傾危.
태과경위

　　여름의 丙火는 월령을 장악하니 권세를 지녀 왕하다. 水를 만나 극제되면 스스로 타버리는 허물을 면한다. 木의 도움을 보면 필연코 요절의 근심을 불러들인다. 金을 만나면 필히 훌륭한 기물을 이룬다. 土를 얻으면 마침내 농사를 거두는 뜻을 이룬다. 金土는 반드시 아름답고 이익됨이 된다. 水가 없으면 金은 건조하고 土는 메말라지는데 다시 木이 도우면 왕성함이 지나쳐 기울어짐이 위태롭다.

【原文】

秋月之火 性息體休 得木生則有復明之慶 遇水剋難免隕滅之災 土重
추월지화 성식체휴 득목생즉유복명지경 우수극난면운멸지재 토중

而掩息其光 金多而損傷其勢 火見火以光輝 縱疊見而必利.
이엄식기광 금다이손상기세 화견화이광휘 종첩견이필리

　　가을의 丙火는 성질이 휴식을 갖고 있으므로 근본이 쉬는 것이다. 木의 생을 얻으면 다시 밝아지려는 경사가 있다. 水의 극제함을 만나면 무너져 없어지는 재난을 면하기가 어렵다. 土가 많으면 그 광채가 가리어 쉬게 된다. 金이 많으면 그 세력이 손상을 입는다. 火를 보면 火로서 빛을 빛나게 한다. 설령 거듭 만나더라도 반드시 이롭다.

【原文】

冬月之火 體絶形亡 喜木生而有救 遇火剋以爲殃 欲土制爲榮 愛火
동월지화 체절형망 희목생이유구 우화극이위앙 욕토제위영 애화
比爲利 見金爲難任才 無金而不遭害 天地雖傾 火水難成.
비위리 견금위난임재 무금이부조해 천지수경 화수난성

겨울의 丙火는 근본은 끊어지고 형체는 없어졌으니 木이 생하여 구제함을 기뻐한다. 水의 극제함을 만나면 재앙이므로 土가 극제함을 바라는 것은 영화로운 일이 되고 火의 비견이 이롭게 되는 것을 좋아한다. 金을 보면 재주를 감당하기가 어렵고 金이 없으면 손해를 보지 않겠다. 하늘과 땅은 이미 기울어졌으니 火水가 서로를 이룰 수가 없다.

2. 三春丙火 總論
삼춘병화 총론

【原文】

三春丙火 秉象至威 陽回大地 侮雪欺霜 耑用壬水 爲扶陽 名曰天和
삼춘병화 병상지위 양회대지 모설기상 단용임수 위부양 명왈천화

地潤 旣濟功成 正月用壬 庚辛爲佐 二月耑用壬水 三月土重晦光 取
지윤 기제공성 정월용임 경신위좌 이월단용임수 삼월토중회광 취

甲佐之爲妙.
갑좌지위묘

봄의 丙火는 잡고 있는 형상이 위세가 지극하다. 대지를 양기로 되돌리니 눈을 업신여기고 서리를 비웃는다. 오로지 壬水를 사용하여 양기를 북 돋우어야 한다. 말하기를 하늘은 화평하고 땅은 윤택히여 기제의 공을 이룬 것이다. 1월은 壬水를 사용하고 庚辛이 도와야 한다. 2월은 오로지 壬水를 사용하고 3월은 土가 많아 빛을 어둡게 하니 甲의 도움을 취해야 묘하다.

【原文】

癸丙春生 不晴不雨之天 丙日春生 時月春季 雲霧迷濛 不顯不達 非
계병춘생 불청불우지천 병일춘생 시월춘계 운무미몽 불현부달 비

若壬水輔丙也.
약임수보병야

　癸水와 丙火는 봄에 태어나면 하늘이 맑지도 않고 비도 내리지 않는 다 한다. 丙火일주가 봄에 태어나서 3월이라면 구름과 안개 때문에 침침하여 뿌옇게 가리므로 출세를 하지 못하는 것은 壬水가 丙火를 도와주지 않았기 때문이다.

3. 三春丙火
삼춘병화

【原文】

正月丙火 三陽開泰 火氣漸炎 取壬爲尊 庚金佐之 壬庚兩透 科甲定然
정월병화 삼양개태 화기점염 취임위존 경금좌지 임경양투 과갑정연

卽壬透庚藏 亦有異途顯達.
즉임투경장 역유이도현달

　　1[寅]월의 丙火는 삼양의 태괘泰卦[12]가 열려 火氣가 점차 뜨거워진다. 壬水를 취함을 소중히 여기며 庚金으로 도와야 한다. 壬庚이 함께 투출하면 과거에 급제함이 당연하다. 또한 壬水는 투출하고 庚金은 지장간에 있어도 과거에 힙격힘이 없이 다른 길로 출세를 한다.

【原文】

若一庚高透 支藏一二丙火 納粟奏名 主爲人慷慨英雄 有才邁衆.
약일경고투 지장일이병화 납속주명 주위인강개영웅 유재매중

---

12) 태괘(泰卦) : 64괘 중 11번째로 음양이 조화를 이루어 만사가 형통하고 편안함을 누리는 상.

만약 하나의 庚金이 높게 투출하고 지장간에 한두 개의 丙火가 있다면 재물을 바쳐 벼슬을 하게 되는데 사람됨은 의로움이 충만한 영웅이니 재주가 있어 무리에서 뛰어나다.

【原文】

或一派庚辛混雜 常人 得時月兩透庚金 無辛者 定主淸貴 或辛年辛時
혹일파경신혼잡 상인 득시월양투경금 무신자 정주청귀 혹신년신시
名爲貪合 酒色之徒 女命一理.
명위탐합 주색지도 여명일리

혹 한 무리의 庚辛이 혼잡되면 평범한 사람이다. 시간과 월간에 庚金이 함께 투출하고 辛金이 없는 사람은 분명히 맑은 귀인이다. 혹은 辛年 辛時라면 말하기를 합을 탐한다 하여 주색의 무리이다. 여자의 운명도 이와 같은 이치이다.

【原文】

或丙少壬多 而無戊制 名殺重身輕 斯人笑裏藏刀 尋非痞棍 或見一
혹병소임다 이무무제 명살중신경 사인소리장도 심비비곤 혹견일
戊制壬 反成富貴 宜見一二比肩方妙.
무제임 반성부귀 의견일이비견방묘

혹 丙火는 적고 壬水가 많은데 戊土의 극제함이 없으면 말하기를 칠살은 많고 일주는 약하니 이 사람은 웃음 속에 칼을 감춘 것이니 답답한 무뢰한으로 보통이 아니다. 혹은 하나의 戊土가 壬水를 극제함을 보면 오히려 부귀를 이룬다. 당연히 한두 개의 비견을 보면 비로소 묘할 것이다.

【原文】

或一片戊土 甲不出干 終非大器 且恐孤貧 正月之丙 忌戊晦光 或支
혹일편무토 갑불출간 종비대기 차공고빈 정월지병 기무회광 혹지

成火局 耑取壬水爲貴 無壬 癸亦姑用 若壬癸俱無 取戊以洩火氣 但
성화국 단취임수위귀 무임 계역고용 약임계구무 취무이설화기 단

屬平人.
속평인

혹 한 조각 戊土가 있음에도 甲木이 출간되지 않으면 끝내 큰 그릇은 못 된다. 장차 외롭고 가난할까 두렵다! 정월의 丙火는 戊土가 빛을 가리는 것을 싫어한다. 혹은 지지에서 火局을 이루면 오로지 壬水를 취하는 것이 貴格이 된다. 壬水가 없으면 癸水를 역시 잠시 사용한다. 만약 壬癸가 모두 없으면 戊土를 취하여 火의 기운을 설기시켜야 하지만 이는 평범한 부류의 사람이다.

【原文】

或支成火局 又作炎上而推 但不逢時耳 若不見東南歲運 反致孤貧.
혹지성화국 우작염상이추 단불봉시이 약불견동남세운 반치고빈

혹 지지에서 火局을 이루면 염상격인가 추측해본다. 그러나 시절을 만나지 못하고 동남의 세운을 보지 못하면 오히려 외롭고 가난함에 이른다.

【原文】

或四柱有甲木 得庚金暗制 可作秀才.
혹사주유갑목 득경금암제 가작수재

혹 사주에 甲木이 있는데 庚金이 지장간에서 극제를 얻으면 능히 뛰어난 사람이 된다.

【原文】

無壬用癸者 略富貴 且官殺亦要旺相有根 丙火無壬 多主貧賤 屢徵
무임용계자 약부귀 차관살역요왕상유근 병화무임 다주빈천 누징
屢驗 或火多無水 一至水鄕必死 不然 定有災咎 惟五月丙火 合炎上格
누험 혹화다무수 일지수향필사 불연 정유재구 유오월병화 합염상격
則不喜水破格 用癸無根 定主目疾.
즉불희수파격 용계무근 정주목질

壬水가 없어 癸水를 사용함은 잠깐의 부귀이다. 또 관살이 왕상하고 통근이 있는 것은 중요하다. 丙火는 壬水가 없으면 많은 사람이 빈천한 것을 여러 번 밝혔고, 경험을 하였다. 혹은 火는 많고 水가 없는데 북쪽에 한 번 이르면 필연코 죽는다. 그렇지 않으면 확정적으로 재난과 허물이 있다. 오로지 5월 丙火는 炎上格에 합당하여 水가 격국을 파괴하는 것을 기뻐하지 않는다. 癸水를 사용하는데 통근이 없으면 확정적으로 안과 질환이 있다.

【原文】

用壬者 金妻水子 用庚者 土妻金子.
용임자 금처수자 용경자 토처금자

壬水를 사용하면 金이 처이고 水가 자식이다. 庚金을 사용하면 土가 처이고 金이 자식이다.

【原文】

庚丙庚丙　　兩干不雜 按察.
寅午寅午　　양 간 부 잡 안 찰

庚丙 양간이 혼잡되지 않아 관직이 안찰이다.

壬丙戊庚　　庚壬兩透 詞林.
辰寅寅寅　　경 임 양 투 사 림

庚壬이 함께 투출하여 글 잘 짓는 사림의 관직이다.

丁丙庚辛　　狀元.
酉子寅亥　　장 원

과거에 장원급제하였다.

戊丙壬丁　　假借斯文 先貧後富 但子息艱難.
戌子寅酉　　가 차 사 문 선 빈 후 부 단 자 식 간 난

남의 도움을 빌려서 공부를 하니 먼저 가난하다가 뒤에 부자가 되었으나 단지 자식을 양육하기가 어렵다.

◎ 역자 첨

癸丙甲癸　　중국 지식인 양계초(梁啓超)다. 甲木이 투출하고 癸水가
巳午寅酉　　兩透하여 관인상생을 이루었다. 연지 酉金으로부터 財官印이 잘 갖추어진 명이다.

| 丁丙丙己 | 이화여대 총장을 지낸 김활란(金活蘭) 여사다. 木火通明
| 酉寅寅亥 | 을 이루었다. 연간으로 상관이 투출하여 亥 중 壬水 편관
| | 을 극하니 미혼이다.

| 己丙丙己 | 한보그룹 회장 정태수(鄭泰守)다. 일지 午火 양인이 寅午
| 亥午寅巳 | 火局을 이루어 신강한 중 상관이 두 개나 투출하니 비상
| | 한 두뇌를 활용하여 하급 세무공무원 출신으로 사업을
| | 일으켰다. 사주에 火는 왕하고 水는 약하고 金재국이 없
| | 어 끝내 패망하고 말았다.

| 己丙戊庚 | 일류 대학 출신으로 행정고시에 합격하고 공직에 출사
| 亥戌寅子 | 하였다. 庚金이 투출하고 亥 중 壬水가 암장되었다. 즉,
| | 천간은 식신생재로 지지는 관인생생으로 유통되었다.

| 乙丙庚辛 | 초년 水運에 은행원으로 근무하다 丙戌 대운에 건강이
| 未戌寅巳 | 극도로 악화되어 퇴사하였고 결국 교통사고로 사망하였
| | 다. 庚辛 金은 투출하였으나 사주에 水가 없다.

【原文】

二月丙火 陽氣舒升 耑用壬水 壬透天干 不見丁化 加以庚辛己亦透
이월병화 양기서승 단용임수 임투천간 불견정화 가이경신기역투

壬水有根 定主科甲.
임수유근 정주과갑

2[卯]월 丙火는 양기가 퍼져서 오르니 오로지 壬水를 사용한다. 壬水
가 천간에 투출하고 丁火가 (壬水와) 합하는 것을 보지 않으며 庚辛己가
가세하여 역시 투출하고 壬水가 통근이 되면 과거에 급제함이 당연하다.

【原文】

或無壬水 己土姑用 主有才學 雖不能成名 必衣食充足.
혹무임수 기토고용 주유재학 수불능성명 필의식충족

혹 壬水가 없으면 己土를 잠시 사용하는 경우, 그 사람은 재주와 학문은 있는데, 비록 이름은 날리지 못하더라도 반드시 의식주는 충족하다.

【原文】

或一派壬水 見一戊制 雖不科甲 亦有恩庇 或無戊透 則有辰戌丑未
혹일파임수 견일무제 수불과갑 역유은비 혹무무투 즉유진술축미
之戊 但辰宮癸水 貪合成火 不能制壬 此平常衣祿 若支下全無一戊
지무 단진궁계수 탐합성화 불능제임 차평상의록 약지하전무일무
此係奔流之人 加以金多生水 下賤之命.
차계분류지인 가이금다생수 하천지명

혹 한 무리의 壬水가 있으나 하나의 戊土로서 극제함을 하게 되면 과거에 비록 합격을 못했어도 역시 부모의 덕을 입는 은혜가 있다. 혹은 戊土가 투출함이 없고 辰戌丑未에 戊土가 있다 하나, 다만 辰土는 癸水가 거처하는 곳이므로 火로 이루고자 욕심을 내어 壬水를 극제할 수가 없다. 이는 평범한 사람으로 먹고살 만은 하겠다. 만약 지지에서 戊土가 전혀 없다면 이는 이리저리 떠돌아다니는 사람이다. 더불어 金이 많아 水를 생한다면 하천한 운명이다.

【原文】

或一派戊土 亦用壬水 運喜行木 見土不祥 行火亦不利.
혹일파무토 역용임수 운희행목 견토불상 행화역불리

혹 한 무리의 戊土를 보면 역시 壬水를 용신으로 하나 운이 木으로 흐르면 기쁘나 土를 보면 상서롭지 않고 火運 역시 이롭지 않다.

【原文】

或丙子日辛卯時 乃從化格 但不逢時 貪才壞印 難招祖業 若得一二
혹병자일신묘시 내종화격 단불봉시 탐재괴인 난초조업 약득일이

丁火破辛 壬水得位 亦主富貴 雖不科甲 亦有異路 名傳郡邑 合此格
정화파신 임수득위 역주부귀 수불과갑 역유이로 명전군읍 합차격

主妻妾多子 或月時見二辛卯 日乃丙子 名爲爭合 年不透丁制辛 此
주처첩다자 혹월시견이신묘 일내병자 명위쟁합 년불투정제신 차

人昏迷酒色 年透丁火 反吉 或支成木局 反因奸得才 因酒得名.
인혼미주색 년투정화 반길 혹지성목국 반인간득재 인주득명

혹 丙子日에 辛卯時는 종화격이다. 그러나 시절을 만나지 못하면 재물을 탐하여 인성을 무너뜨려 조상의 가업을 이어가지 못한다. 만약 한 두 개의 丁火가 辛金을 파괴하고 壬水가 제자리를 얻으면 이 사람은 역시 부귀하겠지만 비록 과거에 합격하지 못하였으나 다른 길로 벼슬을 할 수 있고, 이름을 군郡과 읍邑에 전한다. 이러한 격에 합치하면 처첩과 자식이 많다. 혹은 월주와 시주에서 두 개의 辛卯를 보고 일주가 丙子라면 이름하여 쟁합이다. 연간에서 丁火가 투출하지 않아 辛金을 극제하지 않으면 이 사람은 주색으로 정신이 미쳐버린다. 연간에 丁火가 투출하면 오히려 길하다. 혹은 지지에서 木局을 이루면 반대로 간사함으로 인하여 재물을 득하고 술로 인하여 이름을 얻게 된다.

【原文】

凡用壬者 金妻水子 才爲妻 官殺爲子.
범용임자 금처수자 재위처 관살위자

　무릇 (2월 丙火가) 壬水를 사용하면 金이 처이고 水가 자식이다. 재성은 처이고 관살은 자식이다.

【原文】

己丙己乙　　用申中庚壬 孝廉.
亥申卯亥　　　용신중경임 효렴

　　　　　　申 중 庚壬을 용신으로 하여 관직이 효렴이다.

己丙丁己　　武擧 但子息惟艱.
亥申卯亥　　　무거 단자식유간

　　　　　　무과에 천거되었으나 자식을 기르기가 안타깝다.

◎ 역자 첨

庚丙乙戊　　전 검사 출신으로 국회의원과 전남도지사를 역임했다.
寅申卯寅　　庚金이 투출하여 왕한 木을 제화시킨다. 31 己未 대운에
　　　　　　사법시험 합격, 41 庚申 대운에 국회의원, 51 辛酉 대운
　　　　　　에 도지사가 되었다.

| 辛 丙 丁 己 | 대학강사다. 丙火가 辛에 情을 주니 인수를 외면한다. 己
| 卯 申 卯 亥 | 土를 써 식상생재해야 하므로 木運에 되는 일이 없었다. 壬戌 대운부터 학문으로 방향을 잡고 金運을 만나 박사 학위를 받게 되고 대학강사가 되었다.

| 辛 丙 辛 丙 | 빚지고 사는 인생이다. 丙火가 辛을 보고 情을 주니 큰일
| 卯 申 卯 申 | 을 하기 어렵다. 丁火가 투간했다면 신왕재왕하여 먹고 사는 문제는 없었을 것이다.

| 壬 丙 乙 戊 | 가출한 여자다. 乙木과 칠살 壬水가 투출했으나 식상 土
| 辰 戌 卯 戌 | 가 세력을 이루어 관을 극하고 丙火를 설기하여 어둡게 한다. 딸 셋을 낳고 27세에 가출하여 문란하게 살다가 재혼하였으나 고된 일을 하면서 살아간다.

【原文】

三月丙火 氣漸炎升 用壬水 或成土局 取甲木爲輔 壬不可離 壬甲兩透
삼월병화 기점염승 용임수 혹성토국 취갑목위보 임불가리 임갑양투
科甲定宜 惟忌庚出制甲 則秀才而已.
과갑정의 유기경출제갑 즉수재이이

3[辰]월의 丙火는 기운이 점차 뜨겁게 오르므로 壬水를 사용하여야 한다. 혹은 土局을 이루면 甲木을 취하여 보좌하나 壬水는 절대 떠날 수 없다(壬水가 있어야 한다). 壬甲이 함께 투출하면 과거에 급제함이 당연하다. 오로지 庚金이 투출하여 甲木을 극제함을 꺼린다. 이는 과거에 합격하지 못한 선비로 그칠 뿐이다.

【原文】

無甲用庚 助壬水洩土氣.
무 갑 용 경 무 임 수 설 토 기

甲木이 없으면 庚金을 사용하나 壬水가 이를 도와 土의 기운을 설기 시켜야 한다.

【原文】

壬透甲藏 富大貴小 有甲無壬 勞碌濁富 壬藏無甲 一介寒儒 壬甲兩無
임 투 갑 장 부 대 귀 소 유 갑 무 임 노 록 탁 부 임 장 무 갑 일 개 한 유 임 갑 양 무
愚賤之輩 乙丁雜亂 定必屬凡夫.
우 천 지 배 을 정 잡 란 정 필 속 범 부

壬水는 투출하고 甲木이 지장간에 있으면 부자이나 귀함은 적다. 甲木은 있으나 壬水가 없으면 못된 모략으로 재산을 모은다. 壬水는 지장간에 있고 甲木이 없으면 일개 가난한 선비이다. 壬甲이 모두 없으면 어리석고 천한 사람이다. 乙丁이 섞여 혼란스러우면 확정코 평범한 부류의 사람이다.

【原文】

用壬者 金妻水子 用甲者 水妻木子.
용 임 자 금 처 수 자 용 갑 자 수 처 목 자

壬水를 사용하면 金이 처이고 水가 자식이다. 甲木을 사용하면 水가 처이고 木이 자식이다.

【原文】

壬丙丙癸
辰午辰丑

壬出天干 太守.
임 출 천 간 태 수

壬水가 투출하여 천간에 있으니 관직이 태수다.

癸丙壬辛
巳戌辰卯

明經.
명 경

지방 시험에 합격하다.

◎ 역자 첨

丙丙壬丙
申申辰戌

궁통보감을 평주한 서락오(徐樂吾)다. 辰戌土 식상과 申申 재성이 발달하여 명리를 궁구하여 수많은 저술서를 내어 놓았다. 한편 壬水 관성이 투출하여 政界에 기웃거렸다.

庚丙甲丁
寅申辰酉

사상의학의 창시자 이제마(李濟馬)다. 甲庚이 투출하였고 申辰에 水를 담으니 공을 세운 것이다.

辛丙庚庚
卯辰辰申

중병과 싸우는 환자다. 濕土와 金이 태왕하여 丙火가 빛을 잃는 중 卯木이 감당할 수 없다.

己丙壬丙
丑子辰寅

중앙정보부장 김재규(金載圭)다. 박정희 대통령을 시해했다. 칠살 壬水가 두 丙火사이로 투출하였으며 시상 己土로 제살하는 형국이다. 金運을 만나자 용신 寅木을 극하고 살이 무겁게 되어 스스로 결단하게 되었다.

4. 三夏丙火 總論
삼하병화 총론

【原文】

三夏丙火 陽威性烈 專用壬水 若亥宮壬水無力 回剋洩氣故也 仍用
삼하병화 양위성열 전용임수 약해궁임수무력 회극설기고야 잉용

申宮長生之水 方云富貴.
신궁장생지수 방운부귀

　여름의 丙火는 양기의 위세와 성질이 치열하여 壬水를 전적으로 사용한다. 만일 亥宮 壬水가 무력하다면 거꾸로 극설剋洩하는 기운 때문이다. 그리하여 申宮에서 장생하는 壬水로 사용하여야 부귀를 이룬다 한다.

【原文】

四月耑用壬水 金爲佐 五月亦耑用壬 四五月壬透者富貴 丁多兼看癸水
사 월 단 용 임 수 금 위 좌 오 월 역 단 용 임 사 오 월 임 투 자 부 귀 정 다 겸 간 계 수

六月用壬 但借庚金爲佐.
육 월 용 임 단 차 경 금 위 좌

　4[巳]월은 오로지 壬水를 사용하고 金이 도와야 한다. 5월도 역시 오직 壬水를 사용한다. 4, 5[巳午]월은 壬水가 투출하면 부귀한다. 丁火가

많으면(壬水와) 겸해서 癸水를 본다. 6[未]월도 壬水를 사용하지만 庚金의 도움을 빌려야 한다.

【原文】

陽刃合殺 威權萬里 丁火羊刃太旺 正謂羊刃倒戈 無頭之鬼 丙火用壬
양인합살 위권만리 정화양인태왕 정위양인도과 무두지귀 병화용임

生旺坐實方好 忌壬水太多 名殺重身輕.
생왕좌실방호 기임수태다 명살중신경

    양인陽刃은 칠살과 합하여야 위세와 권한이 만리에까지 미친다. 丁火 양인羊刃이 지나치게 왕하다면 정확한 말로 양인의 위세가 칠살을 무찌른 것이니 죽어서도 머리가 없는 귀신이 되는 것이다. 丙火는 壬水를 꼭 사용하여야 하고 壬水가 앉은 곳이 생왕하고 충실해야 바야흐로 아름답다 하는 것이다. 壬水가 지나치게 많음을 꺼리는데 이름하여 살은 중하고 身은 경하다는 것이다.

5. 三夏丙火

삼하병화

【原文】

四月丙火 建祿於巳 火勢炎炎 宜專用壬水 解炎威之力 成旣濟之功
사월병화 건록어사 화세염염 의전용임수 해염위지력 성기제지공

如無壬水 孤陽失輔 難透淸光 得庚發水源 方爲有根之水 壬庚兩透
여무임수 고양실보 난투청광 득경발수원 방위유근지수 임경양투

不見戊土 號曰湖水汪洋 廣映太陽 光輝顯著 交明之象 人合此格 不
불견무토 호왈호수왕양 광영태양 광휘현저 교명지상 인합차격 부

但科甲崢嶸 必有恩謚封榮 若不驗 必暗損陰德.
단과갑쟁영 필유은익봉영 약불험 필암손음덕.

4[巳]월의 丙火는 건록이 巳宮에 있어 火의 세력이 뜨겁게 타오르니 전적으로 壬水를 사용함이 의당한 것은 뜨거운 위세를 해결하여 기제의 공을 이루는 것이다. 만약 壬水가 없다면 (丙火가) 홀로 양기를 보좌 받음을 잃어 맑은 광채가 비쳐짐이 어렵다. 庚金이라는 水의 근원을 얻어야 말하기를 통근되는 水라고 한다. 壬庚이 함께 투출하고 戊土를 보지 않으면 일컬어 말하기를 호수가 한없이 넓어 태양의 빛이 두루 퍼지니 빛나고 휘황찬란함이 드러나 밝음이 서로를 아우르는 형상이라 하는 것이니 사람이 이격에 합당하고 단지 과거에 합격할 뿐만 아니라 재주가 특

출나서 반드시 시호와 관직을 받는 영화로움의 은혜가 있다. 만약 그러하지 않다면 이는 조상의 덕을 자기도 모르게 잃은 것이다.

【原文】

或無壬水 癸亦姑用 見庚透癸 不富必貴 但心性乖僻 巧謀善辯.
혹무임수 계역고용 견경투계 불부필귀 단심성괴벽 교모선변

혹 壬水가 없다면 癸水를 역시 대신 써야겠지만 庚金을 보아야 하고 癸水가 투출되어야 한다. 이는 부자는 아니지만 필히 귀하다. 그러나 성질은 어긋나서 편파적이고 교묘한 술책과 입에 발린 말을 한다.

【原文】

或壬癸俱無 愚頑之輩 火炎無制 僧道之流 不然 須防夭折.
혹임계구무 우완지배 화염무제 승도지류 불연 수방요절

혹 壬癸가 모두 없으면 어리석고 고집이 센 무리이다. 火의 뜨거움을 제함이 없으면 스님이나 도사의 무리이고 아니라면 모름지기 젊어서 죽는 것을 대비해야 한다.

【原文】

或一派庚金 不見比劫 有富無貴.
혹일파경금 불견비겁 유부무귀

혹 한 무리의 庚金이 있고 비겁을 보지 않으면 부자이나 귀함은 없다.

【原文】

或丙午日干 四柱多壬 不見戊制 名曰陰刑殺重 光棍之流 或支成水局
혹병오일간 사주다임 불견무제 명왈음형살중 광곤지류 혹지성수국

加之重重壬透 一無制伏 盜賊之命 如見己土 下賤鄙夫.
가지중중임투 일무제복 도적지명 여견기토 하천비부

혹 丙午 일간이 사주에서 壬水를 많이 보고 戊土의 제함이 없다면 이름하여 음형陰刑[13]을 당할 만큼 살이 중해서 눈에 띄는 무뢰한(건달)의 부류이다. 혹은 지지에서 水局을 이루고 더하여 壬水가 거듭 투출하여 제복함이 전혀 없다면 도둑놈의 운명이다. 만약 己土를 보았다면 하천하고 어리석은 사내이다.

【原文】

用壬者 金妻水子.
용임자 금처수자

壬水를 사용하면 金이 처이고 水가 자식이다.

【原文】

戊丙乙丁
子子巳巳

庚運鄉魁.
경운향괴

경운에 지방 향시에서 수석으로 합격하다.

---

13) 음형(陰刑) : 거세하는 형벌, 궁형(宮刑).

| 甲丙辛乙 | 炎上格 火臨巳午未之域 官至太尉.
午午巳未 | 염상격 화림사오미지역 관지태위

염상격. 丙火가 巳午未 영역에 임하니 관직이 (왕의 측근인) 태위에 이르다.

| 丙丙辛庚 | 申宮壬水 解丙火之炎 申運會元.
申寅巳子 | 신궁임수 해병화지염 신운회원

申宮의 壬水가 丙火의 뜨거움을 해결하니 申運에 과거에 1등으로 합격하다.

◎ 역자 첨

| 己丙癸辛 | 기미독립운동 33인 대표 손병희(孫秉熙)다. 정관 癸水가 투출하고 연주에 辛酉가 있어 재생관을 이루었다. 金水 재관이 용신이다.
亥寅巳酉 |

| 乙丙乙壬 | 인촌인 출신 작가나. 성인 乙木과 칠살 壬水가 투출하여 살인상생을 이루었다. 子辰이 壬水의 根이 되고 초년 이후 대운이 용신 金水運으로 향하였다.
未子巳辰 |

| 庚丙辛乙 | 파란곡절이 많은 간호사다. 용신 亥水가 巳亥 冲 되어 불미하니 남편은 사업하다 빚을 지고 말았다. 庚辛金이 투출했으나 火勢를 감당할 수 없으니 가정을 책임지고 힘들게 살아가는 여성이다.
寅午巳亥 |

【原文】

五月丙火愈炎 得壬庚高透 方爲上命 或一壬無庚 亦主貢監 猶防戊
오월병화유염 득임경고투 방위상명 혹일임무경 역주공감 유방무
己出干 丁壬化合 則爲平人 卽不透庚壬 或有申宮長生之水 濟之 坐
기출간 정임화합 즉위평인 즉불투경임 혹유신궁장생지수 제지좌
祿之金 至妙 必入詞林 又怕戊己雜亂 則爲異路.
록지금 지묘 필입사림 우파무기잡란 즉위이로

　　5[午]월의 丙火는 매우 뜨거우므로 壬庚이 천간으로 투출함을 얻으면 上命이라 한다. 혹은 하나의 壬水가 庚金이 없으면 이 사람은 말단 관리로 출발한다. 마땅히 戊己土가 출간됨을 막아야 하고 丁壬이 합하여 木으로 변화되면 평범한 사람이다. 다시 庚壬이 투출하지 않고 혹은 申宮에 장생하는 壬水가 있으면 이는 구제되는 것이니 앉은 곳이 건록의 金이면 매우 아름다워 필연코 글 잘 짓는 문장으로 벼슬한다. 다시 두려운 것은 戊己가 혼잡스러운 것이니, 즉 과거가 아닌 다른 길로 가게 된다.

【原文】

或成火局 不見滴水者 乃僧道鰥獨之命 卽有一二癸水 多遇火土 用
혹성화국 불견적수자 내승도환독지명 즉유일이계수 다우화토 용
之無力 瞽目之人 得戊己透洩火氣 亦主刑尅孤寡 行北運多凶 何也
지무력 고목지인 득무기투설화기 역주형극고과 행북운다흉 하야
所謂燥烈水激反凶.
소위조열수격반흉

　　혹 지지에서 火局을 이루고 한 방울의 물도 보지 못하였다면 이 사람은 스님이나 도사 홀아비로서 고독한 명조이다. 곧 한두 개의 癸水가 있더라도 火土를 많이 만나면 용신이 무력하여 맹인이다. 戊己가 투출하

여 火氣를 설기시켜도 이 사람도 산전수전을 겪고 외롭거나 과부가 된다. 행운이 북쪽으로 흐르면 흉함이 많다. 왜 그런가? 말하기를 건조하고 뜨거운 火를 水가 공격하면 오히려 흉한 것이다.

【原文】

或成炎上格 柱運不見庚辛 多見甲乙者 反主大富貴 然亦不可見水運.
혹성염상격 주운불견경신 다견갑을자 반주대부귀 연역불가견수운

혹 염상격을 이루고 사주와 행운에서 庚辛을 보지 않고 甲乙을 많이 보면 오히려 이 사람은 큰 부귀를 얻는다. 그러나 또한 水運을 보는 것은 불가하다.

【原文】

或有庚癸透者 衣祿充足 支火輕 無目疾 支見水者 異途 或成土局
혹유경계투자 의록충족 지화경 무목질 지견수자 이도 혹성토국
又爲洩太過 得壬滋甲出干 土被制而火得生扶 此必富貴壽考之格也.
우위설태과 득임자갑출간 토피제이화득생부 차피부귀수고지격야

혹 庚癸의 투출함을 보면 먹고살 만큼의 벼슬은 충분히 넉넉하다. 지지에서 火가 약하면 안과 질환이 없다. 지지에서 水를 보면 과거에 급제하지 않고 출세한다. 혹은 土局을 이루면 이는 설기가 지나친 것이니 壬水를 얻어 甲木을 생조하고 천간에 투출되어야 土가 극제함을 입고 丙火는 생부함을 얻으니 이는 필히 부귀하고 장수하는 격이다.

【原文】

己丙壬庚　　此命水土破格 難作炎上 取壬水庚金 亦主貴.
亥戌午寅　　차명수토파격 난작염상 취임수경금 역주귀

　　　　　　이 운명은 水土가 격국을 파괴하여 염상격을 이루기 어
　　　　　　려우나 壬水와 庚金을 취하여 또한 귀함을 이루었다.

己丙戊戊　　土晦無光 奴僕.
丑午午戌　　토회무광 노복

　　　　　　많은 土가 광채를 없이 하니 하인의 운명이다.

甲丙戊戊　　火土混雜 取甲木制土 壬水制火 楊縣令.
午辰午申　　화토혼잡 취갑목제토 임수제화 양현령

　　　　　　火土가 혼잡되었으나 甲木을 취하여 土를 극제하고 申
　　　　　　중 壬水로써 火를 극제하니 관직이 고을의 우두머리다.

◎ 역자 첨

己丙壬庚　　동아일보 사장, 정치인, 교육가 고하 송진우(宋鎭禹)다.
亥子午寅　　고종 24년에 출생. 午月 丙火 일주가 壬水와 庚金이 투출
　　　　　　하였으니 격이 출중하다.

庚丙甲丙　　통일사회당 대표 김철이다. 전두환 정권에서 국보위원
寅子午寅　　을 역임하였다. 丙火가 양인격에 木인수가 많으니 金水
　　　　　　가 필요하다. 金水 재관이 약하나 대운이 金水 西方으로
　　　　　　흘러 신문사 편집국장과 정치를 하였으나 원국이 약하
　　　　　　여 정치적 성공은 드러나지 않았고 68세 사망했다.

| 戊 丙 甲 辛 |
| 子 午 午 酉 |

법무부장관을 역임한 오탁근(吳鐸根)이다. 甲木이 투출하여 戊土를 조절하니 子水의 정관이 보호되고 있으며 재성 辛酉金이 水를 생하니 金水 재관이 용신이다.

【原文】

六月丙火退氣 三伏生寒 壬水爲用 取庚輔佐.
육월병화퇴기 삼복생한 임수위용 취경보좌

6[未]월의 丙火는 기운이 물러나므로 삼복더위에 한기가 생할 수도 있으니 壬水를 사용하고 庚金을 취하여 도와주어야 한다.

【原文】

庚壬兩透 貼身相生 可云科甲名宦 若無庚有壬 不見戊出 小富小貴
경임양투 첩신상생 가운과갑명환 약무경유임 불견무출 소부소귀
見戊制壬則爲鄕賢而已 或己土出干混雜 此必庸夫俗子 或壬水淺 己
견무제임즉위향현이이 혹기토출간혼잡 차필용부속자 혹임수천 기
土出干 其人貧困 無壬下格 賤而且頑 男女一理.
토출간 기인빈곤 무임하격 천이차완 남녀일리

庚壬이 함께 투출하여 일주의 곁에서 상생하면 능히 과거에 급제하여 이름난 관리가 될 수 있다고 한다. 만약 庚金은 없이 壬水만 있는데 戊土의 출간됨을 보지 않으면 부귀가 적다. 戊土가 壬水를 극제함을 보면 고을에서 어진 사람일 뿐이다. 혹은 己土가 천간에 투출하여 혼잡되면 이 사람은 필히 평범하고 속된 사람이다. 혹은 壬水가 가볍고, 己土가 천간에 투출하면, 그 사람은 빈곤하다. 壬水가 없으면 하격이며 천박하고 고집이 세다. 남녀의 이치가 같다.

【原文】

或天干一派丙火 陽極生陰 干支兩見庚壬 登科及第.
혹천간일파병화 양극생음 간지양견경임 등과급제

혹 천간의 한 무리의 丙火는 양의 기운이 지극하여 陰을 생하는 것이니 간지에서 庚壬을 함께 보아도 과거에 올라 급제한다.

【原文】

總之六月丙火用壬 不同餘月用壬 喜運行西北 六月用壬 喜運行西南.
총지육월병화용임 부동여월용임 희운행서북 육월용임 희운행서남

전체적으로 6[未]월 丙火는 壬水를 사용하여야 한다. 그 밖의 나머지 달이 壬水를 사용할 때 운이 서북으로 흐르는 것을 기뻐하는 것과는 같지 않다. 6월에는 壬水를 사용하면 행운이 西南을 좋아한다.

【原文】

壬丙丁壬　一丁見柱 二壬出干 位全尙書.
辰申未寅　일정견주 이임출간 위지상서

하나의 丁火를 사주에서 보고 두 개의 壬水가 천간에 투출하니 관직이 상서에 이르게 된다.

己丙己戊
亥戌未午

名火土傷官用印格 先貧後富 死于寅運.
명화토상관용인격 선빈후부 사우인운

이름하여 火土 상관이 인성을 사용하는 격이다(화토상관용인격). 먼저 가난하나 뒤에 부자가 되고 寅運에 사망하였다.

戊丙丁壬
戌申未寅

土重身輕 爲乞丐而死.
토중신경 위걸개이사

土는 많고 일주는 약하다. 이로 인하여 구걸하여 빌어먹고 살다가 죽는다.

◎ 역자첨

癸丙己癸
巳子未未

일지 子水에서 연·시간으로 癸水가 투출하였으나 己土 상관이 癸水를 극하는 것이 病이다. 33 乙卯 대운에 木이 己土를 극하여 癸水를 보호하자 미국에서 슈퍼마켓을 개업하여 많은 돈을 벌었다.

癸丙己戊
巳申未子

여성 정치학 박사다. 癸水가 투출하였으나, 己土 상관이 극하고 있다. 乙卯 대운 木이 己土를 극하자 교육, 강의 등 승승장구하였다.

乙丙丁壬
未午未戌

아나운서 도전에 실패한 여성이다. 壬水가 투출하였으나 일점 뿌리가 없고 丁壬合去 되었다. 旺土에 丙火가 빛을 잃으니 인물은 좋으나 뜻대로 풀리지 않는 것이다.

論火

6. 三秋丙火
삼추병화

【原文】

七月丙火 太陽轉西 陽氣衰矣 日近西山 見土皆晦 惟日照湖海 暮夜
칠월병화 태양전서 양기쇠의 일근서산 견토개회 유일조호해 모야

光天 故仍用壬水輔映光輝.
광천 고잉용임수보영광휘

 7[申]월의 丙火는 태양이 서쪽으로 움직이는 시기이니 양기가 쇠하는 것이다. 해는 서산으로 다가가니 土를 보면 모두가 빛을 가리는 것이 된다. 그러나 태양이 호수나 바다를 비추면 저녁이나 밤에도 하늘이 빛날 수 있다. 그러므로 이에 壬水를 사용하면 비춤을 보좌하여 광채가 아름다울 것이다.

【原文】

如壬多 取戊制方妙 有壬透干 又見戊土出干 可云科甲 如戊藏支內
여임다 취무제방묘 유임투간 우견무토출간 가운과갑 여무장지내

不過生員 多壬無戊 平常人也 或戊多少壬 亦屬常人 或多壬 一戊出制
불과생원 다임무무 평상인야 혹무다소임 역속상인 혹다임 일무출제

所謂衆殺猖狂 一仁可化 必主顯達 有權威.
소위중살창광 일인가화 필주현달 유권위

만약 壬水가 많으면 戊土를 취하여 극제해야 바야흐로 묘하다. 壬水가 투간되고 또 戊土가 천간에 투출하면 가히 과거에 급제한다. 만약 戊土가 지지 속에 감추어져 있다면 생원에 불과하겠다. 壬水가 많고 戊土가 없으면 평범한 사람이다. 혹은 戊土가 많고 壬水가 적어도 역시 평범한 부류의 사람이다. 혹은 壬水는 많은데 하나의 戊土가 투출하여 극제하면 말하기를 무리지은 칠살이 미치어 날뛰어도 하나의 어진 성품으로 그들을 변화시킬 수 있다 하여 이 사람은 필히 출세하고 권세 있는 직책이 있다.

【原文】

一派辛金 又爲棄命從才 奇特之造 雖不科甲 亦得恩榮 但多依親戚
일파신금 우위기명종재 기특지조 수불과갑 역득은영 단다의친척

而爲進身之階 從才者以水妻木子.
이위진신지계 종재자이수처목자

한 무리의 辛金을 보면 또한 기명종재격이니 기이하고 특이한 사주이다. 비록 과거에 급제하지 않고도 역시 궁궐에서 영화로운 은혜를 입는다. 단지 많은 친척에 의지하여 출세하려는 단계로 삼으려 한다. 종재격은 水가 처이고 木이 자식이다.

【原文】

| 壬丙戊壬 | 二壬出干 有戊出制 太史.
| 辰申申戌 | 이임출간 유무출제 태사 |

두 개의 壬水가 출간하고 戊土가 있어 투출하여 극제하니 태사가 되었다.

| 庚丙甲乙 | 才資七殺格 參政.
| 寅申申未 | 재자칠살격 참정 |

재성의 도움으로 칠살격을 이루니 참정대신이 되었다.

◎ 역자 첨

| 壬丙丙丙 | 공보부장관을 역임한 이원우(李元雨)다. 申月에 壬水 칠 |
| 辰戌申寅 | 살이 투출하여 세 개의 丙火를 다스린다. |

| 戊丙庚戊 | 기술고시 합격 후 종합청사에 근무한다. 庚金 편재격이 |
| 子寅申申 | 戊土가 투출하여 식신생재를 이루었다. 일지 寅木이 있는 중 子水가 申金을 이끌어 寅木을 생해준다. |

| 己丙壬己 | 지적공사 공무원이다. 壬水 칠살이 투출했으나 己土상 |
| 亥寅申亥 | 관으로 제살하여 기쁘다. 丙火일주는 寅木 장생지에 있고 寅亥 합하여 건왕하다. |

【原文】

八月丙火 日近黃昏 丙之餘光 存於湖海 仍用壬水輔映.
팔월병화 일근황혼 병지여광 존어호해 잉용임수보영

8[酉]월의 丙火는 태양이 황혼에 다가가나 丙火의 남은 빛이 호수와 바다를 비추고 있으니 壬水를 사용하여 그 비추임을 도와야 한다.

【原文】

四柱多丙 一壬高透爲奇 定主登科及第 富貴雙全 一壬藏支 亦主秀才
사주다병 일임고투위기 정주등과급제 부귀쌍전 일임장지 역주수재
或戊多困水 則假作斯文 若無壬水 癸亦可用 但功名不久.
혹무다곤수 즉가작사문 약무임수 계역가용 단공명불구

사주에 丙火가 많아도 하나의 壬水가 높게 투출하면 기이하여 이 사람은 과거에 급제하여 부귀를 모두 갖춘다. 하나의 壬水가 지장간에 있으면 수재일 뿐이다. 혹은 戊土가 많아 水가 어렵게 되면, 즉 거짓으로 꾸민 유학사이다. 만약 壬水가 없으면 癸水를 사용하겠지만 그리되면 공명이 오래가지 않는다.

【原文】

或見辛金 不能從化 貧苦到老 或見一丁制辛 爲人奸邪 不識高低 女
혹견신금 불능종화 빈고도로 혹견일정제신 위인간사 불식고저 여
命合此 長舌淫賤.
명합차 장설음천

혹 辛金을 보고도 종화가 되지 않으면 늙도록 가난하고 괴롭다. 혹은

하나의 丁火가 辛金을 극제함을 보면 사람됨이 간사하여 높낮이를 알수 없을 정도이다. 여자의 운명이 이러하다면 말이 많고 음란하여 천박하다.

【原文】

或成金局 無辛出干 此非從才 乃朱門餓莩 如辛出干 不見比劫 此從
혹성금국 무신출간 차비종재 내주문아부 여신출간 불견비겁 차종
才格 反主富貴 親戚提拔 妻賢內助 用水者 金妻水子 從才者 水妻
재격 반주부귀 친척제발 처현내조 용수자 금처수자 종재자 수처
木子.
목자

혹 金局을 이루고 辛金이 천간에 투출되지 않으면 이는 종재격이 아니므로 화려한 저택에서 굶어 죽은 것이다. 만약 辛金이 천간에 투출하고 비겁을 보지 않으면 이는 종재격이므로 오히려 부귀를 지닌다. 친척들의 도움으로 처는 어질어 내조가 있겠다. 水를 사용하면 金이 처이고 水가 자식이다. 종재격은 水가 처이고 木이 자식이다.

【原文】

丁丙丁丙　兩干不雜 才資七殺格 出將入相 生子時 不貴.
酉午酉子　양간부잡 재자칠살격 출장입상 생자시 불귀

양간이 혼잡되지 않고 재성이 칠살을 돕는 격이다. 나가면 장군이요 들어오면 재상이다. 子時에 출생하였더라면 귀함이 없다.

丁丙丁丙	**兩干不雜 位至尙書.** _{양간부잡 위지상서}
酉辰酉寅	양간이 혼잡되지 않아 관직이 상서에 다다랐다.

戊丙癸己	**傷官生才格 參戎 但陰刑殺重 卯運陣亡.** _{상관생재격 참융 단음형살중 묘운진망}
子子酉卯	상관생재격이다. 군대 지휘관이 된 것은 음형陰刑을 당할 만큼 살이 중해서 卯運에 전쟁터에서 죽는다.

◎ 역자 첨

辛丙癸甲 卯寅酉寅	의사(醫師)다. 辛癸甲 財官印이 투출하였고 모두 지지를 얻고 있으니 귀격이다. 癸水가 있어 辛金에 정을 주지 않게 되어 맑다.
己丙辛戊 丑寅酉寅	시장 당선 후 감옥에 갔다. 辛酉 정재격에 戊己 식상이 투출하여 식신생재격을 이루고 있다. 丁卯 대운에 시장에 당선이 되었고 戊辰 대운으로 바뀌자 丙火가 어두워져 辛金에 정을 주자 뇌물죄로 구속되었다.
乙丙丁辛 未申酉酉	미국 회계사자격증을 소지한 재무관리사다. 재성 金이 왕한 중 겁재 丁火와 인수 乙木이 丙火일간을 돕고 있다. 무릇 일간이 약하고 재성이 왕할 땐 비겁이 이롭다.
戊丙丁丙 戌申酉午	중학교 영어교사인 여성이다. 위 사주와 같이 食財가 왕하여 비견을 용신한다. 인수 木이 없어서인지 교사직에 스트레스가 많은 편이다.

【原文】

九月丙火 火氣愈退 所忌土晦光 必須先用甲木 次取壬水.
구월병화 화기유퇴 소기토회광 필수선용갑목 차취임수

　9[戌]월의 丙火는 화기가 점점 물러나는 시기이다. 그러므로 싫어하는 바는 土가 빛을 흐리게 하는 것이니 필수적으로 먼저 甲木을 사용하고 다음에 壬水를 취한다.

【原文】

甲壬兩透 富貴非凡 若無壬水 得癸透干 亦可 雖不科甲 異路功名
갑임양투 부귀비범 약무임수 득계투간 역가 수불과갑 이로공명
壬癸藏支 貢監而已 甲藏壬透 無庚破甲 可許秀才 或庚戌困了水木
임계장지 공감이이 갑장임투 무경파갑 가허수재 혹경무곤료수목
定是庸才 無甲壬癸者 下格.
정시용재 무갑임계자 하격

　甲壬이 함께 투출하면 부귀함이 보통과 다르다. 만약 壬水가 없으면 癸水의 투간됨을 얻어도 역시 옳으니 과거에 급제하지 않더라도 다른 길로 공명을 이룬다. 壬癸가 지장간에 있으면 말단 관리일 뿐이다. 甲木은 지장간에 있고 壬水가 투출하여 庚金이 甲木을 파괴하지 않으면 수재를 기대한다. 혹은 庚戌가 水木을 괴롭히면 반드시 재능이 별로 없다. 甲壬癸가 없다면 하격이다.

【原文】

或一派火土 雖不太旺 亦自燥矣 如不離鄕過繼[14] 亦主奔流 加以無
혹일파화토 수불태왕 역자조의 여불리향과계   역주분류 가이무

庚辛壬癸出干 必爲夭命.
경신임계출간 필위요명

혹 한 무리의 火土가 비록 태왕하지 않아도 역시 스스로 건조한 것이니 만일 고향을 떠나지 않으면 양자로 보내게 되어 역시 떠돌아다니는 무리이다. 더하여 庚辛壬癸마저 천간에 투출하지 않으면 반드시 요절하는 명조가 된다.

【原文】

或支成火局 炎上失時 若運入南方 一貧徹骨.
혹지성화국 염상실시 약운입남방 일빈철골

혹 지지에서 火局을 이루어도 염상격으로 때를 얻지 못한데다 행운이 남방으로 흐르면 한결같은 곤궁함이 뼈 속을 찌르는 것과 같다.

【原文】

用甲者 水妻木子 用壬者 金妻水子.
용갑자 수처목자 용임자 금처수자

甲木을 사용하면 水가 처이고 木이 자식이다. 壬水를 사용하면 金이 처이고 水가 자식이다.

---

14) 과계(過繼) : 양자로 보냄.

【原文】

戊 丙 甲 己
子 子 戌 亥

甲出天干 又逢生地 孝廉.
_{갑출천간 우봉생지 효렴}

甲木이 투출하여 천간에 있고 또 (亥水의) 생지를 만나니 관직이 효렴이다.

戊 丙 戊 丙
戌 午 戌 申

兩干不雜 支成火局 耑用壬水 先貧後富.
_{양간부잡 지성화국 단용임수 선빈후부}

양간이 혼잡되지 않고 지지에서 火局을 이루니 오직 壬水를 사용한다. 먼저 가난하다가 뒤에 부자이다.

壬 丙 壬 戊
辰 寅 戌 戌

富大貴小 因甲藏壬透故也.
_{부대귀소 인갑장임투고야}

돈은 많고 귀함은 적다. 이는 甲木은 지장간에 있고 壬水가 투출한 이유다.

◎ 역자 첨

丙 丙 丙 乙
申 戌 戌 丑

전 국회의장 박준규(朴浚圭)다. 丙火가 나란히 하고 乙木이 있어서 빛을 잃지 않는 중 丑申 중 壬癸水가 있어 조열하지 않게 되었다.

丙 丙 戊 丙
申 子 戌 寅

외무부장관, 국회의원을 역임한 이동원(李東元)이다. 丙火의 빛을 어둡게 하는 戊土가 투출하였으나 다시 丙火가 兩透하였고, 申子 재관이 유정하니 공이 있는 명이다.

辛丙壬癸
卯戌戌卯

중국 여배우 매염방(梅艶芳)이다. 천간으로 金水가 투출하여 일찍 빛을 발하였으나 壬癸水 관성이 혼잡되었고 지지는 조열하다. 41 癸未 장국영이 자살하자 식음을 전폐하고 자궁경부암으로 죽었다.

7. 三冬丙火
삼동병화

【原文】

十月丙火 太陽失令 得見甲戊庚出干 可云科甲 主爲人性好淸高 斯
십월병화 태양실령 득견갑무경출간 가운과갑 주위인성호청고 사

文領袖.
문영수

10[亥]월의 丙火는 태양이 월령을 잃었으니 甲戊庚의 천간에 투출함을 얻으면 능히 과거에 급제한다고 할 수 있다. 위인 됨의 성정이 맑고 높은 것을 좋아하니 문장으로는 우두머리이다.

【原文】

如辛透見辰 名化合逢時 主大貴.
여신투견진 명화합봉시 주대귀

만약 辛金이 투간되고 辰土를 얻으면 이름하여 丙辛이 합하여 시절을 만난 것이니 이 사람은 대귀한다.

【原文】

或壬多無甲 乃作棄命從殺 卽不科甲 亦是官僚.
혹 임 다 무 갑 내 작 기 명 종 살 즉 불 과 갑 역 시 관 료

혹 壬水는 많으나 甲木이 없으면 이는 기명종살격이니 과거에 합격하지 않아도 역시 관료이다.

【原文】

或壬多有甲無戊 却非從殺 宜用己土混壬.
혹 임 다 유 갑 무 무 각 비 종 살 의 용 기 토 혼 임

혹 壬水는 많고 甲木은 있는데 戊土가 없으면 도리어 종살격이라 할 수 없으니 의당히 己土로써 壬水를 혼란스럽게 하여야 한다.

【原文】

總之十月丙火 木旺宜庚 水旺宜戊 火旺用壬 隨宜酌用可也.
총 지 십 월 병 화 목 왕 의 경 수 왕 의 무 화 왕 용 임 수 의 작 용 가 야

전체적으로 10[亥]월 丙火는 木이 왕하면 庚金이 의당하고 水가 왕하면 戊土가 의당하다. 火가 왕하면 壬水를 사용하는 것이다. 마땅한 상황에 따라 참작하여 사용하는 것이 옳다.

【原文】

庚丙乙甲
寅戌亥申

庚甲兩透 廉使.
_{경갑양투 염사}

庚甲이 함께 투출하니 관직이 염사이다.

戊丙辛壬
子戌亥辰

孝廉.
_{효렴}

관직이 효렴인 사람의 명조다.

壬丙己辛
辰子亥巳

此命水多 取己土 大富貴 亦壽考.
_{차명수다 취기토 대부귀 역수고}

이 운명은 水가 많아 己土를 취하여 크게 부귀하고 역시 장수한다.

◎ 역자 첨

甲丙辛丁
午午亥亥

국회의원을 역임한 이갑성(李甲成)이다. 亥 중 壬水가 강하나 甲木이 두출되어 化殺하고 있다. 지지로 양인 午午와 칠살 亥亥가 수화기제(水火旣濟)되어 출세하였다.

戊丙丁庚
子午亥戌

국회부의장을 역임한 한희석(韓熙錫)이다. 亥子 관살이 왕한데 戊土가 투출되어 제살하니 격이 맑아졌다.

庚丙辛壬
寅午亥申

제갈공명의 사주다. 壬水 칠살이 투출하여 재생살을 이루고 있다. 지지로는 午火 양인에 통근하고 寅亥合 木局을 이루어 化殺하는 중 대운이 東南方으로 향한다.

己丙己辛
亥辰亥未

중국 完人 증국번(曾國藩)15)이다. 己土 상관이 亥中 壬水를 굴복시켰으니 나아가선 장군이요 들어오면 재상이다. 60에 실명하고 61에 다리가 마비되고 혀가 굳어 말을 잃었으며 고요히 앉아 1시간 후에 죽었다.

【原文】
十一月丙火 冬至一陽生 弱中復强 壬水爲最 戊土佐之.
십일월병화 동지일양생 약중부강 임수위최 무토좌지

11[子]월 丙火는 동지에서 일양이 생하기 시작하니 약한 가운데 다시 강함을 얻으니 壬水가 최고로 좋으며 戊土가 보좌하여야 한다.

【原文】
壬戊兩透 科甲可許 無戊見己 異路功名.
임무양투 과갑가허 무무견기 이로공명

壬戊가 함께 투출하면 과거에 급제함을 기대한다. 戊土가 없고 己土를 보면 과거에 급제함이 없이 다른 길로 출세한다.

【原文】
或無壬水 有癸出干 得金滋無傷 又有丙透以解凍 可許衣衿.
혹무임수 유계출간 득금자무상 우유병투이해동 가허의금

---

15) 중국 역사에서 완인(完人)으로 지칭한 사람은 제갈공명과 송나라 문천상(文天祥), 원나라 야율초재(耶律楚材), 명나라 유기(劉基.적천수 저술), 청나라 증국번을 가리킨다. 완인이란 학자로서 인품이 출중하고 지혜가 있어 정치에 두각을 드러낸 인물이다.

혹 壬水가 없고 癸水가 천간에 투출해 있는데 金을 얻어 도와서 상함이 없고 또 丙火가 투출하여 겨울을 풀어버려도 출세를 허락한다.

【原文】

或一派壬 則斷用戊土 此人雖不成名 文章邁衆 但名利虛浮 何也 因
혹일파임 즉단용무토 차인수불성명 문장매중 단명리허부 하야 인
戊晦光 又須甲木爲藥也 或無壬水 癸亦可用 但不甚顯.
무회광 우수갑목위약야 혹무임수 계역가용 단불심현

혹 한 무리의 壬水가 있어도 오직 戊土를 사용하면 이 사람은 비록 출세는 이루지 못하여도 문장은 무리 중에서 뛰어나겠다. 그러나 명성과 이익됨은 뜬구름이겠다. 어째서인가? 戊土는 빛을 흐리게 하기 때문이다. 다시 甲木은 모름지기 약이 된다. 혹 壬水가 없으면 癸水를 사용하지만 단지 진실로 출세할 수는 없다.

【原文】

或四柱多壬無甲 乃作棄命從殺 亦有異路.
혹사주다임무갑 내작기명종살 역유이로

혹 사주에서 壬水가 많고 甲木이 없다면 이는 기명종살격이니 역시 과거에 급제함이 없이 다른 길로 출세한다.

【原文】

或水多有甲無戊 却非從殺 宜用己土濁壬 十一月丙火 與十月頗同.
혹수다유갑무무 각비종살 의용기토탁임 십일월병화 여십월파동

혹 水가 많은데 甲木은 있고 戊土가 없다면 도리어 종살격이 아니다. 己土로써 壬水를 탁하게 하여야 의당하다. 11[子]월 丙火는 10월과 더불어 거의 같다.

【原文】

庚丙庚辛
寅寅子亥

布政.
포정

성의 장관인 포정의 벼슬이다.

癸丙庚辛
巳子子丑

丙癸見干 小富貴.
병계견간 소부귀

丙火가 癸水를 천간에서 보니 부귀가 적다.

戊丙庚辛
子戌子酉

金寒水凍 戊晦丙光 貧而且夭.
금한수동 무회병광 빈이차요

金은 차갑고 水는 얼어붙었으며 戊土는 丙火의 광채를 흐리게 하니 가난하고 또한 일찍 죽는다.

◎ 역자첨

丁丙丙己
酉子子卯

전 여성 판사다. 시지부터 酉金-子水-卯木으로 財官印이 지지에서 순차적으로 상생이 좋은 명이다. 木火운으로 향하여 출세하였다.

| 戊丙甲癸 | 부귀한 사람이다. 水旺節에 甲戊가 투출하여 연지 酉金
| 戌寅子酉 | 부터 천간지지로 생생유통되니 사주가 맑아졌다.

| 戊丙甲戊 | EG회장 박지만이다. 戊甲이 투출하였다. 水가 왕하니
| 子寅子戌 | 戊土로 다스리고 甲으로 水를 설기하여 일간을 생하는
| | 것이다. 木대운에 戊土를 극하여 부모(박정희, 육영수)를
| | 잃고 방황하였으나 火대운에 들어 기업가로 활동하게
| | 되었다.

【原文】

十二月丙火 氣進二陽 侮雪欺霜 喜壬爲用 己土司令 土多又不可少甲.
십이월병화 기진이양 모설기상 희임이용 기토사령 토다우불가소갑

壬甲兩透 科甲堪宜 甲藏則秀才而已 或無甲得一壬透 富中取貴.
임갑양투 과갑감의 갑장즉수재이이 혹무갑득일임투 부중취귀

12[丑]월 丙火는 기운이 二陽으로 나아가고 있어 눈과 서리를 업신여기고 壬水의 사용함을 기뻐한다. 己土가 사령하여 土가 많으면 甲木이 적은 것은 불가하다. 壬甲이 함께 투출하면 과거에 급제함을 감당하는 것이 의당하다. 甲木이 지장간에 있으면 수재일 뿐이다. 혹은 甲木은 없고 하나의 壬水가 투출함을 얻으면 부유한 중에서도 귀함을 얻는다.

【原文】

如見一派己土 名假傷官 聰明性傲 名利虛浮.
여견일파기토 명가상관 총명성오 명리허부

만약 한 무리의 己土를 보면 이름하여 가상관격이라 한다. 총명하나 성질은 오만방자하니 명성과 이익이 뜬구름이다.

【原文】

或一派癸水 得己出干 必主自創基業 若制伏太過 又取辛金作用 得
혹일파계수 득기출간 필주자창기업 약제복태과 우취신금작용 득
見癸透 此人卽不成名 必淸雅文墨之士.
견계투 차인즉불성명 필청아문묵지사

혹 한 무리의 癸水를 보아도 己土가 천간의 투출함을 얻으면 이 사람은 스스로 창업하여 가업을 자리 잡게 한다. 만약 水를 제복함이 지나치면 다시 辛金을 취하여 작용시켜야 한다. 癸水의 투출함을 얻어 보았다면 이 사람은 출세의 이름은 떨치지 못하나 필히 청아한 성품의 선비이다.

【原文】

壬丙乙癸　　總河.
辰午丑卯　　총하

총하의 벼슬이다.

庚丙丁己　　二甲制土 按察.
寅寅丑丑　　이 갑 제 토 안 찰

두 개의 甲木이 土를 극제하니 벼슬이 안찰이다.

己丙己乙　木神得祿制土 狀元.
丑寅丑酉　목신득록제토 장원

木神이 건록을 얻어 土를 극제하니 장원급제한다.

癸丙己乙　用辛得金局 白手成家.
巳申丑巳　용신득금국 백수성가

(丑 중) 辛金을 사용하는데 金局을 얻으니 백수로 가업을 이룬다.

庚丙己乙　用甲制己 又庚制甲 拾芥而已.
寅午丑丑　용갑제기 우경제갑 습개이이

甲木을 사용하여 己土를 극제하여야 하는데 다시 庚金으로 甲木을 극제하니 흩날리는 먼지를 잡을 뿐이다.

◎ 역자 첨

戊丙己乙　전 국무총리, 정치인 김종필(金鍾泌)이다. 丙火 일주가
子申丑丑　식상 戊己土가 당권하고 있는 중 金水 재관으로 秀氣하니 흐름이 좋은 종세격이 되어 팔방미인 역할은 했으나 조후가 안 되어 대권은 뜻으로 만족할 수밖에 없다.

癸丙乙戊　자칭 떠돌이 연예인이다. 根도 없고 얼어붙은 乙木이 丙
巳戌丑戌　火 일간을 구할 뜻만 있을 뿐이다. 당권한 왕한 土에게 丙火가 빛을 잃게 되었으니 잔재주나 부리는 명이다.

庚丙丁己
寅申丑未

의과대를 중퇴한 미혼 남성이다. 식상 土가 왕하여 寅中 甲木을 용신하여야 한다. 아쉽게도 寅申冲으로 용신이 불발되었다. 모친을 폭행하는 등 패륜적이다.

壬丙乙戊
辰戌丑午

영양사로 직장생활을 하다가 보험설계사를 하는 여성이다. 식상이 태과한 중 壬水는 투출되었으나 干支에 甲木이 없으니 귀할 수는 없다.

庚丙辛丙
寅子丑午

미국에서 경영학 전공 후 부모님의 호텔을 경영한다. 시지 寅中 甲木이 암장되었으며 일지 子水의 생을 받는다. 위 사주들처럼 寅(甲)이 冲 되거나 또는 甲木이 없는 사주와는 다르다.

◎ 역자 요약

丙火일주를 요약하면,
- 寅月에 壬庚이 필요하다. 壬水를 용신으로 하고, 庚金은 水의 근원을 출발시키는 뜻이다.
- 卯月은 壬庚己가 필요하다. 전적으로 壬水가 필요하고, 庚金은 水의 근원이다. 壬水가 없으면 己土를 용신으로 하는 火土상관이다.
- 辰月은 壬甲이 필요하다. 火氣가 점차 뜨거워지므로, 전적으로 壬水가 필요하다. 土가 많으면 甲木으로 보좌한다.
- 巳月은 壬庚癸이다. 전적으로 壬水를 사용하고, 庚金이 도와야 한다. 싫어하는 바는 戊土가 壬水를 극제하는 것이니 壬水가 없으면 癸水도 쓸 만하다.
- 午月은 壬庚이 필요하다. 壬水를 중심으로 하고, 庚金이 도와야 한다. 통근되는

申宮이 묘한 것이다.

- 未月은 壬庚이 필요하다. 壬水를 위주로 庚金이 도와야 한다.
- 申月은 壬戊가 필요하다. 壬水를 용신으로 하면 丙火의 따뜻한 비춤과 壬水의 넓은 호수가 어울린다. 壬水가 많으면 당연히 戊土로 극제한다.
- 酉月은 壬癸가 필요한 것은 丙壬이 서로를 비추는 뜻이다. 壬水가 없으면 癸水도 쓸 만하다.
- 戌月은 甲壬이 필요하다. 싫어하는 바는 土가 빛을 흐리게 하는 것이니, 먼저 甲木으로 소토하고 다음으로 壬水를 사용한다.
- 亥月은 甲戊庚壬이 필요하다. 甲木을 위주로 하고, 戊土가 도와야 한다. 火가 왕하면 壬水를 木이 왕하면 庚金이 의당하다.
- 子月은 壬戊己가 필요하다. 동지 후에는 일양이 생하므로 丙火는 약한 가운데 다시 강해지려 한다. 壬水가 용신이다. 戊土로 보좌하여야 하고, 戊土가 없으면 己土도 쓸 만하다.
- 丑月은 壬甲이 필요하다. 먼저 壬水를 사용하고, 土가 많으면 甲木이 적어서는 안 된다.

8. 三春丁火
삼춘정화

【原文】

正月丁火 甲木當權 乃爲母旺 非庚不能劈甲 何以引丁 姑用庚金.
정월정화 갑목당권 내위모왕 비경불능벽갑 하이인정 고용경금

1[寅]월의 丁火는 甲木이 권세를 잡았으니 母가 왕한 것이므로 庚金이 없으면 甲木을 쪼갤 수가 없으니 어찌 丁火를 이끌 수 있겠는가. 庚金을 사용해야 한다.

【原文】

或一派甲木 無庚制之 非貧卽夭 或只一甲木 多見乙木者 必離鄉之客
혹일파갑목 무경제지 비빈즉요 혹지일갑목 다견을목자 필이향지객
焉問妻兒 或見甲乙 生庚子時 又主妻早子早 且可採芹.
언문처아 혹견갑을 생경자시 우주처조자조 차가채근

혹 한 무리의 甲木이 있고 庚金의 극제함이 없다면 가난하지 않다면 요절한다. 혹은 甲木은 하나인데 乙木을 많이 보면 필시 고향을 떠나야 하는 사람이니 어떻게 처자의 안부를 묻느냐? 혹은 甲乙을 보고 庚子時

라면 이 사람은 처자를 일찍 두고 학문을 이룰 수 있다.

【原文】

得壬化木 弱極復生 合此必主大貴 但此化合 反以不見庚破格爲妙.
득 임 화 목   약 극 부 생   합 차 필 주 대 귀   단 차 화 합   반 이 불 견 경 파 격 위 묘

壬水를 얻어 木으로 변화하였다면 약함이 극에 이르러 다시 생하고자 하는 것이니 이는 필히 크게 귀하다. 다만 이러한 化合은 반대로 庚金이 格을 파괴하는 것을 보지 않음으로써 묘하게 된다.

【原文】

或有庚金壬癸 得己出干制之 此命不由科甲 亦有異途.
혹 유 경 금 임 계   득 기 출 간 제 지   차 명 불 유 과 갑   역 유 이 도

혹 庚金과 壬癸가 있어도 己土를 얻어 천간에 투출하여 제지하면, 이 사람은 과거를 거치지 않고도 다른 길에서 출세를 한다.

【原文】

或一派壬癸 不得寅時 又無庚金 必主窮困.
혹 일 파 임 계   부 득 인 시   우 무 경 금   필 주 궁 곤

혹 한 무리의 壬癸가 있으나, 寅時를 얻지 못하고, 더불어 庚金도 없다면 이 사람은 필히 가난하여 괴로울 것이다.

【原文】

或丁年壬月丁日壬時 男主大貴 女則不宜 此格以土爲妻金爲子 但子
혹정년임월정일임시 남주대귀 여즉불의 차격이토위처금위자 단자
女艱難 女命合此 淫賤刑夫尅子.
녀간난 여명합차 음천형부극자

혹 丁年 壬月 丁日 壬時에 남자라면 크게 귀하고, 여자는 마땅하지 않다. 이러한 격국은 土가 처이고 金이 자식이다. 그러나 자녀는 양육하기가 어렵다. 여자가 이와 같다면 음란하고 천박하여 남편을 刑하고 자식을 尅 한다.

【原文】

或支火局 無滴水解炎 僧道之命 見甲出略可 總不可無水 水多亦不宜.
혹지화국 무적수해염 승도지명 견갑출약가 총불가무수 수다역불의

혹 지지에 火局을 이루고 한 방울의 물도 없어 더위를 식히지 못하면 스님이나 도사의 운명이다. 甲木의 출간함을 보면 잠시는 좋겠다. 전체적으로 보아 水가 없으면 불가하다. 水가 많은 것도 역시 마땅하지 않다.

【原文】

壬丁戊庚　庠生 酉運終.
寅未寅辰　　상생 유운종

주원학교의 생원인 자로서 유운에 죽었다.

癸丁庚辛
卯酉寅卯

女命 貧賤.
여명 빈천

여자의 명으로 빈천하였다.

◎ 역자 첨

己丁甲癸
酉巳寅丑

전 국회의원 양일동(梁一東)이다. 지지로 巳酉丑 金局을 이루고 癸水 칠살이 투출하였고 當令한 甲木이 化殺하니 귀격이다.

己丁甲癸
酉亥寅未

청나라 마지막 황제 부의(溥儀)의 生父 대풍(戴豊)이다. 木이 왕하니 土金이 희신이다. 辛運의 戊申, 己酉년에 3세의 아들이 왕이 되자 섭정을 하였고, 亥 대운 辛亥년에 水가 범람하자 辛亥革命이 일어나 물러났다.

己丁甲戊
酉卯寅辰

중국 국민정부 주석 임삼(林森)이다. 甲木 인수가 왕하여 土金이 희신이다. 庚申, 辛酉運에 총통이 되었다.

丙丁甲戊
午卯寅辰

주은래(周恩來)다. 중국에서 모택동에 이은 2인자였다. 丙火가 투출하여 丁火가 빛이 가릴 것 같으나 甲木이 투출하여 빛을 잃지 않는다. 寅卯辰 方局을 이루어 木火의 기세를 거역할 수 없으니 오히려 맑다.

丙丁甲戊
午丑寅寅

전 국회의원 유한열(柳漢烈)이다. 주은래의 사주와 유사하다. 다만 丑土가 丁火를 설기하는 용신이 되었다.

```
壬丁庚丙    국제변호사다. 庚壬 재관이 투출하고 寅時를 얻었으니
寅未寅申    성공할 조건이다.
```

【原文】

二月丁火 濕乙傷丁 先庚後甲 非庚不能去乙 非甲不能引丁 庚甲兩透
이월정화 습을상정 선경후갑 비경불능거을 비갑불능인정 경갑양투

科甲定然 庚透甲藏 亦有生貢 甲透庚藏 異路功名.
과갑정연 경투갑장 역유생공 갑투경장 이로공명

2[卯]월 丁火는 습한 乙木이 丁火를 다치게 하니 먼저 庚金이고 뒤에 甲木이다. 庚金이 아니면 乙木을 제거하지 못하고, 甲木이 아니면 丁火를 이끌 수가 없다. 庚甲이 함께 투출하면 과거에 급제함이 당연하다. 庚金은 투출하고 甲木은 지장간에 있어도 역시 국립대학교의 학생이다. 甲木이 투출하고 庚金이 지장간에 있다면 과거에 급제함이 없어도 다른 길에서 공명이 있다.

【原文】

或庚乙俱透 庚必輸情於乙 未免貪合 運行金水 一貧徹骨 或庚透乙
혹경을구투 경필수정어을 미면탐합 운행금수 일빈철골 혹경투을

藏 則不能貪合 乙反引丁 即用乙亦無害 運入木火之鄉 自然富貴 用
장 즉불능탐합 을반인정 즉용을역무해 운입목화지향 자연부귀 용

乙者水妻木子.
을자수처목자

혹 庚乙이 함께 투간하면 庚金은 필히 乙木에게 정을 보내어 합하고자 하는 짓을 면할 수가 없으니 행운이 金水이면 가난하기가 뼛속까지

아프다. 혹은 庚金은 투출하고 乙木은 지장간에 있으면 탐합을 이루지 못하고 乙木이 오히려 丁火를 이끄니 즉 乙木을 사용하여도 역시 손해됨이 없다. 행운이 木火로 흐르면 자연적으로 부귀한다. 乙木을 사용하면 水가 처이고 木이 자식이다.

【原文】

若盡是乙木 不見一甲 此人富貴不久 因貪致禍 弄巧反拙 且不能承
약진시을목 불견일갑 차인부귀불구 인탐치화 농교반졸 차불능승
先人之業.
선인지업

만약 전부 乙木이고 하나의 甲木도 보지 못하면 이 사람은 부귀가 오래가지 못한다. 탐욕으로 인하여 재난을 일으키고 교묘한 농지거리가 오히려 졸렬하다 한다. 이 사람은 조상의 유업을 잇지 못한다.

【原文】

或支成木局 有庚透主淸貴 不見庚者 常人 二月乙木司權 必須有庚
혹지성목국 유경투주청귀 불견경자 상인 이월을목사권 필수유경
有乙無庚 主貧苦無依 用庚者土妻金子.
유을무경 주빈고무의 용경자토처금자

혹 지지에서 木局을 이루고 庚金이 투출하면 맑고 귀한 사람이다. 庚金을 보지 못하면 평범한 사람이다. 2월은 乙木이 권세를 쥐었으니 필수적으로 庚金이 있어야 한다. 乙木은 있는데 庚金이 없으면 가난하고 고통스러워도 의지할 데가 없다. 庚金을 사용하면 土가 처이고 金이 자식이다.

【原文】

得印旺殺高 大富大貴 或一派水 無一戊制 主貧苦無依 或乙少癸多
득인왕살고 대부대귀 혹일파수 무일무제 주빈고무의 혹을소계다

有戊去制 反吉 用土者火妻土子.
유무거제 반길 용토자화처토자

인수의 왕함을 얻었다면 칠살이 높게 투출하여야 크게 부귀한다. 혹은 한 무리의 水를 戊土의 극제함이 전혀 없다면 이 사람은 가난하고 고통스러워도 의지할 데가 없다. 혹은 乙木은 적고 癸水가 많아도 戊土가 있어 극제하여 없애 버리면 오히려 길하다. 土를 사용하면 火가 처이고 土가 자식이다.

【原文】

丁丁乙戊　用巳中之庚制木 位至尙書.
未巳卯子　용사중지경제목 위지상서

巳 중 庚金을 사용하여 木을 극제하니 관직이 상서에 다다랐다.

庚丁癸卯　鼎甲.
子卯卯卯　정갑

과거에 장원으로 급제하다.

甲丁己庚　尙書.
辰丑卯辰　상서

벼슬이 상서이다.

◎ 역자 첨

| 庚丁己乙 | 초대 대통령 이승만(李承晩)16) 박사다. 乙木 편인이 亥卯
| 子亥卯亥 | 합국을 이루고 투출하였다. 庚金으로 편인을 제화시키고 己土로 보좌하니 食財官印이 고르게 상생을 이룬다. 91세 乙巳년 하와이에서 죽었다.

| 辛丁己庚 | 조중훈(趙重勳) 한진 그룹 창업주다. 卯月 丁火가 己庚투
| 丑亥卯申 | 출로 식신생재를 이루었다. 대운이 동남방 용신운으로 흘러 사업을 성공시켰다.

| 庚丁丁甲 | 여성 국제변호사다. 甲木과 庚金이 투출하였다.
| 戌未卯午 |

| 乙丁己乙 | 금호아시아나 그룹 박삼구 회장이다. 월령 卯木과 시지
| 巳亥卯酉 | 巳火를 얻으니 신강하여 金水가 용신이다. 卯月에 乙木 편인이 투출하고 酉金이 제화시키니 식신이 보호되고, 일지 亥 중 甲木 정인과 壬水 정관이 있고 시지와 연지가 巳酉 재국의 뜻을 모으니 부귀를 상속받아 발전시켰다.

---

16) 1919년 己未年에 상해 임시정부에서 대통령으로 취임하고 1960년 庚子年에 실각하였고, 1965년 乙巳年에 뇌일혈로 사망하였다.

【原文】

三月丁火 戊土司令 洩弱丁氣 先用甲木引丁制土 次看庚金 庚甲兩透
삼월정화 무토사령 설약정기 선용갑목인정제토 차간경금 경갑양투

定主科甲 或一藏一透 終非白丁.
정주과갑 혹일장일투 종비백정

3[辰]월의 丁火는 戊土가 사령하여 丁火의 기운을 설기하니 일주가 약하므로 먼저 甲木을 사용하여 丁火를 이끌어내고 土를 극제한다. 다음으로 庚金을 보아야 한다. 庚甲이 함께 투출하면 과거에 반드시 합격한다. 혹은 하나는 지장간에 하나는 투출하여도 끝내 백정(일반 백성)은 아니다.

【原文】

或支成木局 取庚爲先 得庚透 丁癸不透 亦有異路功名.
혹지성목국 취경위선 득경투 정계불투 역유이로공명

혹 지지에서 木局을 이루어도 먼저 庚金을 취한다. 庚金의 투출함을 얻고 丁癸의 투출이 없다면 과거에 급제함이 없이 다른 길로 공명을 이룬다.

【原文】

或支成水局 加以壬透 名殺重身輕 必夭折天年 或遭凶死 或戊己兩透
혹지성수국 가이임투 명살중신경 필요절천년 혹조흉사 혹무기양투

廊廟之客 若一甲破土 定是常人.
낭묘지객 약일갑파토 정시상인

혹 지지에서 水局을 이루고 壬水가 또 투출하면 이름하여 칠살은 많고 일주는 약한 것이니 필히 요절하는 목숨이거나, 혹은 흉한 죽음을 당한다. 혹은 戊己가 함께 투출하면 조정의 중신이다. 만약 하나의 甲木이

土를 파괴하면 반드시 평범한 사람이다.

【原文】

用甲者 水妻木子 用金者 土妻金子.
용갑자 수처목자 용금자 토처금자

甲木을 사용하면 水가 처이고 木이 자식이다. 金을 사용하면 土가 처이고 金이 자식이다.

◎ 역자 첨

| 丙丁丙戊 | 자유당 경무대 서장을 역임했다. 두 丙火가 투출하여 火勢가 강하다. 지장간에 癸水를 암장한 辰丑土로 火氣를 설기한다. 대운이 초년 이후 용신 서북방으로 향하였다. |
| 午丑辰寅 | |

| 癸丁壬辛 | 일본 소화왕(昭和王)이다. 壬癸水가 투출하여 관살혼잡이다. 묘목으로 화살하는 용신이다. 26세 丙寅년에 왕이 되었고 45세 乙酉년에 용신 卯가 파하여 패망하였다. |
| 卯丑辰丑 | |

| 辛丁甲壬 | 중견기업 회장이다. 壬甲이 투출하였고 편재 辛金이 丑에 통근하였다. 財官印이 투출하고 根을 얻으니 부귀하게 된것이다. |
| 丑未辰午 | |

| 丙丁丙乙 |
| 午酉辰未 |

丙火가 兩透하였으니 丁火는 빛을 잃는다. 하여 귀할 수는 없고 일지가 辰酉합으로 이끌어 재국을 이루니 음식점을 운영한다.

| 癸丁丙戊 |
| 卯酉辰寅 |

명리학자 추송학 선생이다. 지지 寅卯木과 丙火가 투출하여 신강하니 金水가 용신이다. 초년 火運에 어려웠으나 金水運으로 향하자 수십여 권의 저서를 출간하고 교육에 힘썼다.

9. 三夏丁火
삼하정화

【原文】

四月丁火乘旺 雖取甲引丁 必用庚劈甲 伐甲 方云木火通明 甲多又
사 월 정 화 승 왕   수 취 갑 인 정   필 용 경 벽 갑   벌 갑   방 운 목 화 통 명   갑 다 우

取庚爲先.
취 경 위 선

4[巳]월의 丁火는 왕성한 기운을 탔으니 비록 甲木을 취하여 丁火를 이끌더라도 필연코 庚金을 사용하여 甲木을 쪼개고 베어내면 이름하여 목화통명이라 한다. 甲木이 많으면 庚金을 취하는 것이 먼저이다.

【原文】

但四柱忌見癸水 癸水一見 洩庚濕甲傷丁 故以癸爲病.
단 사 주 기 견 계 수   계 수 일 견   설 경 습 갑 상 정   고 이 계 위 병

그러나 사주에 癸水를 보는 것을 싫어한다. 癸水를 한 번 보게 되면 庚金을 설기하고 甲木을 습하게 하여 丁火를 다치게 하는 것이다. 고로 癸水는 病이 된다.

【原文】

或癸水藏支 壬水出干制丙 不奪丁光 自是鴈塔題名 玉堂淸貴.
혹계수장지 임수출간제병 불탈정광 자시안탑제명 옥당청귀

혹 癸水는 지장간에 있고 壬水가 천간에 투출하여 丙火를 극제하면 丁火의 광채를 빼앗는 것이 아니므로 당연히 과거에 합격하여 이름을 올리고 옥당(문장 기관)에서 깨끗한 문장으로 귀함을 자랑한다.

【原文】

或有庚無甲 戊透天干 此爲傷官生才 又取戊爲用 必主富貴 戊土出
혹유경무갑 무투천간 차위상관생재 우취무위용 필주부귀 무토출
干 不見甲乙 又不見水 是傷官傷盡 八字淸高 但不大貴 亦不大富
간 불견갑을 우불견수 시상관상진 팔자청고 단불대귀 역부대부
見水多木多 定是常人.
견수다목다 정시상인

혹 庚金은 있으나 甲木이 없고 戊土가 천간에 투간하면 이는 상관생재격이다. 또 戊土를 취하여 사용된다면 이 사람은 필히 부귀하다. 戊土기 천간에 투출하여 甲乙을 보지 않고 또 水를 보지 않으면 이는 상관이 상관으로 마친 것이니 팔자는 깨끗하고 높으나 대귀함을 얻지는 못하며 역시 큰 부자도 아니다. 水가 많고 木도 많음을 보면 당연히 평범한 사람이다.

【原文】

或四柱多丙 不見壬癸 奪了丁光 此人貧苦 或丁年巳月 丁巳日
혹사주다병 불견임계 탈료정광 차인빈고 혹정년사월 정사일
丙午時 一丙不奪二丁 卽不顯達 亦名播四隣 故書曰 丁火陰柔一燭燈
병오시 일병불탈이정 즉불현달 역명파사린 고서왈 정화음유일촉등

太陽相見奪光明 柱中若見甲木透 定許身安福自臨.
태양상견탈광명 주중약견갑목투 정허신안복자림

혹 사주에 丙火가 많고 壬癸를 보지 않으면 丁火의 광채를 빼앗긴 것이니 이 사람은 가난하고 괴로울 것이다. 혹은 丁年 丁巳月 丁巳日 丙午時라면 하나의 丙火가 두 개의 丁火의 광채를 빼앗지는 못하였어도, 즉 현달함은 없어도 역시 이름이 사방에 널리 퍼진다. 그러므로 서書에 이르기를 丁火는 음유陰柔[17]하여 하나의 등촉이라 하는 것이니, 태양과 서로 보게 되면 (丁火는) 밝은 바탕의 빛을 빼앗긴다. 사주에서 만약 甲木의 투출함을 보면 당연히 몸은 편안하고 복된 자리에 앉는다.

【原文】

乙丁己甲　　詞林.
巳丑巳午　　사 림

글 잘하는 사림의 관직이다.

乙丁癸辛　　此火長夏天金疊疊格 侍郞.
巳巳巳酉　　차 화 장 하 천 금 첩 첩 격 시 랑

이 丁火는 긴 여름철의 火로서 천간으로 辛金을 얻고 지지에 巳酉 회국하여 관직이 시랑이다.

---

17) 음유(陰柔) : 표현은 부드럽게 보이나 속은 음험함.

◎ 역자 첨

甲丁癸丙
辰巳巳午
전 고대 총장 유진오(兪鎭午)다. 甲木과 癸水 편관이 투출하여 관인상생을 이루나 金이 없어 癸水가 힘을 받지 못한다. 초년 이후 金水운으로 향한다. 친일파이다.

丙丁丁癸
午丑巳酉
오스트리아 교민 갑부다. 丙丁 비겁이 투출하였으나 癸水 칠살이 함께 투출하여 비겁을 극제하는 중 지지가 巳酉丑 金局이 되어 癸水를 생하니 부귀하게 되었다.

甲丁乙丁
辰酉巳亥
巳酉 金局을 이루어 丁火는 甲木에 의지한다. 庚運, 庚午년에 庚金이 甲木을 극하자 암살되었다.

【原文】

五月丁火 時歸建祿 不宜亂用甲木.
오월정화 시귀건록 불의난용갑목

5[午]월 丁火는 시절이 건록이니 甲木을 함부로 사용하면 마땅하지 않다.

【原文】

遇年透隔位之壬 不貪丁合者 忠而且厚 或支成火局 干見火出 得庚
우년투격위지임 불탐정합자 충이차후 혹지성화국 간견화출 득경
壬兩透者 科甲定然 土透制壬 常人 卽壬藏支中 亦非白丁 但要運行西北
임양투자 과갑정연 토투제임 상인 즉임장지중 역비백정 단요운행서북
方可發達 得一癸透 名獨殺當權 出人頭地.
방가발달 득일계투 명독살당권 출인두지

연간에 투출하여 일주와 떨어져 있는 壬水를 만나고 丁火와 합을 탐하지 않으면 충직한 마음이 두텁다. 혹은 지지에서 火局을 이루고 천간에 火가 보이면서 庚壬이 함께 투출함을 얻으면 과거에 급제함이 당연하다. 土가 투출하여 壬水를 극제하면 평범한 사람이다. 다시 壬水가 지장간에 있어도 일반 백성은 아니다. 단지 필요한 것은 운이 서북쪽으로 간다면 바야흐로 발달할 수 있다. 하나의 癸水가 투출하면 이름하여 하나의 칠살이 권세를 담당한 것이니 세상에 나아가면 으뜸이 된다.

【原文】

若見寅辰亥卯字 化木生火 平常人物 豊衣足食 中年富 但刑剋子息
약 견 인 진 해 묘 자   화 목 생 화   평 상 인 물   풍 의 족 식   중 년 부   단 형 극 자 식
勞而無功 或丙午月 丁未日 辛亥時 亥中有壬制丙 不致貧苦 若丙午時
노 이 무 공   혹 병 오 월   정 미 일   신 해 시   해 중 유 임 제 병   불 치 빈 고   약 병 오 시
則滴水難救炎火 必主僧道 若年支見子 雖不科甲 亦有衣衿.
즉 적 수 난 구 염 화   필 주 승 도   약 년 지 견 자   수 불 과 갑   역 유 의 금

만약 寅辰亥卯의 글자를 보면 변화된 木이 火를 생하니 평범한 인물이고, 먹고사는 것이 여유가 있으며 중년에는 부자이다. 그러나 자식은 형극하고, 아무리 애를 써도 공을 이룰 수가 없다. 혹은 丙午月 丁未日 辛亥時라면 亥 중 壬水가 丙火를 극제하여 가난한 고통에는 이르지 않는다. 만약 丙午時라면 한 방울의 水가 어찌 뜨거운 火를 구하겠느냐? 이 사람은 필히 스님이나 도사이다. 만약 연지에서 子水를 보면 과거에 급제하지 못하여도 또한 잘 먹고는 산다.

【原文】

若干支無火局 有水透干 須用甲木 又要庚劈甲方明 木火通明 主大
약간지무화국 유수투간 수용갑목 우요경벽갑방명 목화통명 주대

富貴 或木少火多 焚其木性 不能光透九霄 榮華不久.
부귀 혹목소화다 분기목성 불능광투구소 영화불구

만약 간지에서 火局이 없고 水가 투간됨이 있으면 모름지기 甲木을 사용해야 한다. 또한 중요한 것은 庚金으로 甲木을 쪼개야 비로소 밝아진다. 이를 木火通明이라 하며 이 사람은 큰 부귀가 있다. 혹은 木은 적고 火가 많으면 木의 성질이 타버리는 것이니 높은 하늘에 빛을 능히 보내지 못하여 영화로움은 오래 가지 못한다.

【原文】

或生月是祿 支皆生旺合局 加以火出 無滴水解炎 乃身旺無依 孤貧
혹생월시록 지개생왕합국 가이화출 무적수해염 내신왕무의 고빈

之格 如必爲尼 卽運北地 反生凶危.
지격 여필위니 즉운북지 반생흉위

혹 생월이 건록이고 지지가 모두 생왕하고 합국이 되고 다시 火가 가세하여 투출하면 이는 뜨거움을 해결하는 한 방울의 물도 없는 것이니, 신왕하여 의지할 곳이 없으므로 외롭고 가난한 사람의 格이다. 여자는 필히 스님이고 다시 행운이 북쪽이라면 오히려 흉하고 위험하다.

【原文】

用壬者 金妻水子 用甲者 水妻木子.
용임자 금처수자 용갑자 수처목자

　壬水를 사용하면 金이 처이고 水가 자식이다. 甲木을 사용하면 水가 처이고 木이 자식이다.

【原文】

| 戊丁壬庚 |
| 申亥午午 |

此建祿會祿 化合不成 大富壽長.
차 건록 회록 화합불성 대부수장

이는 건록격에 午火 건록이 또 있어 丁壬 화합이 이루어지지 않는다. 큰 부자이고 장수는 하겠다.

| 甲丁甲辛 |
| 辰未午巳 |

此建祿格 位至總兵.
차 건록격 위지총병

이는 건록격이므로 관직이 총병에 다다랐다.

| 甲丁戊癸 |
| 辰丑午卯 |

用甲引丁 位至尙書.
용갑인정 위지상서

甲木을 사용하여 丁火를 이끄니 관직이 상서에 다다랐다.

| 乙丁甲丙 |
| 巳丑午寅 |

甲透庚得所 富貴極品.
갑투경득소 부귀극품

甲木이 투간하고 庚金이 제자리를 얻으니 부귀가 많았다.

| 癸丁甲丙 |
| 卯酉午子 |

殺印相生 大貴 己運盡節.
살인상생 대귀 기운진절

살인상생하여 대귀하나 기운에 절개를 지켜 죽었다.

◎ 역자 첨

| 乙丁戊戊 |
| 巳巳午申 |

윤봉길(尹奉吉) 독립투사다. 午月생으로 巳가 거듭되자 火가 치열하다. 申中 壬水를 戊土가 덮어 용신할 수 없고, 戊土상관으로 설기하는 가상관격이다. 傷官은 불의를 보고 참지 못하며 비범하다. 상해에서 일본 전승기념 행사에 폭탄을 투척하고 체포되어 사형당하였으나 그 이름이 길이 빛나게 되었다.

| 壬丁壬乙 |
| 寅未午巳 |

고독하고 박명(薄命)한 남자다. 火勢가 강하여 壬水가 용신이다. 그러나 壬水를 생하는 金과 根이 전무하여 용신은 무능하기 짝이 없다.

【原文】

六月之丁火 陰柔退氣 但值三伏生寒 丁弱極矣 專取甲木 壬水次之.
육월지정화 음유퇴기 단치삼복생한 정약극의 전취갑목 임수차지

6[未]월의 丁火는 음유한 기운이 물러서고 있다. 그러나 삼복더위에 한기가 생하기도 하며 丁火의 약함이 끝에 이르렀으니 오로지 甲木을 취하고, 壬水는 그 다음이다.

【原文】

若得甲出天干 支成木局 見亥中之壬 爲木神有根 接引丁火 必然科甲
약 득 갑 출 천 간　지 성 목 국　견 해 중 지 임　위 목 신 유 근　접 인 정 화　필 연 과 갑
卽不見木局 支見壬水 雖不大貴 亦有凌雲之氣 無庚不妙.
즉 불 견 목 국　지 견 임 수　수 불 대 귀　역 유 능 운 지 기　무 경 불 묘

만약 甲木이 천간에 투출함을 얻고 지지에서 木局을 이루고 亥 중에서 壬水를 보면 이는 木神의 통근이 있어 丁火를 가까이에서 이끄는 것이니 필연코 과거에 합격한다. 木局을 보지 못하고, 지지에서 壬水를 보면 비록 대귀함은 없더라도 능운凌雲[18]의 기질은 있다. 庚金이 없으면 묘함이 없다.

【原文】

或支成水局 見水透干 則濕木性 不能引丁 必爲平人 有甲透 有才幹
혹 지 성 수 국　견 수 투 간　즉 습 목 성　불 능 인 정　필 위 평 인　유 갑 투　유 재 간
有庚透 無刑傷 若無甲木 假名假利.
유 경 투　무 형 상　약 무 갑 목　가 명 가 리

혹 지지에서 水局을 이루고 水의 투간함을 보면, 즉 축축한 木의 성질이 丁火를 능히 이끌 수가 없으므로 반드시 평범한 사람이다. 甲木의 투간됨이 있으면 재간才幹[19]이 있고, 庚金이 있으면 다치지 아니하면서 甲木도 없다면 명성과 이익이 헛된 것이다.

---

18) 능운지지(凌雲之志) : 속세를 떠나 고상하게 별천지에서 살고자 하는 마음.
19) 재간(才幹) : 일을 적절하게 잘 처리하는 솜씨나 능력.

【原文】

或年月日時 皆一派丁未之類 此爲純陰 終無大用.
혹년월일시 개일파정미지류 차위순음 종무대용

　혹 연월일시가 모두 丁未의 한 무리의 부류라면 이는 전부가 음의 기운이니 끝내 큰 그릇이 못 된다.

【原文】

用甲者 水妻木子.
용갑자 수처목자

　甲을 사용하면 水가 처이고 木이 자식이다.

【原文】

丙丁丁丁　　武進士.
午未未卯　　무진사

　　　　　　무관의 벼슬길로 나가 출세한다.

丁丁丁壬　　丁壬合殺 合壞壬水 懦弱無能 妻子主事.
未巳未子　　정임합살 합괴임수 나약무능 처자주사

　　　　　　丁壬합살하니 壬水가 합으로 무너졌다. 나약하고 무능한 사람이니 처자가 매사를 주관하였다.

◎ 역자 첨

| 甲丁癸乙 | 공무원이다. 甲이 투출하였고 壬水는 亥에 있고 칠살 癸 |
| 辰卯未亥 | 水가 투출하여 용신이 된다. |

丁丁辛己	나라를 팔아먹은 이완용(李完用)이다. 겉은 식신격으로
未未未未	지식인이었으나 지지가 熱氣를 품고 있으니 재성 辛金
	이 녹아 흘러 매국노가 되었다.

| 壬丁癸乙 | 서예가이다. 壬癸水가 투출하여 관살혼잡이나 乙木이 |
| 寅丑未巳 | 화살하고 寅 중 甲木이 있으니 맑은 것이다. |

10. 三秋丁火

삼추정화

【原文】

三秋丁火 退氣柔弱 喘用甲木 金水乘旺 司權 無傷丁之理 仍取庚劈甲
삼추정화 퇴기유약 단용갑목 금수승왕 사권 무상정지리 잉취경벽갑
爲引火之物 或借丙暖金晒甲 不慮丙奪丁光 凡兩丙夾丁者 夏月忌之
위인화지물 혹차병난금쇄갑 불려병탈정광 범양병양정자 하월기지
餘月不忌 但此格少年困苦刑剋 中年富貴 必要地支見水制丙 方妙.
여월불기 단차격소년곤고형극 중년부귀 필요지지견수제병 방묘

가을의 丁火는 기운이 물러나 유약하다. 오직 甲木을 사용하여야 한다. 金水가 왕성함을 입어 권세를 잡고 있으나 丁火를 다치게 하려는 뜻은 없다. 오직 庚金을 취하여 甲木을 쪼개어야 火를 이끄는 물건이 된다. 혹은 丙火를 차용하여 庚金을 따뜻하게 하고 甲木을 바짝 말려야 하므로 丙火가 丁火의 광채를 빼앗을 것을 염려하지 않아도 된다. 대저 두 개의 丙火 사이에 丁火가 있다면 여름철에는 싫어하지만 그 외에는 싫어하지 않는다. 다만 이러한 격국은 소년 시절에 곤란하고 괴로운 형극이 있으나 중년에는 부귀하겠지만 지지에서 水를 보아 丙火를 극제하는 것이 필요하다. 그러면 묘하다.

【原文】

三秋甲庚丙並用 仍分優劣 何也 七月甲丙 申中有庚 八月甲丙庚皆
用 七八月或無甲木 乙亦可用 爲枯草引燈 却不離丙晒也 九月耑用
甲庚 大抵甲不離庚 乙不離丙 其理克明 或見甲庚丙皆透 必主科甲
無甲用乙者 富貴皆小 且富而不貴者多.

가을의 丁火는 甲庚丙을 함께 사용하지만 그 우열을 나누어야 한다. 왜? 7[申]월에 甲丙이 필요한 것은 申 中 庚金이 있어서이다. 8[酉]월은 甲丙庚이 모두 필요하다. 7.8월에 혹 甲木이 없어도 乙木으로 역시 사용할 수 있지만 이는 메말라 힘이 없는 풀로 등불을 이끄는 것이므로 도리어 丙火가 바짝 말리는 것이니 丙火를 절대 떠날 수가 없다.

9[戌]월은 오직 甲庚이 필요하다. 대저 甲木은 庚金을 떠날 수 없고, 乙木은 丙火를 떠날 수가 없다는 그 이치가 매우 밝은 것이다. 혹은 甲庚丙이 모두 투출하면 이 사람은 과거에 급제함이 당연하다. 甲木이 없어 乙木을 사용하면 부귀가 모두 적겠다. 이는 부자이나 귀함이 없는 사람이 많다는 것이다.

【原文】

或一重壬水 又多見癸水 必以戊土爲制 自然富貴光輝.

혹 壬水가 많음에도 다시 癸水를 보면 戊土로 극제함이 필요하다. 그러면 스스로 부귀의 광채가 빛난다.

【原文】

或一派庚金 名才多身弱 主富屋貧人 妻多主事 或壬多洩庚 丁壬化殺
혹일파경금 명재다신약 주부옥빈인 처다주사 혹임다설경 정임화살

反成富貴 若庚多無壬 奔流下賤.
반성부귀 약경다무임 분류하천

혹 한 무리의 庚金이 있으면 이름하여 재다신약이라 하여 이 사람은 부잣집에 있는 가난한 사람(하인)이며 처가 매사를 주관하겠다. 혹은 壬水가 많아 庚金을 설기하고 丁壬이 化殺(화살)하였다면 반대로 부귀를 이룬다. 만약 庚金은 많은데 壬水가 없다면 떠돌아다니는 하천한 사람이다.

【原文】

或八月一派辛金 不見庚金 又無比劫 此棄命從才 富而且貴 雖不科甲
혹팔월일파신금 불견경금 우무비겁 차기명종재 부이차귀 수불과갑

亦有異途 從才者 水爲妻 不剋 有正偏 木爲子 不刑.
역유이도 종재자 수위처 불극 유정편 목위자 불형

혹 8[酉]월에 한 무리의 辛金이 있고 庚金을 보지 않고 또 비겁이 없으면 이는 기명종재격이다. 부자이며 돈으로 귀함도 있다. 비록 과거에 급제하지는 못하여도 역시 다른 길로 출세는 한다. 종재격은 水가 처이니 극이라 하지 않는 것이다. 정과 편이 있다. 木은 자식이니 刑이라 하지 않는다.

【原文】

或九月一派戊土 洩丁火之氣 不見甲木 爲傷官傷盡 非尋常可比 或
혹구월일파무토 설정화지기 불견갑목 위상관상진 비심상가비 혹

甲木透出 爲文書淸貴 秋闈可奪 用甲者 庚不可少 水妻木子.
갑목투출 위문서청귀 추위가탈 용갑자 경불가소 수처목자

　혹 9월에 한 무리의 戊土가 있어 丁火의 기운을 누설하는데 甲木을 보지 않으면 상관이 상관으로서 다한 것이니 보통 사람과 견주는 것이 아니다. 혹은 甲木이 투출하면 이는 글을 맑고 귀하게 쓰는 사람이므로 가을 과거에 합격한다. 甲木을 사용하면 庚金이 적어서는 불가하다. 水가 처이고 木이 자식이다.

【原文】

戊丁丙辛　　大富命.
申丑申亥　　대　부　명

　　　　　　큰 부자의 명이다.

戊丁丙辛　　庚甲兩全 會元.
申卯申亥　　경갑양전 회원

　　　　　　庚甲이 함께 완전하여 관직이 회원이다.

丙丁丙辛　　無甲用乙丙 富而不貴.
午酉申卯　　무갑용을병 부이불귀

　　　　　　甲木은 없고 乙丙을 사용하니 부자이나 귀함은 없다.

| 丙丁甲庚 | 甲庚丙皆透 位至尙書.
| 午未申辰 | 갑경병개투 위지상서

甲庚丙이 모두 투출하니 벼슬이 상서이다.

◎ 역자 첨

| 丙丁壬甲 | 사법시험 합격, 군법무관, 판사다. 월령 申金에 甲壬丙
| 午亥申戌 | 투출하고 관인상생을 이루니 귀격이다.

| 丙丁甲庚 | 행정고시 합격자이다. 甲木과 庚金이 투출하였다.
| 午未申戌 |

| 乙丁戊壬 | 미생물 전공을 접고 수학교습소를 운영하는 여성이다.
| 巳亥申子 | 亥 중에 甲木이 암장되었으나 투출되지 못하여 戊土 상관을 제할 수 없다. 총명하나 큰 뜻을 이루지 못한다.

【原文】

| 庚丁己壬 | 此命申戌兩時主貴 酉時則不能.
| 戌亥酉午 | 차명신술양시주귀 유시즉불능

이 사람이 申時나 戌時이면 귀하고 酉時는 귀하지 않다.

| 辛丁己丁 | 從才格 太守.
| 亥丑酉未 | 종재격 태수

종재격으로 벼슬이 태수이다.

◎ 역자 첨

| 辛丁辛癸
亥亥酉酉 | 전 대법원장 김덕주(金德柱)다. 金水 재생관이다. 즉 氣가 癸水 칠살로 귀결되는 종살격을 이루었다. 귀격이다. |

| 乙丁辛癸
巳巳酉卯 | 화신백화점 박흥식(朴興植)이다. 辛金이 癸水를 생하고 乙木이 化殺하니 財官印의 상생을 이룬다. |

| 甲丁丁辛
辰丑酉未 | 작곡가 백영호(白映湖)다. 甲木이 투출하였으며 비겁 丁火가 재를 다스리고, 식상관이 왕하여 작곡가로 명성을 날렸다. '해운대 엘레지', '동백아가씨' 등이 유명하다. |

| 丁丁癸己
未巳酉未 | 중국 총통 원세개(袁世凱)다. 월령에서 巳酉 金局을 이루고 칠살 癸水를 생한다. 己土 식신이 제살하여 비범하다. 南方운에 총독이 되고 丁卯운에 총통이 되었다. 58세 丙辰년에 죽었다. |

【原文】

| 壬丁丙庚
寅未戌午 | 支中火多扶丁 得庚丙透 玉堂淸貴無疑.
지중화다부정 득경병투 옥당청귀무의

지지에 火가 많아 丁火일주를 도우며 庚丙이 함께 투출하여 옥당(학문기관)으로 귀함이 맑음을 의심할 필요가 없다. |

丙丁甲己　**女命 甲丙高透丁火得祿 大富.**
午卯戌亥　여명 갑병고투 정화득록 대부

여자로, 甲丙이 투출하고 丁火일주는 午火의 건록을 득하여 큰 부자이다.

◎ 역자 첨

甲丁庚壬　파리 9대학 정치외교학 박사 학위를 받았고, 외무고시
辰未戌辰　에 합격하였다. 甲木과 庚金, 壬水가 투출하여 財官印의 부귀를 모두 갖췄다.

丙丁戊辛　여성으로 방송국 PD를 하였다. 戊土丙火가 투간하여 丁
午卯戌亥　火가 빛을 잃으니 일지 卯木, 亥 중 甲木으로 土를 제한다. 그러나 亥가 멀고 甲이 투출하지 않아 시작은 잘 하나 결과가 길지 못할 명이다. 결혼 후 얼마 못 가서 이혼했고, 직장도 성과가 없자 이직했다.

己丁甲己　문화재 석축 기능공이다. 甲木이 투출하였으며 일지 卯
酉卯戌酉　木에 통근하였다.

11. 三冬丁火
삼동정화

【原文】

三冬丁火微寒 喘用庚甲 甲乃庚之良友 凡用甲木 庚不可少 無庚無甲
삼동정화미한 단용경갑 갑내경지양우 범용갑목 경불가소 무경무갑

何能引丁 難云木火通明 冬丁有甲 不怕水多金多 可稱上格 甲庚兩透
하능인정 난운목화통명 동정유갑 불파수다금다 가칭상격 갑경양투

科甲分明 見己則否 己多合甲 則爲常人.
과갑분명 견기즉부 기다합갑 즉위상인

　겨울의 丁火는 조금 추우므로 오직 庚甲을 사용한다. 甲木은 庚金의 좋은 벗이다. 무릇 甲木을 사용하는데 庚金이 적은 것은 불가하다. 庚金이 없고 甲木도 없으면 어찌 丁火를 이끌 수 있겠는가. 목화통명을 이룰 수가 없다. 겨울의 丁火는 甲木이 있으면 水가 많거나 金이 많아도 두려워하지 않으니 이를 상격이라 하는 것이다. 甲庚이 함께 투출하면 과거에 급제함이 분명하다. 己土를 보면 좋지 않다. 己土가 많아 甲木을 쟁합하면 평범한 사람이다.

【原文】

或一丙奪丁 必賴支內水救 若有支金發水之源 官拜烏台有准 全無癸
水制丙 無用之徒 或有金無水 貧寒之士 有水無金 又主淸高.

혹 하나의 丙火가 丁火의 빛을 빼앗으면 반드시 지지 안의 水가 구해주는 것에 의지해야 한다. 만약 지지에 金이 있어 水의 근원을 출발시키면 관직은 오래 벼슬을 받은 것으로 추측된다. 癸水가 하나라도 없어 丙火를 극제하지 못하면 쓸모없는 인간이다. 혹은 金은 있고 水가 없으면 가난한 선비이다. 水는 있고 金이 없으면 이 사람은 맑고 높다.

【原文】

或時月二壬爭合 取戊破之 有戊稍有富貴 無戊常人 設戊藏得所 不失衣衿.

혹 時와 月에 두 개의 壬水가 쟁합하면 戊土를 취하여 파괴시켜야 한다. 戊土가 있으면 작은 부귀가 있고 戊土가 없으면 평범한 사람이다. 설령 戊土가 지장간에서 제자리에 자리 잡고 있으면 어느 정도의 벼슬은 잃지 않겠다.

【原文】

或二丙奪丁 得年干有癸 支下帶合 金水得所 亦必顯達 納粟奏名 必驗.

혹 두 개의 丙火가 丁火를 빼앗게 되면 연간에 癸水를 얻고 지지에서 합을 이루고, 金水가 제자리를 얻으면 역시 현달하나 재물을 바쳐 벼슬에 이름을 올리게 됨을 반드시 경험한다.

【原文】

或仲冬水多癸旺 全無比印 此作棄命從殺 亦有異途功名 見丁比出干
혹중동수다계왕 전무비인 차작기명종살 역유이도공명 견정비출간
難合格局 常人 且主骨肉浮雲 六親流水 戊出破癸 頗有兄弟妻兒 此
난합격국 상인 차주골육부운 육친유수 무출파계 파유형제처아 차
格用戊 火妻土子 用甲 水妻木子.
격용무 화처토자 용갑 수처목자

혹 11[子]월에 水가 많고 癸水가 왕하고 비겁과 인성이 전혀 없다면 이는 기명종살격이니 과거에 합격하지 않고 다른 길로 출세한다. 丁火 비견이 천간에 투출하면 격국이 이루어지지 않으니 평범한 사람이며 피붙이들과는 어울리지 못하고 육친들과도 헤어져 하릴없이 흘러 다닌다. 戊土가 투출하여 癸水를 파괴하면 조금은 형제들과 처자식이 있으니 이 사주는 戊土가 용신이다. 火는 처이고 土가 자식이다. 甲木을 사용하면 水가 처이고 木이 자식이다.

【原文】

或四柱多丙丁 又用癸制火 用癸者 金妻水子.
혹사주다병정 우용계제화 용계자 금처수자

혹 사주에 丙丁火가 많다면 癸水를 사용하여 火를 극제하여야 한다.

癸水를 사용하면 金이 처이고 水가 자식이다.

【原文】

三冬丁火 甲木爲尊 庚金佐之 戊癸權宜酌用可也.
삼동정화 갑목위존 경금좌지 무계권의작용가야

겨울의 丁火는 甲木이 존귀하며 庚金으로 도와야 한다. 戊癸는 그 힘에 따라 적당히 사용하는 것이 옳다.

【原文】

辛丁癸癸　　從殺格 侍郞.
亥亥亥亥　　종살격 시랑

종살격으로 관직이 시랑이다.

庚丁丁乙　　正官格 甲木逢生 庚透壬旺 狀元.
戌未亥卯　　정관격 갑목봉생 경투임왕 장원

정관격으로 亥 중 甲木의 생함을 만나고 庚金이 투출하여 壬水가 왕하여졌으니 장원급제한다.

丁丁癸癸　　支成木局 水多 必得誥封晉贈[20].
未丑亥丑　　지성목국 수다 필득고봉진증

지지에서 木局을 이루고 水가 많다. 반드시 임금이 과거의 조상에게 벼슬을 내리는 은혜를 입는다.

---

20) ① 고봉(誥封) : 임금이 친히 벼슬을 임명하다. ② 진증(晉贈) : 죽은 사람에게 벼슬을 내리다.

甲丁己庚
辰酉丑午

身强殺淺 假煞化權 將軍.
_{신강살천 가살화권 장군}

신강하여 칠살이 적으므로 가살하여 甲木으로 변화시키니 장군이다.

癸丁丁庚
卯卯亥戌

支成木局 年出庚金 甲運登第.
_{지성목국 년출경금 갑운등제}

지지에서 木局을 이루고 연간으로 庚金이 출현하니 甲運에 과거에 합격하다.

◎ 역자 첨

| 甲丁辛壬
辰丑亥寅 | 임진왜란 당시 재상 유성룡(柳成龍)이다. 甲木 투출로 財官印의 귀가 갖추어졌다. |

| 癸丁己丙
卯未亥申 | 연산군(燕山君)이다. 亥卯未 木局을 이루고 丙火가 투출하여 金水가 용신이다. 癸水가 칠살이나 용신이니 己土가 극하는 것은 불미한 것이다. 27 壬寅에 재위하고 31 丙寅년에 죽었다. |

| 壬丁丁庚
寅卯亥申 | 한진그룹 조중훈 회장이다. 지지 木局을 이루고 신강하다. 壬水 정관과 유정하고 庚金 재성이 관을 생하니 부귀하게 되었다. |

| 甲丁甲癸
辰酉子巳 | 중국 주석 모택동(毛澤東)이다. 辰酉子가 연속 상생하고 癸水 칠살을 두 甲木이 化殺하여 귀격이 되었다. |

辛丁庚丙　　전 국회의장, 샘터 발행인 김재순(金在淳)이다. 연주 丙
亥酉子寅　　寅이 丁火일간을 돕고 있으며, 東南방운으로 향하자 성
　　　　　　공하였다.

庚丁甲癸　　섬유공학과 교수다. 甲木과 庚金이 투출하여 財官印을
戌巳子巳　　갖춘 귀격이다.

【原文】

甲丁乙戊　　**地支寒濕 得甲戊兩透 侍郞.**
辰未丑子　　지지한습 득갑무양투 시랑

지지가 한습하나 甲木이 함께 투출하여 관직이 시랑이다.

乙丁癸壬　　**無甲用丙晒乙 爲枯草引燈 有能訟棍.**
巳巳丑辰　　무갑용병쇄을 위고초인등 유능송곤

甲木이 없어 丙火를 사용하여 乙木을 말리는 격이니 메마른 풀로 등촉을 이끄는 것과 같아 재판하고 싸우는 데만 능력이 있다.

甲丁辛辛　　**柱無庚丙 乙木寒濕 至乙運身死.**
辰卯丑卯　　주무경병 을목한습 지을운신사

사주에 庚丙이 없어 乙木이 한습하다. 乙運에 이르자 죽었다.

◎ 역자 첨

壬丁辛丙
寅未丑申

율곡 이이다. 丙火가 투출하여 한기를 녹이고, 壬寅時를 득하였으니 財官印을 갖춘 귀격이다. 대운이 용신 동남 방으로 향하였다.

◎ 역자 요약

丁火일주를 요약하면,
- 寅月에 甲庚壬이 필요하다. 甲木을 용신으로 하여 庚金이 보좌한다. 庚金으로 甲木을 쪼개어 丁火를 이끌어낸다. 水가 없으면 火가 너무 뜨거워진다.
- 卯月은 庚甲이 필요하다. 庚金으로 乙木을 제거하고 甲木으로 丁火를 이끈다.
- 辰月은 甲庚이 필요하다. 甲木은 丁火를 이끌고 土를 극제한다. 다음으로 庚金을 쓰는데 木이 왕성하면 庚金을 사용하고 水가 많으면 戊土를 사용한다.
- 巳月은 甲庚이 필요하다. 甲木으로 丁火를 이끌고 甲木이 많으면 庚金을 먼저 사용한다. 木火通明이니 癸水를 꺼린다.
- 午月은 壬庚癸가 필요하다. 火가 많으면 庚壬이 함께 투출해야 귀하다. 壬水가 없어 癸水를 사용하는 것은 칠살의 권위를 씀이다.
- 未月은 甲壬庚이 필요하다. 甲木으로 壬水를 변화시키고 丁火를 이끄는 것이다. 甲木을 사용하면 庚金이 없어서는 안 되므로 庚金으로 보좌해야 한다.
- 申月은 甲庚丙戊가 필요하다. 庚金으로 甲木을 쪼개고 甲木이 없으면 乙木을 쓴다. 丙火는 金을 따뜻하게 하고 甲木을 말리는 용도이다. 庚甲이 없고 乙木을 사용하려면 丙火를 보아 메마른 풀로 등불을 이끌어야 한다. 水가 왕하면 戊土가 용신이다.
- 酉月도 甲庚丙戊가 필요하다. 7월과 같다.
- 戌月은 甲庚戊가 필요하다. 7, 8월의 논리를 취한다. 戊土가 많고 甲木이 없으면

상관이 상관의 역할을 다한 것이다.
- 亥月은 甲庚이 필요하다. 甲木을 위주로 하고 庚金이 도와야 한다. 戊癸는 참작하여 용신을 돕는 것이 좋다.
- 子月도 甲庚이 필요하다. 10월과 같다.
- 丑月도 甲庚이 필요하다. 10월과 같다.

ure # 제3부

論土

論土

1. 土를 논함

【原文】

五行之土 散在四維 故金水木火 依而成象 是四時皆有用有忌者 火 死酉也
오행지토 산재사유 고금수목화 의이성상 시사시개유용유기자 화 사유야

水旺子也 蓋土賴火運 火死則土囚 土喜水才 水旺則土虛 土得金火
수왕자야 개토뢰화운 화사즉토수 토희수재 수왕즉토허 토득금화

方成大器 土高無貴 空惹灰塵[21] 土聚則滯 土散則輕.
방성대기 토고무귀 공야회진   토취즉체 토산즉경

오행에 있어서 土는 사방[木火金水]의 바탕이다. 고로 金水木火는 土에 의해 형상을 이루는 것이다. 이에 사계절 모두에서 필요함도 있고 꺼리는 바도 있다. 丙火는 酉方에서 죽고 壬水는 子方에서 왕하다. 대개 土는 火의 움직임에 의뢰하므로 火가 죽는 곳이 土는 갇히는 곳이 된다. 土는 水의 재성을 좋아하지만 水가 왕하면 土는 비게 된다. 土는 金火를 얻으면 큰 그릇을 이룬다. 土가 높으면 귀함이 없고 헛되게 먼지와 티끌로 흩어질 뿐이다. 土가 모이면 막히고 土가 흩어지면 약해진다.

---

21) 회진(灰塵) : 재와 티끌이라는 뜻으로 허물어져 없어지거나 재와 티끌처럼 값어치가 없는 것.

【原文】

辰戌丑未 土之正也 分陰分陽 主則不同 辰有伏水 未有匿木 滋養萬
진술축미 토지정야 분음분양 주칙부동 진유복수 미유익목 자양만
物 春夏爲功 戌有藏火 丑有隱金 秋火冬金 肅殺萬物 土聚辰未爲貴
물 춘하위공 술유장화 축유은금 추화동금 숙살만물 토취진미위귀
聚丑戌不爲貴 是土愛辰未 而不愛丑戌也明矣 若更五行有氣 人命逢
취축술불위귀 시토애진미 이불애축술야명의 약갱오행유기 인명봉
之 田産無比 晚年富貴悠悠 若土太實無水 燥則不和 無木則不疏通
지 전산무비 만년부귀유유 약토태실무수 조즉불화 무목즉불소통
土見火則焦 女命多不生長 土旺四季 惟戌土困弱 戌多爲人好鬪 多瞌睡
토견화즉초 여명다불생장 토왕사계 유술토곤약 술다위인호투 다갑수
辰未人好食 丑人淸省 丑爲艮土 有癸水能潤而膏 人命遇此 主能卓立.
진미인호식 축인청성 축위간토 유계수능윤이고 인명우차 주능탁립

　　辰戌丑未는 土의 바른 형태다. 음양으로 나누어져 주장하는 것이 같지는 않다. 辰土는 水가 숨어 있고 未土는 木을 숨기고 있어서 만물을 기르고 번식하는 것이니 봄 여름의 공이다. 戌土는 火를 갈무리하고 丑土는 金을 감추니 가을의 火와 겨울의 金은 만물을 시들어 죽게 한다. 土는 辰未로 모이면 귀하고 丑戌로 모이면 귀하지 않다. 이로써 土는 辰未를 좋아하고 丑戌을 좋아하지 않는 것이 명백하다. 만약 다시 오행에 기운이 흐르고 사람들이 이러한 운명을 만난다면 土地에서 생산되는 바가 비교할 바가 없는 것이니 늙어서 여유 있고 느긋하게 부귀를 누린다. 만약 土가 지나치게 많고 水가 없으면 건조하여 조화롭지 않다. 木이 없으면 막혀서 통하지 않게 된다. 土가 火를 보면 타버리니 여명은 생명을 기르기가 어렵다. 土가 왕한 곳은 辰戌丑未月이다. 오직 戌土는 허약하여 피곤하다. 戌土가 많으면 싸우기를 즐기고 잠이 많다. 辰未土는 음식을 즐기고 丑土는 맑은 마음으로 정신을 차린다. 丑土는 艮方(동북방)의 土이니 癸水가 능히 윤택하게 함이 있어 기름지게 한다. 사람들이 이러한

운명을 만나면 많은 사람들 가운데서 우뚝 설 수 있다.

【原文】

生於春月 其勢虛浮 喜火生扶 惡木太過 忌水泛濫 喜土比助 得金而
생어춘월 기세허부 희화생부 악목태과 기수범람 희토비조 득금이

制木爲祥 金太多仍盜土氣.
제목위상 금태다잉도토기

土가 봄에 태어나면 그 세력이 허약하여 힘이 없으니 火가 생하여 도우는 것을 즐기고 木이 지나치게 많은 것을 싫어하며 水가 많아 범람되는 것을 꺼린다. 土의 비견이 도우는 것도 즐거워한다. 金을 얻어 木을 극제하면 상서롭다. 金이 너무 많으면 土의 기운을 빼앗는 것이 된다.

【原文】

夏月之土 其勢燥熱 得盛水滋潤成功 忌旺火煅練焦坼22) 木助火炎
하월지토 기세조열 득성수자윤성공 기왕화하련초탁   목조화염

水剋無碍 金生水泛 妻才有益 見比肩蹇滯23)不通 如太過又宜木剋.
수극무애 금생수범 처재유익 견비견건체   불통 여태과우의목극

여름의 土는 그 세력이 건조하고 뜨거우므로 많은 水를 얻어 윤택하게 번식하면 성공을 이룬다. 많은 火가 土를 뜨겁게 하면 土가 불에 타서 쩍쩍 갈라진다. 木이 도와서 火를 뜨겁게 하면 水가 극제하여도 장애가 없다. 金은 水를 생하여 물을 뿌리는 것이니 처와 재물에서 이익됨이 있

---

22) 초탁(焦坼) : 불타서 갈라짐.
23) 건체(蹇滯) : 일이 어렵고 막혀 뜻대로 되지 않음.

다. 비견을 보면 막히고 불편하여 통하지 않는다. 이렇게 土가 지나치게 많으면 木으로 극제하는 것이 마땅하다.

【原文】

秋月之土 子旺母衰 金多而耗盜其氣 木盛須制伏純良 火重重而不厭
추월지토 자왕모쇠 금다이모도기기 목성수제복순량 화중중이불염
水泛泛而不祥 得比肩則能助力 至霜降不比無妨.
수범범이불상 득비견즉능조력 지상강불비무방

 가을의 土는 자식[金]이 왕하고 어머니[火]는 쇠약하다. 金이 많으면 土의 기운을 소모시켜 빼앗는 것이 된다. 木이 많으면 마땅히 제복시켜야 좋다. 火가 거듭 있는 것을 싫어하지는 않지만 水가 넘치고 넘치는 것은 상서롭지 않다. 비견을 얻는 것은 힘을 도우는 것이다. 상강에 이르면 비견이 없어도 무방하다.

【原文】

冬月之土 外寒內溫 水旺才豊 金多子秀 火盛有榮 木多無咎 再加比
동월지토 외한내온 수왕재풍 금다자수 화성유영 목다무구 재가비
肩扶助爲佳 更喜身主康强足壽.
견부조위가 갱희신주강강족수

 겨울의 土는 바깥은 차고 안은 따뜻하다. 水가 왕하면 재물이 풍족하고 金이 많으면 자식이 우수하다. 火가 많으면 영화로움이 있고 木이 많아도 허물이 없다. 다시 비견이 가세하여 도우면 아름다우며 재차 일주가 편안하고 강하여 수명도 만족하겠다.

論土

2. 論四季月之土
논사계월지토

【原文】

辰戌丑未 四土之神 惟未土爲極旺 何也 辰土帶木氣剋之 戌丑之土
진술축미 사토지신 유미토위극왕 하야 진토대목기극지 술축지토

帶金氣洩之 此三土雖旺而不旺 故土臨此三位 金多作稼穡格 不失中
대금기설지 차삼토수왕이불왕 고토임차삼위 금다작가색격 부실중

和 若未月土 則帶火氣也 帶火以生之 所以爲極旺也 若土臨此旺未
화 약미월토 즉대화기야 대화이생지 소이위극왕야 약토임차왕미

月 見四柱土重 多作火炎土燥 不可作稼穡看 但臨此月之土 見金結局
월 견사주토중 다작화염토조 불가작가색간 단임차월지토 견금결국

不貴卽富也 書曰 土逢季月見金多 終爲貴論 而在未月尤甚.
불귀즉부야 서왈 토봉계월견금다 종위귀론 이재미월우심

辰戌丑未는 네 가지 土의 정신이다. 오직 未土가 극도로 왕하다. 왜냐하면 辰土는 木氣를 지녀 土를 극하고 戌丑의 土는 金氣를 지녀 土를 설기하기 때문이다. 이 세 土는 비록 왕하다 하여도 왕하지는 않다고 본다. 그러므로 辰戌丑에 머무르고 金이 많으면 가색격이라 하여 중화됨을 잃지는 않는다. 만약 未月의 土는 火氣를 지녔으니 火를 지니고 그것[土]을 생하고자 하니 말하기를 극도로 왕하다 하는 것이다. 만약 土가 이렇게 왕한 未月에 머무르면서 사주에 土가 많은 것을 보면 火는 뜨겁고 土는

건조한 것이니 가색격이라 보지 않는다. 다만 未月에 土에 머물렀어도 金을 보아 金局을 이루면 귀하지 않다면 부자이다. 서書에 이르기를 土가 辰戌丑未月을 만나 金이 많음을 보면 끝내 귀하다는 논리이다. 未月에 있으면 귀한 것이 더욱 즐겁다.

3. 三春戊土 總論
삼춘무토 총론

【原文】

三春戊土 無丙照暖 戊土不生 無甲疏劈 戊土不靈 無癸滋潤 萬物不長
삼춘무토 무병조난 무토불생 무갑소벽 무토불령 무계자윤 만물부장
正二月先丙後甲 癸又次之 三月先甲後丙 癸又次之 因戊土司權故也
정이월선병후갑 계우차지 삼월선갑후병 계우차지 인무토사권고야
有甲丙癸三者齊透 必主一品當朝 或二透一藏 亦登金榜 二藏一透
유갑병계삼자제투 필주일품당조 혹이투일장 역등금방 이장일투
也可異途.
야가이도

봄의 戊土는 丙火가 없으면 따뜻함을 비출 수가 없어 戊土는 살 수가 없고, 甲木을 쪼개어 갈라짐이 없으면 戊土가 신령스럽지 못하며, 癸水가 윤택하게 번식시켜 주지 못하면 만물이 자라나지 못한다. 1, 2월은 먼저 丙火이고 뒤에 甲木이며 癸水는 그 다음이다. 3월은 먼저 甲木이고 뒤에 丙火이며 癸水는 그 다음이다. 이것은 3월은 戊土가 권리를 장악한 이유이다. 甲丙癸가 있어 나란히 투출하면 이 사람은 일품의 벼슬로 조정에 있다. 혹은 둘이 투출하고 하나는 암장되었어도 역시 벼슬한다. 둘이 암장되고 하나만 투출하면 과거에 급제하지 않고도 다른 길로 벼슬한다.

【原文】

正二月卽有甲癸 若無丙除寒 如萬物生而不長 故無丙者 富貴艱辛[24]
정이월즉유갑계 약무병제한 여만물생이부장 고무병자 부귀간신

或有丙無甲癸者 名曰春旱 如萬物生而多厄 無甲癸者 一生勤苦 勞
혹유병무갑계자 명왈춘한 여만물생이다액 무갑계자 일생근고 노

而無功 或一派丙火 有甲欠癸 先泰後否 或支成火局 不見壬癸 僧道孤貧
이무공 혹일파병화 유갑흠계 선태후부 혹지성화국 불견임계 승도고빈

癸透者貴 壬透者富.
계투자귀 임투자부

   1, 2[寅卯]월에 甲癸가 있고, 만약 丙火가 한기를 제거하지 못하면 마치 만물이 생하고 자라지를 못하는 것과 같다. 그러므 丙火가 없으면 부귀가 어렵고 괴로울 것이다. 혹은 丙火는 있고 甲癸가 없으면 이름하여 봄의 가뭄이 든 것이니 만물이 태어나 여러 가지 곤란함이 있다. 甲癸가 없으면 일생 동안 근면하게 고생하더라도 힘만 쓸 뿐 공이 없다. 혹은 한 무리의 丙火를 보고 甲木은 있으나 癸水가 없다면 먼저는 편안하나 뒤에 되는 일이 없다. 혹은 지지에서 火局을 이루고 壬癸를 보지 못하면 스님이나 도사로 외롭고 가난하다. 癸水가 투출하면 귀하고 壬水가 투출하면 부자이다.

【原文】

用水者要審木之多少 或一派甲木 無丙常人 得一庚透方妙 或支成水局
용수자요심목지다소 혹일파갑목 무병상인 득일경투방묘 혹지성수국

甲又出干 又有庚透 富貴雙全.
갑우출간 우유경투 부귀쌍전

   水를 사용할 때에는 木의 많고 적음을 자세히 살피는 것이 필요하다.

---

24) 간신(艱辛) : 어렵고 괴로움.

혹은 한 무리의 甲木이 있고 丙火가 없으면 평범한 사람이다. 하나의 庚金의 투출함을 보면 바야흐로 묘한 운명이다. 혹은 지지에서 水局을 이루고 甲木이 다시 출간하고 다시 庚金이 투출하면 부귀가 함께 만족스럽다.

【原文】

或無庚金 又無比印 難作從殺 定主遭凶 不然 必爲盜賊 若日下坐午
혹무경금 우무비인 난작종살 정주조흉 불연 필위도적 약일하좌오

不得喜終.
부득희종

혹 庚金이 없고 다시 비겁과 인성이 없어도 종살격을 이룰 수가 없으니 이 사람은 당연히 흉함을 만난다. 그렇지 않으면 필히 도적이 된다. 만약 일지가 午火에 앉는다면 끝마침이 좋지 않다.

【原文】

或一派乙木 爲官殺會黨 卽有庚從 却難制乙 此人內奸外直 口是心非
혹일파을목 위관살회당 즉유경종 각난제을 차인내간외직 구시심비

如一甲在內 無庚 必懶惰自甘 好食無厭 或丙多甲多 宜以癸庚參用.
여일갑재내 무경 필나타자감 호식무염 혹병다갑다 의이계경참용

혹 한 무리의 乙木을 보면 이는 관살이 무리를 지은 것이다. 그런데 庚金이 있어서 庚金을 따라서 乙木을 제거하려 하나 되지 않으니 이 사람은 속마음은 간사하면서도 겉으로는 정직한 척하므로 말은 옳은 것 같지만 마음은 바르지 않은 것이다. 만약 하나의 甲木이 사주에 있고 庚金이 없으면 필연코 게으르고 의욕이 없이 스스로 좋다 하므로 음식을 즐

기는 것을 싫어하지도 않는다. 혹은 丙火도 많고 甲木도 많다면 癸庚을 참고하여 사용하는 것이 마땅하다.

【原文】

三月戊土司令 不見丙甲癸者 愚而且賤 甲癸透者 科甲 丙癸透者 生員
삼 월 무 토 사 령 불 견 병 갑 계 자 우 이 차 천 갑 계 투 자 과 갑 병 계 투 자 생 원

甲癸俱透者 只可云富 有癸異途.
갑 계 구 투 자 지 가 운 부 유 계 이 도

3[辰]월은 戊土가 월령을 장악한 것이니 丙甲癸를 보지 못한 사람은 어리석고 천박하다. 甲癸가 투출한 사람은 과거에 합격하고, 丙癸가 투출한 사람은 생원이겠다. 甲癸가 모두 투출하면 단지 부자라 할 수 있고 癸水가 있으면 과거에 합격하지 않고 다른 길을 통해서 벼슬한다.

【原文】

若丙多無癸 旱田無水 不能種苗 舊殼已沒 新殼未登 此先富後貧之造
약 병 다 무 계 한 전 무 수 불 능 종 묘 구 각 이 몰 신 각 미 등 차 선 부 후 빈 지 조
或火多有壬透者 先貧後富 癸透先賤後榮 壬藏不過食足 癸藏不過名傳
혹 화 다 유 임 투 자 선 빈 후 부 계 투 선 천 후 영 임 장 불 과 식 족 계 장 불 과 명 전
卽此亦須運美 或支成火局 得癸透者 富貴天然 壬透富貴辛苦 下野
즉 차 역 수 운 미 혹 지 성 화 국 득 계 투 자 부 귀 천 연 임 투 부 귀 신 고 하 야
癸乃天上甘霖 壬乃江河波浪 所以有勞逸之殊.
계 내 천 상 감 림 임 내 강 하 파 랑 소 이 유 노 일 지 수

만약 丙火는 많은데 癸水가 없으면 가문 밭에 水가 없는 것이니 씨앗을 뿌릴 수가 없다. 옛날 씨앗은 이미 없어졌고 새 씨앗은 땅 바깥으로 오르지 못한 것이니 이는 먼저는 부자이나 뒤에는 가난한 사주이다. 혹은 火

가 많아도 壬水가 투출하여 있으면 먼저는 가난하지만 뒤에는 부자이다. 癸水가 투출하면 먼저는 하천하고 뒤에는 영화롭다. 壬水가 암장하면 먹는 것으로 만족하는 것에 불과하고 癸水가 암장하면 명성을 전하는 것에 불과하다. 이렇다 하더라도 모름지기 행운이 아름다워야 할 것이다. 혹은 지지에서 火局을 이루고 癸水의 투출함을 얻으면 부귀가 스스로 이루어진다. 壬水가 투출하면 부귀하나 쓴 맛의 고생이 있겠다. 왜냐하면 癸水는 하늘 위에 있는 단 이슬이지만, 壬水는 강물과 하천의 물결이 일어나 파도가 치는 것이므로 힘들어 노력하는 것이 죽을 지경에 이를 수 있다.

【原文】

支成木局 又甲乙出干 此命官殺會黨 官殺無去留之義 得一庚透 掃
지성목국 우갑을출간 차명관살회당 관살무거류지의 득일경투 소

除官殺 亦主富貴 無庚乃淺薄之人 宜用火洩木氣 有一命 丁未癸卯
제관살 역주부귀 무경내천박지인 의용화설목기 유일명 정미계묘

戊寅乙卯 癸丁透干 加以戊癸化火 將甲木暗焚 反得武科探花.
무인을묘 계정투간 가이무계화화 장갑목암분 반득무과탐화

지지에서 木局을 이루고 다시 甲乙이 천간에 투출되었으면 이 사주는 관살이 무리를 지은 것이니 관살을 제거하거나 머무르게 하려는 뜻이 없게 된다. 하나의 庚金이 투출함을 얻으면 관살을 쓸어버려 없애므로 역시 이 사람은 부귀한다. 庚金이 없으면 천박한 사람이니 火를 사용하여 木氣를 설하여야 마땅하다. 한 사람의 사주가 乙戊癸丁 卯寅卯未 일 때, 癸丁이 함께 투간하고 다시 戊癸가 火로 변화되어 火를 가세하니 장차 寅 중 甲木은 지장간에서 타버릴 것이지만, 도리어 무과에서 탐화探花[25]를 얻었다.

---

25) 탐화(探花) : 당대(唐代)에 진사(進士)로 급제한 사람의 벼슬.

【原文】

或木多無比印透 作從殺而論 亦富貴.
혹목다무비인투 작종살이론 역부귀

혹 木은 많은데 비겁과 인성의 투출함이 없으면 종살격이라 논한다. 역시 부귀한다.

【原文】

或有比印 旹看癸透 取癸而成貴格 無癸無火無金 名爲土木自戰 主
혹유비인 단간계투 취계이성귀격 무계무화무금 명위토목자전 주
腹生疾病 憂愁艱苦.
복생질병 우수간고

혹 비겁과 인성이 있고 오직 癸水가 투출함을 보면 癸水를 취하여 귀격이 된다. 癸水도 火도 金도 없으면 이름하여 土木이 서로 싸우는 형세이니 이 사람은 뱃속에서 질병이 생기고 근심 걱정으로 어렵고 고생스럽다.

【原文】

用甲者 水妻木子 用丙者 木妻火子.
용갑자 수처목자 용병자 목처화자

甲木을 사용하면 水가 처이고 木이 자식이며 丙火를 사용하면 木이 처이고 火가 자식이다.

【原文】

庚戊庚丙
申辰寅寅

丙癸甲會成七殺格 大將軍.
병계갑회성칠살격 대장군

丙癸甲이 무리를 지었으니 칠살격이다. 대장군이다.

◎ 역자 첨

| 丙戊甲戊
辰寅寅寅 | 서울대 조소과를 졸업한 여성으로 홍익대 교수를 역임하였다. 月令에서 甲木과 丙火가 투출하여 살인상생을 이루었다. 귀격이다. |

| 癸戊庚辛
丑辰寅酉 | 庚辛癸가 투출하고 지지는 辰酉合 金局이 되어 설기가 태심하고 寅木을 극하게 되자 집안의 생계를 책임지는 무거운 삶을 사는 청년이다. |

| 丁戊丙甲
巳戌寅辰 | 치과의사다. 甲丙丁이 투출하여 살인상생을 이루었고 辰에 癸水가 암장되었다. |

| 丙戊甲癸
辰子寅丑 | 특수교육학과 여성 교수다. 천간에 甲木과 癸水가 있고 丙火가 투출하여 化殺하니 귀격을 이루었다. |

【原文】

丙戊乙癸
辰寅卯未

丙癸兩透 甲藏 侍郎.
병계양투 갑장 시랑

丙癸가 함께 투출하고 甲木이 암장하니 벼슬이 시랑이다.

| 壬戌乙癸 |
| 子寅卯未 |

丙甲復所 壬癸透干 一榜.
_{병갑부소 임계투간 일방}

丙甲이 제자리에 함께 있고 壬癸가 투간하니 과거합격의 방이 붙었다.

| 壬戌辛辛 |
| 子寅卯卯 |

坤命 兩癸得所 旺夫無子.
_{곤명 양계득소 왕부무자}

여자로, 두 개의 癸水가 제자리를 얻으니 남편은 출세하나 자식은 없다.

◎ 역자 첨

| 丙戌乙癸 |
| 辰午卯卯 |

법대 여성 교수다. 乙癸丙이 모두 투출하여 재생관, 관인상생으로 귀격이 되었다.

| 辛戌辛丙 |
| 酉子卯辰 |

Freud 사주다. 丙火가 투간하고 辛金 상관이 兩透하여 정신분석이 뛰어났다. 대운이 동남방 用神運으로 향하였다.

| 癸戌乙戌 |
| 亥寅卯午 |

자동차 수리공이다. 관성 木이 강하나 丙丁이 투출하지 않았다.

【原文】

| 甲戌戌己 |
| 寅寅辰未 |

殺印相生格 探花.
_{살인상생격 탐화}

살인상생격이다. 무과에서 진사로 급제하다.

◎ 역자 첨

| 庚戊庚乙
申寅辰卯 | 전 육군참모총장 채병덕(蔡秉德)이다. 6.25전쟁 중 戰死하였다. 寅卯辰 木方局을 이루고 있는 중 庚金이 제살하고 丙火가 寅에 암장하여 장군이 되었다. |

| 庚戊庚乙
申寅辰卯 | 전직 장관이다. 戊己土 비겁이 왕한 중 甲木 칠살이 투출하여 기상이 높다. 辰에 癸水를 암장하였다. |

| 戊戊庚乙
午辰辰亥 | 원나라 태조 칭기즈칸이다. 庚金 식신이 乙木정관을 합하여 유정하다. 辰에 癸水가 거듭 암장하여 윤기가 흐르고 亥 중 甲木 칠살을 품고 있다. 73 丁亥년에 죽었다. |

| 丙戊戊甲
辰申辰午 | 청나라 황제인 강희제(康熙帝)다. 丙甲이 함께 투출하고 재성 癸水가 윤습하고 칠살을 생하여 貴가 있는 명이다. |

| 丁戊戊甲
巳辰辰申 | 반기문 유엔사무총장이다. 비견 戊土는 辰辰 濕土로 윤택한 자리에 앉았고 甲木 칠살이 투출하여 비견을 제화시킨다. 丁火 인수는 甲木 칠살을 인화하고 습을 조절하니 명예가 높다. |

| 丁戊丙癸
巳申辰未 | 일본군에 협조한 왕정위(汪精衛)이다. 火土가 왕한 중에 申辰이 火를 설기하여 좋으나 정관 癸水가 火土에 노출되어 절개를 지키지 못한 것이다. |

4. 三夏戊土
삼하무토

【原文】

四月戊土 陽氣發升 寒氣內藏 外實內虛 不畏火炎 無陽氣相催 萬物不長
사월무토 양기발승 한기내장 외실내허 불외화염 무양기상최 만물부장

故先用甲疏劈 次取丙癸爲佐.
고선용갑소벽 차취병계위좌

　　4[巳]월의 戊土는 양기가 오르려 하는 기세이나 한기는 안에 있어 겉은 충실하나 속은 비었으므로 火의 뜨거움을 두려워하지 않는다. 양기가 서로 재촉하여 (이끄는 것이) 없으면 만물이 자라나지를 못한다. 그러므로 먼저 甲木을 사용하여 쪼개어 소통시켜야 하며 다음으로 丙癸를 취하여 보좌하여야 한다.

【原文】

丙透甲出 廊廟之材 丙癸俱透 科甲之士 卽透一位 支藏得所 終非白丁.
병투갑출 낭묘지재 병계구투 과갑지사 즉투일위 지장득소 종비백정

　　丙火도 투출하고 甲木도 투출하면 조정의 재목이다. 丙癸가 함께 투

출하면 과거에 합격하는 선비이다. 투출한 것이 하나만 있고 나머지는 지장간에서 제자리를 얻어도 끝내 일반 사람은 아니다.

【原文】

若一派丙火 爲火炎土燥 僧道之流 得一癸透壬藏 功名有准 或支藏癸
약일파병화 위화염토조 승도지류 득일계투임장 공명유준 혹지장계
衣食充足 但骨肉多刑.
의식충족 단골육다형

만약 한 무리의 丙火라면 火는 뜨겁고 土는 건조한 것이니 스님이나 도사의 무리이다. 하나의 癸水가 투출하고 壬水가 암장됨을 얻으면 공명을 이룸이 정확하다. 혹은 지지에 癸水가 있어도 먹고사는 것은 충분하겠지만 단지 골육들은 어려움이 많다.

【原文】

化合成局無破 富貴非輕.
화합성국무파 부귀비경

화합되어 국을 이루고 파괴되지 않으면 부귀가 적지는 않다.

【原文】

或支成金局 干出癸水 此爲奇格 正是土潤金生 卽不爲桃浪之客[26]
혹지성금국 간출계수 차위기격 정시토윤금생 즉불위도랑지객
定有異路恩榮.
정유이로은영

---

[26] 도랑지객(桃浪之客) : 복숭아 꽃이 피는 시절인 봄의 과거에 합격한 사람.

혹 지지에서 金局을 이루고 천간에 癸水가 투출하면 이는 기이한 격국이다. 정히 이는 土가 윤택하여 金을 생할 수 있는 것이니 봄 과거에 합격하지 않더라도, 즉 반드시 과거에 급제하지 않아도 다른 길로 조정의 은혜와 영화가 있다.

【原文】

此用癸水 金妻水子.
차 용 계 수 금 처 수 자

癸水를 사용하면 金이 처이고 水가 자식이다.

【原文】

丙戊癸辛　　化合逢時 名重玉堂[27].
辰午巳亥　　화 합 봉 시 명 중 옥 당

戊癸가 화합하는 시절을 만났으니 한림원에서 명성이 무겁다

丁戊丁癸　　癸水雖出年干 乏甲疏土 秀才而已.
巳午巳丑　　계 수 수 출 년 간 핍 갑 소 토 수 재 이 이

癸水가 연간으로 투출하였으나 甲木이 없어 土를 소통시키지 못하니 수재일 뿐이다.

---

27) 옥당(玉堂) : ① 한대(漢代)의 학자들이 있던 관청이름. ② 송대 이후 한림원(翰林院)의 다른 이름.

◎ 역자 첨

| 甲戊癸辛
寅辰巳未 | 전 공안검사 정명래(鄭明來)다. 甲木 칠살이 투출하고 癸水와 辛金이 식재관을 이루어 귀격이다. |

| 丙戊癸辛
辰申巳酉 | 행정고시 합격자다. 예컨대, 丙癸가 함께 투출하면 과거에 급제하는 선비라 하였다. |

| 丙戊乙丁
辰寅巳未 | 여류 변호사다. 丙火와 乙木이 투출하고 辰에 癸水가 암장되었다. |

| 庚戊乙丁
申申巳酉 | 응용미술 전공을 살리지 못한 여성이다. 비록 巳月에 득령하고 丁火가 투출하였으나 巳酉합이 되고 식상 金이 태과하다. 중년에 들며 대운이 서북방으로 향하여 미국 생활을 접고 귀국하였으나 생활과 건강이 힘들다. |

【原文】

五月戊土 仲夏火炎 先看壬水 次取甲木 丙火酌用 用癸力微.
오월무토 중하화염 선간임수 차취갑목 병화작용 용계역미

5[午]월의 戊土는 한 여름철이니 火가 뜨겁다. 먼저 壬水를 보아야 하고 다음의 甲木을 취하고 丙火는 적당히 사용한다. 癸水를 사용하면 그 힘이 약하여 미흡하다.

【原文】

壬甲兩透 名君臣慶會 自然桃浪先聲 權高位顯 又得辛透年干 官居一品
임갑양투 명군신경회 자연도랑선성 권고위현 우득신투년간 관거일품
一命 辛未戊午戊寅壬子 壬甲兩透 印旺殺高 出將入相 名播四夷.
일명 신미무오무인임자 임갑양투 인왕살고 출장입상 명파사이

　　壬甲이 함께 투출하면 이름하여 군신이 함께 즐거운 것이니 스스로 봄 과거에 빠르게 합격하며 권세는 높고 직위도 드러난다. 다시 辛金이 연간으로 투출하면 관직이 일품에 머무른다.

　　하나의 명조가 $\substack{壬戊辛 \\ 子寅午未}$ 이라면 壬甲이 함께 투출하고 인성은 왕성하고 칠살도 왕하니 밖에서는 장군이요 안에서는 승상이며, 이름이 사방으로 퍼진다.

【原文】

若支成火局 卽透癸水 不能大濟 是一杯水難濟車薪火也 人命合此
약지성화국 즉투계수 불능대제 시일배수난제거신화야 인명합차
卽好學不倦 亦不能成名 且主目疾 若得壬水出干 卽此非比.
즉호학불권 역불능성명 차주목질 약득임수출간 즉차비비

　　만약 지지에서 火局을 이루고 곧 癸水가 투출하였다면 능히 크게 구제받지 못한다. 이는 한 잔의 물로 한 수레 만큼의 땔나무에 붙은 불과 같은 것을 끄지 못하기 때문이다. 사람의 운명이 이와 같다면 공부를 좋아하여 게을리하지 않으나 이름을 이루기가 역시 어려우며 안과 질환이 있다. 만약 壬水가 천간에 투출함을 얻으면 곧 이러한 바와는 비교할 수가 없다.

【原文】

又或土木重重 全無滴水 僧道孤貧之輩.
우혹토목중중 전무적수 승도고빈지배

또 혹은 土木이 거듭 있고 한 방울의 물도 없다면 스님이나 도사로서 외롭고 가난한 무리이다.

【原文】

用壬者 金妻水子.
용임자 금처수자

壬水를 사용하면 金이 처이고 水가 자식이다.

◎ 역자 첨

| 癸戊壬庚
丑子午寅 | 기술직 공무원이다. 庚壬癸 식신과 재성이 투출하였고 寅中 甲木을 암장했다. |

| 己戊丙壬
未子午子 | 무역업자다. 壬水가 투간하고 年과 日支의 子水에 통근하였다. 대운이 용신 서북방으로 향하였다. |

| 乙戊庚甲
卯申午申 | 육군 장교, 기업체 전무를 역임했다. 甲乙이 투간하여 관살혼잡이나 庚이 甲칠살을 제하고 申 중 壬水를 암장했다. |

| 壬戌 丙 壬 | 부모의 이혼으로 가족이 흩어졌다. 火土가 왕하여 子水 |
| 戌 子 午 戌 | 에 뿌리를 둔 壬水를 용신으로 하지만 子午 沖으로 뿌리가 끊기고 水土火가 서로 소통이 안 되고 있다. |

【原文】

六月戊土 遇夏乾枯 先看癸水 次用丙火甲木.
유월무토 우하건고 선간계수 차용병화갑목

6[未]월의 戊土는 여름철의 건조하고 메마름을 만난 것이니 먼저 癸水를 살펴보고 다음에 丙火와 甲木을 사용한다.

【原文】

癸丙兩透 科甲中人 或有癸無丙 見甲可許秀才 無甲略富 或有丙無癸
계병양투 과갑중인 혹유계무병 견갑가허수재 무갑약부 혹유병무계
假道斯文 衣食頗足 或癸透辛出 以刀筆之才 可謀異路 無癸丙者 常人
가도사문 의식파족 혹계투신출 이도필지재 가모이로 무계병자 상인
若又無甲 下賤之輩.
약우무갑 하천지배

癸丙이 함께 투출하면 과거에 합격한다. 혹은 癸水는 있고 丙火가 없어도 甲木을 보게 되면 수재를 허락한다. 甲木이 없다면 잠시로 부자일 뿐이다. 혹은 丙火는 있고 癸水가 없으면 학문이 거짓된 것이나 먹고사는 것만으로 매우 만족할 뿐이다. 혹은 癸水가 투출하고 辛金이 투출하면, 문서를 베끼는 재주로서 과거에 합격하지 못하나 다른 길로 성공은 이룬다. 癸丙이 없는 사람은 평범하다. 만약 다시 甲木도 없다면 하천한 무리들이다.

【原文】

或土多得一甲出 不見庚辛 爲人作事軒昂[28] 性情謹愼[29] 即不顯揚[30]
혹토다득일갑출 불견경신 위인작사현앙 성정근신 즉불현양

亦文章驚世.
역문장경세

혹 土가 많으나 하나의 甲木이 투출함을 얻고, 庚辛을 보지 않으면 사람됨과 하는 일이 뛰어나고 성정이 삼가고 조심스럽다. 벼슬을 휘날리지 못한다 하여도 문장으로 세상을 놀라게 할 것이다.

【原文】

用癸者 金妻水子 用丙者 木妻火子 用甲者 水妻木子.
용계자 금처수자 용병자 목처화자 용갑자 수처목자

癸水를 사용하면 金이 처이고 水가 자식이며 丙火를 사용하면 木이 처이고 火가 자식이며 甲木을 사용하면 水가 처이고 木이 자식이다.

【原文】

癸戊己戊
丑辰未戌

稼穡格 有道全眞.
가색격 유도전진

가색격이다. 도를 가지고 오로지 참되다.

---

28) 현앙(軒昂) : 사물의 기세가 왕성한 모양.
29) 근신(謹愼) : 언행을 삼가고 조심함.
30) 현양(顯揚) : 이름을 높이 드날림.

辛戊己戊　稼穡格 火爲病 水爲藥 狀元 乏子.
酉午未申　　가색격 화위병 수위약 장원 핍자

가색격이다. 火가 병이고 水가 약이다. 장원급제하나 자식이 없다.

丁戊癸庚　假傷官格 學博 子大貴.
巳子未子　　가상관격 학박 자대귀

가상관격이다. 학식이 뛰어나고 자식이 크게 귀하다.

◎ 역자 첨

甲戊己癸　전 국회의원 김은하(金殷夏)다. 36 戊戌년(비견) 낙선, 38
寅戌未亥　庚子년(관성 甲을 극)에 또 낙선, 41 癸卯년(재관)에 당선
　　　　　되었다. 48 庚戌년 甲을 극하여 처가 교통사고로 죽었다.

甲戊乙辛　전 국방장관 유재흥(劉載興)이다. 관살이 혼잡되었으나
寅戌未酉　辛金 식신이 乙木 정관을 극제하여 편관이 맑아져 귀하
　　　　　게 되었다.

丁戊己癸　전직 판사다. 癸水가 酉金의 생을 받으니 메마르지 않게
巳寅未酉　되었고, 일주의 좌하에 寅木 칠살을 쓰니 공명이 있다.

甲戊己癸　전 국회위원 한병기(韓丙起)다. 박정희 전 대통령의 사
寅戌未亥　위였다. 癸水가 투출하여 乙木을 생하니 재생관을 이루
　　　　　어 貴가 있다. 그러나 辛金상관이 정관을 극하여 귀함이
　　　　　오래 가지 못할 명이다.

5. 三秋戊土
삼추무토

【原文】

七月戊土 陽氣漸入 寒氣漸出 先丙後癸 甲木次之.
칠월무토 양기점입 한기점출 선병후계 갑목차지

7[申]월의 戊土는 양기가 점차 들어가고 한기가 점차 나오는 시절이니 먼저 丙火를, 뒤에 癸水를 사용하며 甲木은 그 다음이다.

【原文】

丙癸甲透者 富貴極品 癸藏丙透 不僅秀才 丙甲兩透 癸水會局藏辰
병계갑투자 부귀극품 계장병투 불근수재 병갑양투 계수회국장진
亦不失富貴 無丙得癸甲透 此人淸雅 家富千金 無癸甲者 常人 有丙
역부실부귀 무병득계갑투 차인청아 가부천금 무계갑자 상인 유병
火妻賢子肖 若丙甲癸三者俱無 下流之命.
화처현자초 약병갑계삼자구무 하류지명

丙癸甲이 투출하면 부귀가 최고이다. 癸水는 암장하고 丙火가 투출하면 공부만 하는 사람에 불과하다. 丙甲이 함께 투출하고 癸水는 局으로 모여 辰土가 있으면 역시 부귀는 잃지 않겠다. 丙火는 없고 癸水를 얻고

甲木이 투출하면 이 사람은 맑고 우아하여 집안의 재산이 많다. 癸甲이 없으면 평범한 사람이다. 丙火가 있으면 처는 어질고 자식은 훌륭하다. 만약 丙甲癸 셋이 모두 없으면 하천한 운명이다.

【原文】

或支成水局 休作棄命從才 宜取甲洩之 甲透者稍有富貴 用神妻子仝前.
혹지성수국 휴작기명종재 의취갑설지 갑투자초유부귀 용신처자동전

혹 지지에서 水局을 이루면 기명종재격을 이루지 못한다. 마땅히 甲木을 취하여 水를 설기하여야 한다. 甲木이 투출한 사람은 잠시 부귀가 있다. 용신과 처자식은 앞의 내용과 같다.

【原文】

戊戊戊壬　　太守[31].
午戌申寅　　태 수

벼슬이 태수이다.

癸戊甲庚　　先貧後富 多子.
丑寅申寅　　선 빈 후 부 다 자

어려서는 가난하였으나, 뒤에 부자가 되었고 자식도 많았다.

---

31) 태수(太守) : 한대(漢代)의 군(郡)의 지방장관.

| 丙戊丙辛 |
| 辰子申酉 |

句陳得位 用時上丙火 天師.
구 진 득 위 용 시 상 병 화 천 사

방위의 중앙신인 구진(句陳:土神)[32]인 戊土가 자리를 잡고 시상에 丙火를 사용하니 세상에 스승임을 자칭한다.

◎ 역자첨

| 戊戊壬己 |
| 午子申卯 |

안중근(安重根) 의사다. 편재격에 午火 양인이 용신이다. 천간으로 비겁이 투출하고 午火 양인이 子午충되어 불의를 참지 못한다. 30. 己巳大運 己酉년(상관)에 이토히로부미(伊藤博文)를 처형하였다.

| 丁戊壬己 |
| 巳辰申亥 |

전 국무총리 장면(張勉)이다. 壬水가 투출한 중 亥 중 甲木, 巳 중 丙火를 암장했다.

| 丙戊庚癸 |
| 辰午申酉 |

K대 총장을 역임했다. 예컨대 丙癸가 함께 투출하면 과거에 급제한다고 하였다.

| 丙戊戊丁 |
| 辰申申巳 |

전 국회의원이다. 丙火가 투출하고 辰에 癸水를 암장했다.

---

32) 구진(句陳) : 오방(五方)을 지키는 여섯 신으로 동의 청룡(靑龍), 서의 백호(白虎), 남의 주작(朱雀), 북의 현무(玄武), 중앙의 구진(句陳)과 등사(螣蛇)가 있으며, 구진은 등사와 더불어 방위(方位)의 중앙(中央)을 지키는 신령(神靈).

丁 戊 戊 丁	LG회장 구인회(具仁會)다. 인성과 비견이 투출하니 申金
巳 申 申 未	식신이 용신이며, 용신 속에 편재 壬水가 저장되어 있어
	富를 이루었다.

甲 戊 庚 戊	전 영화배우 김승호(金勝鎬)다. 식신 庚金이 투출하여 식
寅 戌 申 午	신격이다. 칠살 甲木을 제살하는 중 寅午戌 火局을 이루
	니 申 중 壬水가 용신이다. 대운이 서북방으로 향하여 명
	배우가 되었다.

| 戊 戊 丙 辛 | 성형외과 의사다. 申月의 戊土 日主가 신약하지 않다. 丑 |
| 午 戌 申 丑 | 중 癸水를 암장하고 丙火가 투출하여 귀하게 되었다. |

【原文】

八月戊土 金洩身寒 賴丙照暖 喜水滋潤 先丙後癸 不必木疏.
팔월무토 금설신한 뇌병조난 희수자윤 선병후계 불필목소

8[酉]월의 戊土는 金이 설기하며 일주도 추우므로 丙火를 의뢰하여 따뜻함을 비추어야 하고 水의 윤택하고 번식하게 함을 기쁘게 생각한다. 먼저 丙火이고, 뒤에 癸水이다. 木이 소통함을 그다지 필요하지 않다.

【原文】

丙癸兩透 科甲中人 丙透癸藏 可許入泮 癸透丙藏 納資得官 若丙藏
병계양투 과갑중인 병투계장 가허입반 계투병장 납자득관 약병장
又無癸 卽多不透 此皆常人 癸丙全無 奔流之客.
우무계 즉다불투 차개상인 계병전무 분류지객

丙癸가 함께 투출하면 과거에 급제한 사람 중의 한명이다. 丙火가 투출하고 癸水가 암장되면 국립대학교에 들어감을 허락한다. 癸水가 투출하고 丙火가 암장되면 재물을 헌납하여 관직을 얻는다. 만약 丙火가 암장되고 또 癸水가 없는데 이것이 많더라도 투출하지 않으면 이 사람들은 모두 평범하다. 癸丙이 모두 없다면 바쁘게만 이리저리 흘러다니는 사람이다.

【原文】

或四柱皆辛 無丙丁 此名傷官格 爲人淸秀 卽不能拾芥[33] 亦可武庠
혹사주개신 무병정 차명상관격 위인청수 즉불능습개   역가무상
一見癸水 富而且貴.
일견계수 부이차귀

혹 사주에서 모두 辛金이고 丙丁이 없으면 이는 상관격이다. 사람됨은 맑고 우수하여, 즉 하는 일을 쉽게 성취하는 것은 없지만 또한 무과武科 학교에 들어갈 수 있다. 하나의 癸水를 보면 부자이면서 귀함도 있다.

【原文】

或支成水局 壬癸出干 此命才多身弱 愚懦無能 若天干有比劫 分散才神
혹지성수국 임계출간 차명재다신약 우나무능 약천간유비겁 분산재신
頗言衣食.
파언의식

혹 지지에서 水局을 이루고 壬癸가 천간에 투출하면 이 사주는 재다신약격이므로 어리석고 나약하여 능력이 없다. 만약 천간에서 비겁이

---

33) 습지개(拾地芥) : 땅 위의 티끌을 줍는다는 뜻으로 무엇을 얻기가 아주 쉬움을 비유.

있으면 재물의 신을 나누어 놓으면 먹고사는 데는 지장이 없다.

【原文】

用神妻子同前 秋土生金極弱 須丙火丁火出干方妙.
용신처자동전 추토생금극약 수병화정화출간방묘

용신과 처자식은 앞의 내용과 같다. 가을의 土는 金을 생하여 극도로 약하니 오로지 丙丁火가 천간에 투출하는 것이 바야흐로 묘한 이치이다.

◎ 역자 첨

| 甲戊乙乙
寅戌酉亥 | 전 법무장관 김법린(金法麟)이다. 관살이 혼잡되었으나 酉金 상관이 제살하였다. 寅(午)戌이 拱挾하여 일간을 돕는다. |

| 丙戊丁丙
辰申酉戌 | 서양화가다. 천간은 丙丁丙火 인수가 나란히 투출하였고 지지는 申酉戌 식신 方局을 이루었으니 秀氣가 빼어나다. |

| 丙戊乙乙
辰申酉酉 | 벤처 사업가다. 丙火와 乙木이 투출하였고 辰에 癸水를 암장하였다. |

| 戊戊乙乙
午辰酉丑 | 미국 8대 명문대 동시합격자 천혜림이다. 戊土 일주는 시지 午火 정인과 비견으로 失令한 중 신왕하다. 월령 酉가 丑辰 濕土와 金을 모으니 秀氣가 빼어나다. 하버드대를 졸업하고 로스쿨로 진학했다. |

| 庚戊丁辛 | 고생하는 여성이다. 金이 왕하여 식상이 태과한 중 丁火 |
| 申辰酉丑 | 가 투간하여 용신이나 일점 통근하지 못했으니 매사가 분주하나 이루어짐이 없는 명이다. |

【原文】

九月戊土當權 不可專用丙 先看甲木 次取癸水 却忌化合 見金先用癸水
구월무토당권 불가전용병 선간갑목 차취계수 각기화합 견금선용계수
後取丙火.
후취병화

9[戌]월의 戊土는 월령을 담당하였으니 전적으로 丙火를 사용함은 불가하다. 먼저 甲木을 살펴보고 다음은 癸水를 취한다. 도리어 화합됨을 꺼리니 물리쳐야 한다. 金을 보면 먼저 癸水를 사용하고 다음에 丙火를 취한다.

【原文】

配合支干 方成有生之土 定發雲程.
배합지간 방성유생지토 정발운정

지지와 천간이 알맞게 되어야 바야흐로 생함이 있는 土를 이룬다. 당연히 출세의 길을 간다.

【原文】

或無丙有癸 不見甲透者 衣衿小富 無癸丙 有甲者 衣食而已 若癸甲全無
혹무병유계 불견갑투자 의금소부 무계병 유갑자 의식이이 약계갑전무

雖有丙火 亦屬平常 或爲僧道.
수유병화 역속평상 혹위승도

혹 丙火는 없고 癸水가 있는데 甲木이 투출함을 보지 못하면 먹고살 만한 부자이다. 癸丙이 없고 甲木이 있다면 먹고사는 데 그칠 것이다. 만약 癸甲이 전부 없고 오로지 丙火만 있으면 역시 평범한 사람이거나 혹은 스님이나 도사이다.

【原文】

或支成水局 壬癸透干 用戊止流 有比透反主富.
혹지성수국 임계투간 용무지류 유비투반주부

혹 지지에서 水局을 이루고 壬癸가 투간하면 戊土를 사용하여 흐름을 막아야 하므로 비견의 투출함이 있으면 오히려 부자이다.

【原文】

支成火局 名土燥 不發.
지성화국 명토조 불발

지지에서 火局을 이루면 이름하여 土가 건조한 것이니 출세가 어렵다.

【原文】

得金水兩透 此人淸高 略可富貴 無水一生困苦 妻子仝前.
득금수양투 차인청고 약가부귀 무수일생곤고 처자동전

金水가 함께 투출함을 얻으면 이 사람은 맑은 기상이 높으나 잠깐 동안의 부귀는 누릴 수 있다. 水가 없으면 일생 동안 곤란하고 괴롭다. 처자식은 앞의 내용과 같다.

【原文】

丙戌甲乙
辰辰戌酉

丙甲出干 孝廉.
병갑출간 효렴

丙甲이 함께 출간하니 효렴孝廉[34]이다.

癸戌庚丁
亥戌戌亥

印多官旺 反得中和 庠生[35] 大富.
인다관왕 반득중화 상생 대부

인성이 많고 관성이 왕하여 오히려 중화되었다. 공부도 잘하는 학생이고, 큰 부자다.

壬戌戌丙
子寅戌戌

丙癸甲皆全 惜未出干 只一貢生.
병계갑개전 석미출간 지일공생

丙癸甲이 모두 있으나 천간에 투출되지 못하여 애석하다. 단지 하급관리이다.

乙戌庚丁
卯寅戌酉

白手興家 大富.
백수흥가 대부

빈 손으로 집안을 일으켜 대부가 되었다.

---

34) 효렴(孝廉) : 한대(漢代)에 덕행이 출중하고 학식이 훌륭한 사람을 지역사회에서 추천하여 발탁한 사람.
35) 상생(庠生) : 생원 수재의 명칭으로 옛날 부(府), 주(州), 현(縣)의 학교에 다니는 학생.

| 己 戊 戊 丙 | **猛虎巡山格 官至少保.**
| 未 辰 戌 子 | 맹호순산격 관지소보

맹호가 산을 순찰하는 격으로 관직이 소보少保[36]에 다다랐다.

◎ 역자 첨

| 癸 戊 壬 癸 | 동양시멘트 창업주 이정림(李庭林)이다. 재성도 강하나
| 丑 子 戌 丑 | 비견도 강하니 신왕재왕하다.

| 辛 戊 戊 丙 | 가수 남진이다. 戌에서 투간한 辛金이 좌하에 酉金을 두
| 酉 辰 戌 戌 | 고 辰酉合 金局을 이루니 상관이 매우 발달하였다.

| 壬 戊 丙 庚 | 변호사다. 庚丙壬이 투출하여 戊土 일주가 신강하고 식
| 子 申 戌 午 | 신생재가 이루어졌다. 지지는 申子水局으로 윤습하다.

---

[36] 중국에서 태자를 교육하는 사람들로 '태사, 태부, 태보'를 삼공이라 하는데 삼공 밑에서 태자를 교육하는 사람들로 '소사, 소부, 소보'가 있는데 이를 삼고라 한다.

6. 三冬戊土
삼동무토

【原文】

十月戊土 時值小陽 陽氣略出 先用甲木 次取丙火 非甲土不靈 非丙
십월무토 시치소양 양기약출 선용갑목 차취병화 비갑토불령 비병

土不暖 安能發生萬物 甲丙兩出 富貴中人.
토불난 안능발생만물 갑병양출 부귀중인

   10[亥]월의 戊土는 소양을 만드는 때이므로 양기가 조금씩 나온다. 먼저 甲木을 사용하고 다음에 丙火를 취한다. 甲木이 아니면 土가 영험하지 않고 丙火가 아니면 土가 따뜻하지 않으므로 어찌 능히 만물을 생하게 하여 살릴 수가 있는가? 甲丙이 함께 투출하면 부귀한다.

【原文】

或甲得長生 遇支藏得地之水 一丙高透 亦主身貴揚名 支見庚金 入
혹갑득장생 우지장득지지수 일병고투 역주신귀양명 지견경금 입

泮而已.
반이이

   혹 甲木이 장생을 얻고, 지장간에 水를 얻어 만나면서 하나의 丙火가

높게 투출하면 역시 몸은 귀하고 이름을 떨친다. 지지에서 庚金을 보면 국립대학교에 입학한다.

【原文】

若不見庚金 甲木藏支 丙火高透 科甲有之 若有庚 丁出制 必異路功名
약불견경금 갑목장지 병화고투 과갑유지 약유경 정출제 필이로공명
或爲典吏.
혹위전리

만약 庚金을 보지 못하는데 甲木이 지지에 숨어 있고 丙火가 높게 투출하면 과거에 합격함이 있다. 만약 庚金이 있으나 丁火가 투출하여 극제하면 필히 과거에 합격함이 없이 다른길로 출세하거나 하급관리이다.

【原文】

卽庚丁不透 甲丙藏支 亦云富貴.
즉경정불투 갑병장지 역운부귀

즉 庚丁이 투출하지 않고 甲丙이 지장간에 감추어져 있어도 역시 부귀하다고 할 수 있다.

【原文】

壬透得戊救丙 主富中取貴 丙甲俱無 必爲僧道.
임투득무구병 주부중취귀 병갑구무 필위승도

壬水가 투출하나 戊土를 얻어 丙火를 구한다면 이 사람은 부자로서 귀함을 취하기도 한다. 丙甲이 모두 없으면 필히 스님이거나 도사이다.

【原文】

戊戊癸癸
午辰亥亥

羊刃駕殺格 府尹.
양인가살격 부윤

양인가살격으로 관직이 부윤府尹[37]이다.

庚戊辛壬
申寅亥申

此歸祿格 四柱見金 火運大發.
차귀록격 사주견금 화운대발

이는 귀록격으로 사주에서 金을 보았으니 火運에 크게 출세한다.

丙戊丁乙
辰戌亥卯

食神生才格 兩榜.
식신생재격 양방

식신생재격[38]으로 과거에 두 번(兩榜: 진사, 향시)이나 합격하였다.

---

37) 부윤(府尹) : 한 부(府)의 행정(行政) 사무를 맡아 보던 으뜸 벼슬.
38) 식신이 없으니 식신생재격은 무리라는 생각이다. 재생관이 유력하다는 게 필자의 소견이다.

◎ 역자 첨

| 丁戊辛丁
巳子亥酉 | 고승덕 변호사다. 辛金 상관과 두 丁火가 투출하여 傷官佩印을 이루니 비상한 두뇌를 소유했다. 갑병이 암장되어 있어도 부귀는 있다 하였는데 亥 中 甲木, 巳 中 丙火가 암장되어 있다. 그러나 지지에 水가 왕한데 戊甲丙이 투출은 없으니 대귀를 얻지는 못하는 것이다. |

| 丙戊辛丁
辰戌亥酉 | 기악과 여성 교수다. 丙丁火가 투출하여 상관패인을 하였다. 지지 辰戌土가 일간을 도우니 귀를 얻게 되었다. 위 사주와 다른 점이다. |

| 戊戊癸癸
午申亥亥 | 여성 변호사다. 水가 왕한 중 戊土가 투출하였고 午火의 생을 받는다. 甲木은 亥 중에 암장되어 있다. |

| 癸戊己辛
亥戌亥酉 | 스포츠 의류 사업가다. 초년은 여러모로 어려움을 겪다가 火운을 만나면서 사업에 기회를 잡았다. 소비가 많은 단점을 가지고 있다. |

【原文】

十一二月嚴寒冰凍 丙火爲尊 甲木爲佐 丙甲兩透 桃浪之人 丙出甲藏
십일이월엄한빙동 병화위존 갑목위좌 병갑양투 도랑지인 병출갑장
採芹食餼 丙藏甲出 佐雜前程 有丙無甲者 豪富 有甲無丙者 淸貧 丙甲
채근식희 병장갑출 좌잡전정 유병무갑자 호부 유갑무병자 청빈 병갑
全無 下流之造.
전무 하류지조

11월 12월[子丑]은 날씨가 너무 추워 戊土가 꽁꽁 얼었으니 丙火가

존귀하며 甲木이 보좌해야 한다. 丙甲이 함께 투출하면 과거에 급제한 사람이다. 丙火가 투출하고 甲木이 암장되면 학식이 많아 먹고살 만하다. 丙火가 암장되고 甲木이 투출하면 앞길이 잡무를 도와주는 하급관리이다. 丙火는 있고 甲木이 없으면 뛰어난 부자이다. 丙甲이 전혀 없으면 하천한 사람의 명조이다.

【原文】

或一派丙火 加以丙透 運值火土 弱中復强 又一壬透干 主淸高榮祿 乏壬
혹일파병화 가이병투 운치화토 약중부강 우일임투간 주청고영록 핍임

僧道孤寒.
승도고한

혹 한 무리의 丙火가 있는데 丙火가 투출하여 가세하고 행운에서 火土를 만나면 약한 가운데 다시 강해진 것이다. 또 하나의 壬水가 투간하면 이 사람은 맑고 높은 기개로 영화로운 벼슬이다. 壬水가 약하면 스님이거나 도사로서 고독하여 쓸쓸하다.

【原文】

或一派水土寒滯 不見一丙 得一癸透月時 亦不失儒雅風流.
혹일파수토한체 불견일병 득일계투월시 역부실유아풍류

혹 한 무리의 水土가 차가운데 막혀 있으면서 하나의 丙火라도 보지 못하고 하나의 癸水의 투출함을 월시에서 얻었다면 역시 유학자로서의 아름다움과 풍류를 잃지는 않는다.

【原文】

或一派壬水 不見比劫 可作從才而論 卽有比劫 得甲出干 又主富貴 若
혹일파임수 불견비겁 가작종재이론 즉유비겁 득갑출간 우주부귀 약

寒土無丙 雖有甲木 亦是內虛外實之人.
한토무병 수유갑목 역시내허외실지인

혹 한 무리의 壬水가 비겁을 보지 않으면 종재격이라 할 수 있다. 곧 비겁이 있고 甲木의 천간에 투출함을 얻으면 또한 부귀한다. 만약 추운 土가 丙火가 없는데 비록 甲木이 있어도 역시 속은 비고 겉은 충실한 체 하는 사람이다.

【原文】

或二癸透月時 名爲爭合 終屬勞碌之人 得一己出干制癸 反爲忠義之士
혹이계투월시 명위쟁합 종속노록지인 득일기출간제계 반위충의지사

舍己從人而論.
사기종인이론

혹 두 개의 癸水가 월시에 투출하면 이름하여 쟁합爭合이라 하여 끝내 고생만 하는 사람의 부류이다. 하나의 己土를 얻어 출간하여 癸水를 극제하면 반대로 충직하고 의리있는 선비이므로 자기를 버리고 세상의 이치를 따르는 사람이라 한다.

【原文】

年月透辛金者 又屬土金傷官 異路功名可許 以金爲妻 水爲子.
년월투신금자 우속토금상관 이로공명가허 이금위처 수위자

연월에 辛金이 투출한 사람은 또한 土金상관격에 속한다. 과거에 급제하지 않고도 다른 길로 공명을 이룩함을 허락한다. 金이 처이고 水가 자식이다.

【原文】

壬戊壬壬
子子子子

從才格 太史.
_{종재격 태사}

종재격이며 관직이 태사太史³⁹⁾이다.

癸戊乙癸
丑申丑卯

四柱無火 喜戊癸合化 申宮壬水輔陽 按察.
_{사주무화 희무계합화 신궁임수보양 안찰}

사주에 火가 없으나 기쁘게도 戊癸가 합화하고 申宮 壬水가 양기陽氣를 보좌하니 관직이 안찰이다.

戊戊甲戊
午辰子寅

甲出丙藏 又戊多晦光 好客 一生貧苦.
_{갑출병장 우무다회광 호객 일생빈고}

甲木이 투출하나 丙火가 암장되고 또 戊土가 많아 丙火가 어두워져서 손님을 좋아하면서 일생이 가난하고 괴로웠다.

---

39) 태사(太史) : 옛날 중국에서 기록(記錄)을 맡아보던 관리.

◎ 역자 첨

| 戊戊壬戊
午午子子 | 독립군 출신으로 국방장관을 지낸 이범석(李範奭)이다. 子月 壬水가 투출하여 편재격으로 신왕하고 재왕한 귀격이 되었다. |

| 丙戊甲癸
辰寅子丑 | 여성 판사다. 丙火와 甲木이 투출하여 살인상생을 이루는 귀격이다. |

| 戊戊戊庚
午申子申 | 한국화약 창업주 김종철(金鍾哲)이다. 子月에 庚申金이 설기하여 신약하다. 그러나 3戊土가 시지 午火 羊刃에 통근하였고 대운이 동남방으로 향하게 되자 부를 이루었다. |

| 丙戊甲癸
辰申子未 | 일본 총리 도조 히데키(東條英機)다. 태평양 전쟁을 일으킨 전범으로 사형되었다. 丙甲癸가 나란히 투출하여 격을 이루었다. 다만 지지가 申子辰 水局을 이루어 결국 土流된 것이 아닌가 한다. |

| 甲戊癸壬
寅子丑戌 | 전 대만 총통 이등휘(李登輝)다. 신강하고 칠살도 강하다. 戊癸합으로 불씨를 만들고 寅 중 丙火를 품고 있는 중에 대운이 동남방으로 향하여 부귀하게 되었다. |

| 甲戊辛辛
寅寅丑卯 | 박근혜 전 대통령이다. "연월에 辛金이 투출한 사람은 土金상관격이라 하여 과거에 급제하지 않고도 공명을 이룩함을 허락한다." 하였다. 그의 사주는 연월에 辛金 상관이 나란히 있어서인지 손쉽게 정치에 입문하여 인기를 얻었고 정상에까지 올랐다. 그러나 대통령직 4년차인 66세 戊申 대운 丙申년 12월에 탄핵소추되었고 67세가 되던 丁酉 상관년 3월 10일 헌법재판소에서 탄핵이 결정되어 대통령직을 상실했다. |

乙戊癸丁
卯寅丑未

치과 의사다. 戊癸합으로 불씨를 살리고 丁火와 乙木이 투출하였다(甲丙은 寅에 암장).

◎ 역자 요약

戊土일주를 요약하면,
- 寅月에 丙甲癸가 필요하다. 丙火는 조후이고 甲木은 소토하고 癸水는 윤택하게 한다. 셋은 불가결하다. 먼저 丙火이고, 뒤에 甲木 그 다음이 癸水이다.
- 卯月은 丙甲癸가 필요하다. 1월과 같다.
- 辰月은 甲丙癸가 필요하다. 戊土가 사령하니 먼저 甲木이 소토하고, 다음이 丙火, 그 다음이 癸水이다.
- 巳月은 甲丙癸가 필요하다. 戊土가 건록이니 먼저 甲木으로 쪼개어 소통시키고, 다음에 丙癸를 취한다.
- 午月은 壬甲丙이 필요하다. 조후가 시급하니 먼저 壬水를 사용하고, 다음에 甲木과 丙火를 적당히 사용한다.
- 未月은 癸丙甲이 필요하다. 조후가 위급하니 癸水는 없으면 안 된다. 丙火는 적당히 사용하고, 土가 많으면 甲木이 없어서는 안 된다.
- 申月은 丙癸甲이 필요하다. 한기가 점차 증가하니 먼저 丙火이고, 뒤에 癸水이다. 水가 많으면 甲木을 사용하여 설기한다.
- 酉月은 丙癸가 필요하다. 金이 설기하여 土는 차가우니 丙火가 따뜻하게 비추어야 하고 癸水가 윤택하게 함을 기뻐한다.
- 戌月은 甲丙癸가 필요하다. 먼저 甲木을 사용하고, 뒤에 丙火이다. 金을 보면 먼저 癸水를 사용하고, 다음이 丙火이다.
- 亥月은 甲丙이 필요하다. 甲木이 없으면 土가 영험하지 않고, 丙火가 없으면 土가 따뜻하지 않다.
- 子月은 丙甲이 필요하다. 丙火를 숭상하고, 甲木이 도와야 한다.
- 丑月은 丙甲이 필요하다. 丙火를 숭상하고, 甲木이 도와야 한다.

7. 三春己土
삼춘기토

【原文】

正月己土 田園猶凍 蓋因臘氣未除 餘寒未退 故丙爲尊 得丙照暖 萬物
정월기토 전원유동 개인납기미제 여한미퇴 고병위존 득병조난 만물

自生 忌見壬水 反爲己病 何也 壬乃江湖之水 湖水一發 則田園洗蕩 變
자생 기견임수 반위기병 하야 임내강호지수 호수일발 즉전원세탕 변

爲沙土 而根枯盡沒矣 須戊作堤 以保園圃 壬多要見戊制 有戊出干者
위사토 이근고진몰의 수무작제 이보원포 임다요견무제 유무출간자

定主玉堂金馬 若乏制戊 必屬平常.
정주옥당금마 약핍제무 필속평상

1[寅]월 己土는 전원마저도 얼어붙어 있다. 그것은 지난 섣달의 한기가 아직도 제거되지 않아 추운 기운이 물러나지 않고 있어서이다. 그러므로 丙火가 존귀하다. 丙火의 따뜻한 비추임을 얻으면 만물이 스스로 자란다. 꺼리는 것은 壬水를 보는 것이니 己土일주의 病이 된다. 왜냐하면 壬水는 강물이나 호수의 물이니 호수가 한 번 움직이면 곧 전원의 土를 씻은 듯이 쓸어버리니 변하여 모래땅이 되므로 뿌리가 시들어 모두 없어지기 때문이다. 오로지 戊土가 제방을 쌓아야 과실나무와 채소를 심는 밭을 보호할 수 있다. 壬水가 많으면 戊土로써 극제함을 보는 것이

필요하다. 戊土가 있어 출간하면 이 사람은 반드시 옥당(한림원)에서 벼슬한다. 만약 戊土의 극제함이 약하면 필히 평범한 사람에 속한다.

【原文】

或一派甲木 有庚出干 加以癸丙齊透 配得中和 亦名利雙全.
혹일파갑목 유경출간 가이계병제투 배득중화 역명리쌍전

혹 한 무리의 甲木을 보고 庚金이 있어 천간에 투출하면 癸丙이 가세하여 함께 투출하면 배합이 중화를 얻은 것이니 또한 명성과 이익됨이 함께 완전하다.

【原文】

卽丙生寅月 庚透天干 亦有俊秀.
즉병생인월 경투천간 역유준수

곧 1월이면 寅 중 丙火가 생하는 것이니 庚金이 천간으로 투출하면 역시 뛰어나고 빼어난 인물이다.

【原文】

若甲多無庚 殘疾廢人 宜用丁洩.
약 갑다무경 잔질폐인 의용정설

만약 甲木은 많은데 庚金이 없으면 잔병치레로 몸이 이지러진 쓸모없는 인간이다. 의당히 丁火로서 甲木을 설기하는 것이 용신이다.

【原文】

或一派火 卽不見水無碍 何也 正月己土寒濕 必丙燥暖 反主厚祿 加一
혹일파화 즉불견수무애 하야 정월기토한습 필병조난 반주후록 가일
癸透 科甲自然 戊透 反作常人.
계투 과갑자연 무투 반작상인

혹 한 무리의 火(를 보았는데) 곧 水를 보지 않아도 장애가 없다. 왜일까? 1월의 己土는 춥고 습하여 필히 丙火가 따뜻하게 건조하면 오히려 이 사람은 두터운 벼슬을 한다. 하나의 癸水가 가세하여 투출하면 과거에 급제함이 당연하다. 戊土가 투출하면 오히려 평범한 사람이 된다.

【原文】

或一派戊土 有甲出制 又主榮顯 如見乙出 雖多不能疏土 且乙多者奸
혹일파무토 유갑출제 우주영현 여견을출 수다불능소토 차을다자간
詐小人.
사 소 인

혹 한 무리의 戊土가 있어도 甲木이 있어 투출하여 극제하면 또한 영화로움이 환하게 드러난다. 만약 乙木의 투출함을 보면 비록 많더라도 능히 土를 소통할 수가 없으니 乙木이 많은 사람은 간사한 소인배이다.

【原文】

用丙者 木妻火子.
용병자 목처화자

丙火를 사용하면 木이 처이고 火가 자식이다.

◎ 역자 첨

| 丁己甲癸 | 고등학교 국어 교사다. 丁火가 투출하여 甲木을 이끄는
| 卯卯寅卯 | 것이 아름답다. 살중용인격이다.

| 甲己丙己 | 의과대학 내과 교수다. 甲과 丙이 투출하여 관인상생을
| 子巳寅亥 | 이루었다.

| 戊己甲癸 | 평범한 가정주부다. 甲木과 癸水가 투출되었으나 丙火
| 辰酉寅酉 | 는 寅月에 암장되어 투출되지 않았다. 다만 戊土가 투출
| | 되어 평범할 수 있는 것이다.

| 戊己甲癸 | 바둑기사 이세돌이다. 己丑일주가 戊辰 時이고 癸甲이
| 辰丑寅亥 | 투출하여 신왕하고 재관이 왕하다. 寅中 丙火를 암장하
| | 여 내면의 사고가 깊어 바둑기사로 성공하였다.

| 庚己戊庚 | 가수 장윤정이다. 己土일주가 寅午 火局을 이루고 戊土
| 午未寅申 | 가 투출하여 신강하니 金水가 용신이다. 亥子丑 水대운
| | 에 인기를 얻었고, 壬戌대운에 寅午戌 火局을 이루어 모
| | 은 재산이 흩어졌으나 다시 金運에 들자 결혼하고 안정
| | 되게 되었다.

| 癸己丙甲 | 박종금(朴鍾錦) 여사다. 月令에서 丙甲이 투출하여 관인
| 巳酉寅戌 | 상생격이며, 일시로 식신생재가 이루어졌다. 칠갑산 자
| | 락의 고을에서 부잣집 막내딸로 태어났다. 시골학교로
| | 부임한 총각 선생님과 결혼하여 5남매를 낳고 비교적
| | 평화롭게 살아가는 분이다.

己己丙己
巳未寅亥

대기업 중역 출신이다. 丙火가 투출하였고 寅亥合 木으로 재관이 국을 이루었다.

【原文】

二月己土 陽氣漸升 雖禾稼未成 萬物出土 田園未展 先取甲木疏之 忌
이월기토 양기점승 수화가미성 만물출토 전원미전 선취갑목소지 기

合 次取癸水潤之 甲癸出干 定主科甲 加以一丙出透 勢壓百僚 一見壬水
합 차취계수윤지 갑계출간 정주과갑 가이일병출투 세압백료 일견임수

微末官職.
미말관직

2[卯]월 己土는 양기가 점차 오르므로 비록 농사짓는 곡식이 아직 완전하지는 않더라도 만물은 흙에서 나온다. 그러나 아직 전원이 펼쳐지지 않았으니 먼저 甲木을 취하여 土를 소통해야 하므로 합하는 것을 꺼린다. 다음으로 癸水를 취하여 그것[己土]을 윤택하게 한다. 甲癸가 천간에 투출하면 당연히 과거에 합격한다. 하나의 丙火가 가세하여 투출하여 나타나면 그 세력이 수많은 관료들을 압도한다. 壬水를 하나만 보아도 희미하게 맨 끝에 있는 관직이다.

【原文】

或見庚制甲 壬水出干 此劫重重 此必俗子 丙透猶有小富 丙藏衣祿無虧.
혹견경제갑 임수출간 차겁중중 차필속자 병투유유소부 병장의록무휴

혹 庚金을 보아 甲木을 극제하고 壬水가 천간에 투출하면 이는 겁재

의 무리가 많아 이는 반드시 속된 사람이다. 丙火가 투출하면 오히려 작은 부자이고, 丙火가 암장하면 먹고사는 것이 줄어들어 없어진다.

【原文】

或支成木局 庚透富貴 若柱多乙木 乙又屈庚 庚必輸情於乙 不能掃邪
혹지성목국 경투부귀 약주다을목 을우굴경 경필수정어을 불능소사
於正 此必狡詐之徒 運入東南 恐有不測 當用丁洩之 有丁者 小人而已
어정 차필교사지도 운입동남 공유불측 당용정설지 유정자 소인이이
不致無良.
불치무량

혹 지지에서 木局을 이루고 庚金이 투출하면 부귀하다. 만약 사주에 乙木이 많으면 乙木이 또한 庚金을 굴복시켜 庚金은 필히 그 뜻을 乙木에게 보내니 능히 사악한 것을 쓸어버리고 바로 잡음이 안 되니 이는 필히 교활한 사기꾼의 무리이다. 행운이 동남으로 향하면 예측하지 못함을 만날까 두려워하게 된다. 당연히 丁火로써 설기함이 용신이다. 丁火가 있는 사람은 소인으로 마칠 것이나 양심이 없지는 않겠다.

【原文】

無比印 從殺者貴.
무비인 종살자귀

비겁과 인성이 없다면 종살격이니 귀하다.

【原文】

若柱中無甲丙癸者 皆下格 妻子用神全前.
약 주 중 무 갑 병 계 자 개 하 격 처 자 용 신 동 전

만약 사주에서 甲丙癸가 없으면 모두 하격이다. 처자식과 용신은 앞의 내용과 같다.

【原文】

庚己乙癸　　庚金隔位 乙難合庚 群邪自伏 撫軍[40].
午巳卯卯　　경 금 격 위 을 난 합 경 군 사 자 복 무 군

庚金이 떨어져 있어 乙木이 庚金을 합하기 곤란하다. 사악한 무리[乙木]들이 스스로 (庚金에게) 굴복하니 무군撫軍의 벼슬로 각처를 다니며 백성들을 보살폈다. 乙木 칠살의 무리를 굴복시키니 군인으로서 훌륭하였다.

乙己乙癸　　偏官格 巳丑會局 庚不合乙制殺 狀元.
丑巳卯卯　　편 관 격 사 축 회 국 경 불 합 을 제 살 장 원

편관격이다. 巳丑이 金局으로 모이고 庚金이 乙木과 합하지 않아 제살할 수 있어 장원으로 합격하였다.

---

40) 무군(撫軍) : ① 태자(太子)가 임금을 좇아 출정함. ② 군사들을 데리고 여러 곳을 다니며 백성을 돌보는 명·청대의 벼슬.

◎ 역자 첨

| 庚己癸壬 | 편관격이다. 庚金으로 제살하여 군대의 책임자가 되고 |
| 午巳卯午 | 省의 주석이 되었다. 지지에 火가 많아 조열한데 천간의 壬癸水가 火氣를 조절한다. |

| 丙己癸壬 | 외교통상부 차관을 지냈다. 지지 木局에 丙火가 투출하 |
| 寅未卯辰 | 여 살인상생하고 癸水가 윤습하게 하였다. 다만 壬水가 함께 투출하여 차관으로 만족해야 한다. |

| 庚己己乙 | 금호아시아나 그룹 이원태 부회장이다. 乙木 편관이 투 |
| 午丑卯酉 | 출하고 庚金이 제살한다. 시지 午火는 살인상생과 상관 패인의 음덕이 있다. |

| 丙己丁己 | KT 설비기사다. 지지로 亥卯未 木局을 이루니 칠살이 |
| 寅亥卯未 | 태강하다. 金이 없어 제살할 수 없고 丙丁火로 化殺한다. |

【原文】

三月己土 正栽培禾稼之時 先丙後癸 土暖而潤 隨用甲疏 三者俱透天干
삼월기토 정재배화가지시 선병후계 토난이윤 수용갑소 삼자구투천간

必官居黃閣41) 或三者透一 科甲定然 但要得地 却以庚金爲病.
필관거황각   혹삼자투일 과갑정연 단요득지 각이경금위병

3[辰]월의 己土는 바로 곡식을 심고 북돋아 가꾸는 시절이다. 먼저 丙火를, 뒤에 癸水를 사용한다. 土가 따뜻하여 윤택하게 함이니 또 甲木을

---

41) 황각(黃閣) : 재상(宰相)이 집무하는 청사(廳舍)의 문(門)으로 재상을 이름.

이끌어 土를 소통한다. 셋이 모두 투출하면 필히 관직이 머무르는 곳이 재상이다. 혹은 셋 중에 하나라도 투출하면 과거에 합격하는 것이 당연하다. 그러나 지지에서 통근됨을 얻을 필요가 있다. 도리어 庚金이 病이 될 것이다.

【原文】

或有丙甲無癸 亦可致富 但不貴顯 或有癸而無甲丙 亦有衣衿 或有丙
혹유병갑무계 역가치부 단불귀현 혹유계이무갑병 역유의금 혹유병

癸無甲 亦係才人 丙癸全無 流俗之輩.
계무갑 역계재인 병계전무 유속지배

혹 丙甲이 있고, 癸水가 없어도 역시 부자이겠으나 귀함은 드러나지 않는다. 혹은 癸水는 있고 甲丙이 없어도 역시 먹고살 만은 한다. 혹은 丙癸는 있고 甲木이 없으면 재능이 있는 인재라고 할 수 있다. 丙癸가 전부 없으면 세속에서 흘러 다니는 무리이다.

【原文】

或一片乙木 無金制伏 貧而且夭也 妻子仝前.
혹일편을목 무금제복 빈이차요야 처자동전

혹 한 조각의 乙木이 있는데 金이 없어 제복하지 못하면 가난하고 요절한다. 처자식은 앞의 내용과 같다.

【原文】

丙己甲壬　　丙甲癸全 殺旺身强 一品.
寅卯辰子　　병갑계전 살왕신강 일품

丙甲癸가 완전하며 칠살도 왕하고 일주도 신강하여
일품 벼슬이다.

甲己壬辛　　身旺任才 富翁.
子巳辰未　　신왕임재 부옹

신왕하여 재성을 사용할 수 있어 부자이다.

壬己甲壬　　雜氣才官格 狀元.
申卯辰子　　잡기재관격 장원

잡기재관격이다. 장원으로 합격하였다.

◎ 역자첨

丙己壬丙 寅卯辰辰	육군대장 이종찬(李鍾贊)이다. 寅卯辰 木局을 두 丙火가 化殺하였고 壬水가 사주를 윤습하게 하였다.
丙己壬丙 寅亥辰辰	한국일보를 창업하고 경제부총리를 지낸 장기영(張基榮)이다. 위 사주와 일지 한자만 다르다. 위 사주는 일지가 卯木 편관이니 장군이 되었고, 이 사주는 일주가 亥水 정재이니 경제부관리를 역임한 것이 다르다.

戊己壬辛 辰亥辰卯	뜻을 이루지 못한 만년 고시생이다. 사주가 습하고, 甲木과 丙火가 투출하지 못하여 귀를 얻을 수 없다.
乙己甲壬 亥丑辰子	큐레이터 신정아다. 甲木이 투출하여 왕한 土를 제한다. 그러나 지지가 濕한데 壬水가 투출하고 火氣가 일점도 없으니 탁하다. 탁한 명은 속임수와 거짓을 잘하고 음탕한 본성이 있다.

8. 三夏己土
삼하기토

【原文】

三夏己土 雜氣才官 禾稼在田 最喜甘沛 取癸爲要 次用丙火 夏無太陽
삼하기토 잡기재관 화가재전 최희감패 취계위요 차용병화 하무태양

禾稼不長 故無癸曰旱田 無丙曰孤陰.
화가부장 고무계왈한전 무병왈고음

여름의 己土는 잡기재관이다. 곡식이 밭에 있으므로 최고로 좋은 것은 적당하게 비가 오는 것이니 癸水를 취하는 것이 중요하고 다음으로 丙火를 사용한다. 여름의 태양이 없으면 곡식이 자라지를 못한다. 그러므로 癸水가 없는 것을 가뭄이 든 밭이라 하고, 丙火가 없는 것을 축축하고 음습하여 쓸쓸하다 한다.

【原文】

或丙癸兩透 又加辛金生癸 此富貴之格 名水火旣濟 鼎甲之人 却忌戊
혹병계양투 우가신금생계 차부귀지격 명수화기제 정갑지인 각기무

癸化合.
계화합

혹 丙癸가 함께 투출하고, 또한 辛金이 가세하여 癸水를 생하면 이는 부귀한 격이며, 이름하여 水火가 기제旣濟를 이루었다 하여 세상에 훌륭하게 우뚝 솟은 사람이다. 반대로 戊癸가 화합됨을 꺼린다.

【原文】

或有丙無癸 有壬亦可 但不大發.
혹유병무계 유임역가 단불대발

혹 丙火는 있고, 癸水가 없으면 壬水가 있어도 역시 옳으나 크게 출세하지는 못한다.

【原文】

或一派丙火烈土 加以丁火制辛 癸水無根 如七八月之間旱 則苗槁矣
혹일파병화열토 가이정화제신 계수무근 여칠팔월지간한 칙묘고
此命孤苦零丁42) 或有甲木 又見丙火重重 無滴水解炎 亦孤貧到老.
차명고고영정   혹유갑목 우견병화중중 무적수해염 역고빈도노

혹 한 무리의 丙火가 있어 土가 뜨거워졌는데 丁火가 가세하여 辛金을 극제하면서 癸水가 통근이 없다면 이러한 7, 8월의 己土는 메마른 것이니 곧 싹이 메마르므로 이러한 사주는 고달프고 괴롭고 이루는 것이 없다. 혹은 甲木이 있고 또다시 丙火의 거듭함을 보면 한 방울의 물로 뜨거움을 해소하지 못하니 역시 괴롭고 가난하기가 늙을 때까지 이어진다.

---

42) 영정(零丁) : 실의(失意)하고 고독한 모양.

【原文】

如有壬水 又見庚辛 此又不作孤看 但恐目疾 心腎肝臟之災 若壬水有
여유임수 우견경신 차우부작고간 단공목질 심신간장지재 약임수유

根 辛金得地 又非此而論 或壬癸並出 破火潤土 此人聰穎特達 富中取貴
근 신금득지 우비차이론 혹임계병출 파화윤토 차인총영특달 부중취귀

又轉禍爲福也.
우 전화위복야

만약에 壬水가 있고 또다시 庚辛을 보면 이는 외롭다고 보지 않는다. 그러나 안과의 질환이 두렵고 심장과 신장과 간장에 재난이 있다. 만약 壬水의 통근이 있고 辛金이 지지에서 통근하면 또한 이 이론으로 논하지 않는다. 혹은 壬癸가 나란히 투출하여 火를 파괴하여 土를 윤택하게 하면 이 사람은 총명함이 뛰어나 출세가 특별하여 부자이면서 귀함을 취하고 모든 문제가 전화위복되어 근심걱정이 없다.

【原文】

用癸者 金妻水子 用丙者 木妻火子.
용계자 금처수자 용병자 목처화자

癸水를 사용하면 金이 처이고 水가 자식이며 丙火를 사용하면 木이 처이고 火가 자식이다.

【原文】

戊己己己　　此命大富 己生初夏 戊己多 得三庚生癸 故妙.
辰巳巳巳　　차명대부 기생초하 무기다 득삼경생계 고묘

이 사람은 큰 부자이다. 己土가 4월에 출생하여 戊己가 많으나 세 庚金이 癸水를 생하니 묘한 사주이다.

辛己辛乙　　金多洩土 旱而乏水 專用胎元.
未巳巳巳　　금다설토 한이핍수 전용태원

金이 많아 土를 설기하니 메마른 己土가 水가 없어 전적으로 용신이 태원 壬水이다.

庚己辛乙　　辛生丑宮 不爲旱田 位至方伯.
午巳巳丑　　신생축궁 불위한전 위지방백

辛金이 丑 중 辛金에서 생하니 메마른 밭이 아니다. 벼슬이 방백方伯[43]에 다다랐다.

乙己癸丙　　丙癸俱全 才旺生扶 一品夫人.
亥亥巳申　　병계구전 재왕생부 일품부인
(坤)
곤

丙癸가 함께 두출하고 재성이 왕하여 관성을 생하고 도우니 일품의 부인이다.

---

43) 방백(方伯) : 관찰사로 지방 관리나 수령을 말함.

◎ 역자 첨

| 戊己癸丙 | 피아니스트 백건우다. 丙火와 戊土가 투출하여 신강하 |
| 辰酉巳戌 | 다. 癸水가 투출하였고 巳酉, 辰酉로 金을 모으니 食傷局 이 되어 예술가로 성공하였다. |

| 己己丁戊 | 탈북여성으로, 2002 壬午년 남한으로 넘어와 결혼 후 |
| 巳丑巳午 | 아이를 낳고 잘 살고 있다. 火土가 왕한 중 巳酉 金局을 이루어 설기한다. |

| 癸己戊戊 | 국회의원과 문교부장관을 역임한 민관식(閔寬植)이다. 戊 |
| 酉丑午午 | 午가 거듭 있으나 지지 午丑酉로 연속 상생하는 동시 酉 丑 金局을 이루어 癸水를 생하니 식신생재가 유여하다. |

| 乙己丙壬 | 전 국회의원과 야당 당수를 지낸 이철승(李哲承)이다. 乙 |
| 亥酉午戌 | 丙壬 財官印이 모두 투출하였고 지지가 받쳐주니 명성 을 얻었다. |

| 辛己丙丁 | 남성 미용사다. 사주 전체가 火로 燥炎하다. 辛金은 火氣를 |
| 未未午未 | 감당할 수 없으니 火勢를 따라 從해야 한다. 종강격이다. |

| 乙己乙辛 | 청나라 태종(太宗)이다. 丑 중 癸水로 윤습하고 身旺 殺旺 |
| 丑丑未卯 | 하다. 辛이 하나의 乙木 칠살을 제하니 살이 맑아져 귀하 게 되었다. |

| 丙己癸庚 | 경제신문 논설위원이다. 丙火와 癸水가 투출하고 庚金 |
| 寅酉未寅 | 이 癸水를 생하여 윤습하다. |

| 丙己癸乙 | 이혼과 재혼을 거듭하며 힘들게 살아가는 여성이다. 癸 |
| 寅巳未巳 | 水가 투출하였으나 생해줄 金이 없고 지지는 火局을 이 루었으니 水가 고갈되었다. |

9. 三秋己土
삼추기토

【原文】

三秋己土 萬物收藏之際 外虛內實 寒氣漸升 須丙火溫之 癸水潤之 不
삼추기토 만물수장지제 외허내실 한기점승 수병화온지 계수윤지 불
特此也 且癸能洩金 丙能制金 補土精神 則秋生之物咸茂矣 癸先丙後.
특차야 차계능설금 병능제금 보토정신 즉추생지물함무의 계선병후

가을에 己土는 만물을 거두고 갈무리 하는 시절이므로 겉은 허약하고 안은 충실하나 한기는 점차 올라 추워지니 오로지 丙火가 따뜻하게 하고 癸水가 윤습하게 하여도 특별한 것이 아니다. 이러므로 癸水는 능히 金을 설기하고 丙火는 능히 金을 극제하여 土의 정신을 돕는다. 이리하여 가을에 태어난 물질은 모두 잘 자라게 된다.

【原文】

丙癸兩透 雁塔題名 或無癸 有兩丙透者 異途顯達 或武職權高 或有丙火
병계양투 안탑제명 혹무계 유양병투자 이도현달 혹무직권고 혹유병화
不見壬癸 爲假道斯文 終無誠實 或有壬癸無丙者 衣食充足 才能而已.
불견임계 위가도사문 종무성실 혹유임계무병자 의식충족 재능이이

丙癸가 함께 투출하면 과거에 이름을 올린다. 혹은 癸水가 없고 두 개의 丙火가 투출하면 과거에 급제함이 없이 다른 길로 출세하며, 혹은 무관으로 권세가 높다. 혹은 丙火가 있으나 壬癸를 보지 못하면 학문이 거짓된 것이니 끝내 성실함이 없다. 혹은 壬癸는 있는데 丙火가 없으면 먹고사는 데는 부족함이 없는 재능만 있을 뿐이다.

【原文】

或支成金局 癸透有根 此人家畜萬緡 富中取貴.
혹지성금국 계투유근 차인가축만민 부중취귀

혹 지지에서 金局을 이루고 癸水가 투출하여 통근함이 있으면 이 사람은 집안에 수많은 돈을 모아 부자로서 돈으로 귀함을 취한다.

【原文】

或支四庫 甲透者富 乏甲者孤貧 或甲出無癸乏金 積德可全科甲 或會
혹지사고 갑투자부 핍갑자고빈 혹갑출무계핍금 적덕가전과갑 혹회
火局 無水救 乃大奸大惡之徒.
화국 무수구 내대간대악지도

혹 지지에서 辰戌丑未가 있고 甲木이 투출하면 부자이다. 甲木이 약하면 외롭고 가난하다. 혹은 甲木이 투출하고 癸水도 없는데 金이 약하면 덕을 쌓으면 과거에 완전히 합격하겠다. 혹은 火局을 모으나 水가 없어 구제함이 없으면 이는 크게 간사하고 크게 악독한 무리이다.

【原文】

或丙透癸藏 遇金頗有選援 加一壬輔 富貴慷慨 有賢聲 見戊透者 主遭
혹병투계장 우금파유선원 가일임보 부귀강개 유현성 견무투자 주조
凶厄且貧.
흉액차빈

　혹 丙火는 투출하고 癸水는 암장되면 金을 만나야 잠깐이나마 선발되어 후원됨이 있고, 하나의 壬水라도 가세하여 도우면 부귀하고 의로움과 강직함이 있어 현명하다는 명성이 있다. 戊土의 투출함을 보면 이 사람은 흉액을 만나서 가난하다.

【原文】

八月支成金局 無丙丁出救 此人零丁孤苦 如得丙透丁藏 生己元神 此
팔월지성금국 무병정출구 차인영정고고 여득병투정장 생기원신 차
人名魁天下 五福完人.
인명괴천하 오복완인

　8[酉]월의 지지에서 金局을 이루고 丙丁이 출현하여 구제함이 없으면 이 사람은 실의에 빠져 있으며 외롭고 고통스럽다. 또한 丙火가 투출하고 丁火가 암장됨을 얻으면 己土일주가 생함을 얻었으니 이 사람은 이름이 천하에서 빼어나며 오복을 완전히 갖춘 사람이다.

【原文】

總之三秋己土 先癸後丙 取辛輔癸 九月土盛 宜甲木疏之 餘皆酌用.
총지삼추기토 선계후병 취신보계 구월토성 의갑목소지 여개작용

전체적으로 가을의 己土는 먼저 癸水를, 뒤에 丙火를 사용한다. 辛金을 취하여 癸水를 도와야 한다. 9월은 土가 왕성하니 마땅히 甲木으로 土를 소통하고 나머지는 적당히 사용하여야 한다.

◎ 역자 첨

| 辛己丙丙
未巳申子 | 독립 운동가 백범 김구(金九) 선생이다. 지지 申金과 子水로 상관생재와 水局을 이루었는데, 천간으로 두 丙火가 투출하였으니 수화기제(水火旣濟)이다. 다만 아쉬운 것은 관성 木이 없는 것이다. |

| 甲己丙丙
子未申申 | 여성학 전공의 여성 대학교수다. 丙火와 甲木이 투출하여 관인상생을 이루고 子에 癸水가 있으니 교육자가 되었다. |

| 壬己丙丙
申酉申午 | 영화배우 강수연이다. 申金 상관과 壬水가 왕한데 丙火가 나란히 투출하여 아름답다 하는 것이다. 초년 남방운을 만나 인기를 얻었으나 가을의 己土는 壬水가 부담스럽다. |

| 甲己庚戊
子丑申寅 | 파탄지경에 이르고 절로 간 남자다. 庚金 상관격에 甲木이 투출하고 丙火가 투출하지 않아 己土는 剋洩交加이니 매사가 이루어짐이 없다. |

| 丁己庚癸
卯酉申卯 | 국어 교사다. 丁火가 투출하였으니 傷官佩印이다. 대운이 용신 火運으로 향하여 무난히 공부를 할 수 있었다. |

| 丙己辛癸
寅未酉卯 | 김소월(金素月) 시인이다. 식신격이다. 丙火 인수가 장생지에 앉아 일간을 생하고 있으며 癸水가 부드럽게 하니 문필로 명성을 날렸다. |

| 丙己癸甲 | 서울대 교수다. 丙癸甲이 투출하여 財官印을 이루고 모 |
| 寅巳酉午 | 두 지지에서 힘을 실어주니 귀격이다. |

| 丙己丁丙 | 변호사다. 천간으로 丙丁火가 나란히 하고 지지로 酉丑 |
| 寅丑酉戌 | 食神局을 이루었다. |

【原文】

| 壬己癸甲 | 甲丙癸壬全 提督. |
| 申未酉寅 | 갑 병 계 임 전 제 독 |

甲丙癸가 완전히 있으니 제독이다.

| 壬己甲己 | 戊己局全于四季 火運大魁. |
| 申丑戌巳 | 무 기 국 전 우 사 계 화 운 대 괴 |

戊己土가 국이 완전하고 戌月에 태어나 火運에 세상을 놀라게 하였다.

◎ 역자 첨

庚己庚丁	대만 총통 장개석(蔣介石)이다. 己土 일주가 戌月생으로
午巳戌亥	巳午의 생을 받으나 두 庚金에 극설 되고 있으니 丁火가
	용신이다. 火土金이 조화를 이루었으니 남방 大運을 만
	나게 되자 대만의 총통이 되었다.

| 乙己壬戊 | 재무부장관과 국회의장을 역임한 백두진(白斗鎭)이다. 亥未 木局에 칠살 乙木과 재성 壬水가 투출하였다. 일주가 역시 신강하여 부귀하게 되었다. |
| 亥未戊申 | |

| 庚己庚壬 | 중국 군벌 풍옥상(馮玉祥)이다. 지지로는 午戌午로 火土局이고 천간으로 庚金이 兩透하여 기세가 왕왕하다. 다만 壬水가 투출하였으니 음간인 己土의 극설이 경솔을 자아낼 수도 있다. |
| 午酉戊午 | |

| 辛己庚壬 | 일본 왕 명치(明治)이다. 일주를 중심으로 지지는 火土의 세력이 일간을 돕고 천간은 庚辛 식상이 투출하고 壬水가 투출하여 위 사주와 마찬가지로 음간인 己土의 극설이 만용과 경솔을 나타낼 수 있다. |
| 未巳戊子 | |

| 甲己戊丙 | 전 재경부장관이다. 甲木이 투출하고 좌하 子水의 생을 받는다. 대운이 용신 水木방향으로 향하였다. |
| 子未戊戌 | |

【原文】

句陳全備潤下 勞碌奔波之客 土凝水竭 離鄕背井之流.
구진전비윤하 노록분파지객 토응수갈 이향배정지류

방위의 중앙신인 구진(句陳:土神)인 戊己土가 전부 갖춰지고, 윤하격을 이룬다면 헛된 노력을 하고 어지러이 돌아다니는 손님이다. 土가 뭉쳐서 水가 없어지면 고향을 떠나고 이웃을 등지게 되는 무리이다.

【原文】

句陳得位會才官 無沖無破必然端 甲子北方寅卯木 管教環拱戴金冠 戊
己喜亥卯未爲官 申子辰爲才 忌刑沖殺害.

戊己가 자리를 잡고 재관이 모여 있으면서 충파함이 없으면 반드시 실마리가 있게 된다. 甲子 북방이 寅卯 木方으로 흐르면 대궐을 지키는 일을 관리하면서 임금을 떠받들게 된다. 戊己는 亥卯未 관성으로 이루어짐을 즐겨하고, 申子辰 재성으로 이루어져도 같다. 꺼리는 것은 형충하여 살벌하게 해를 끼치는 것이다.

◎ 역자 첨

① 戊己土가 관성으로 이루어진 예

己戊乙甲
未申亥子

지지로 亥未 木局을 이루고 甲乙이 투출하였다. 신약하여 木 관살이 안 좋을 것 같으나 충파가 없으니 '戊己土가 木 관성으로 이루어짐을 즐겨한다'는 사례이다.

② 戊己土가 재성으로 이루어진 예

壬戊庚丙
戌辰子申

지지로 申子辰 水局을 이루었다. 신약하여 재가 기신으로 분류하지만 40대부터 火運을 만나 富를 이루었다. '戊己土가 水局 재성으로 이루어짐도 즐겨한다'는 사례이다.

10. 三冬己土
삼동기토

【原文】

三冬己土 濕泥寒凍 非丙暖不生 取丙爲尊 甲木參酌 戊土癸水不用 惟
삼동기토 습니한동 비병난불생 취병위존 갑목참작 무토계수불용 유

初冬壬旺 取戊制之 餘皆用丙丁 但丁不能解凍除寒 不能大濟.
초동임왕 취무제지 여개용병정 단정불능해동제한 불능대제

겨울의 己土는 축축한 진흙이 꽁꽁 얼었으니 丙火의 따뜻함이 아니면 생할 수가 없어 丙火를 취하여야 존귀하다. 甲木은 때에 따라 참작하여 사용한다. 戊土와 癸水는 사용하지 않는다. 오로지 초겨울에는 壬水가 왕하니 戊土를 취하여 극제하여야 한다. 나머지는 모두 丙丁을 사용한다. 그러나 丁火는 언 것을 녹이고 추위를 없애지 못하여 크게 이루지는 못한다.

【原文】

或干透一丙 支藏一丙 加以甲透 科甲有准 卽藏丙無制 亦主衣衿.
혹간투일병 지장일병 가이갑투 과갑유준 즉장병무제 역주의금

혹 하나의 丙火가 투출하고 지장간에 하나의 丙火가 있고 甲木이 가

세하여 투출하면 과거에 급제함이 정확하다. 그러나 丙火가 암장되고 극제함이 없어도 역시 이 사람은 먹고살 만은 하다.

【原文】

或多壬水 得戊透制之 此命安然富中取貴 不見戊土 富屋貧人
혹다임수 득무투제지 차명안연부중취귀 불견무토 부옥빈인
凡三冬己土 見壬水出干 爲水浸湖田 此人孤苦 若見火不孤 見土不貧.
범삼동기토 견임수출간 위수침호전 차인고고 약견화불고 견토불빈

혹 壬水가 많아도 戊土의 투출함을 얻어 극제하면 이 명조는 편안한 데다가 또한 부귀한 중에 귀함도 취한다. 戊土를 보지 못하면 부잣집에 사는 가난한 하인이다. 대저 겨울의 己土는 壬水가 천간에 투출함을 보면 호수가 있는 밭에 물이 스며들게 된 것이다. 이 사람은 외롭고 고달프다. 만약 火를 보면 외롭지는 않고 土를 보면 가난하지는 않다.

【原文】

或一派癸 不見比劫 此爲從才 反主富貴 雖不不甲 恩誥有之 若見比爭 平
혹일파계 불견비겁 차위종재 반주부귀 수불불갑 은고유지 약견비쟁 평
常人物 妻子主事 從才者 木妻火子.
상인물 처자주사 종재자 목처화자

혹 한 무리의 癸水가 있고 비겁을 보지 못하면 이는 종재격이다. 오히려 이 사람은 부귀한다. 비록 과거에 급제하지 못하나 직첩의 은혜로움이 있다. 만약 비견에 다툼을 보게 되면 평범한 사람이다. 처자식이 매사를 주인으로 행세한다. 종재격은 木이 처이고 火가 자식이다.

【原文】

或一派戊己 取甲制之 甲透者富貴.
혹일파무기 취갑제지 갑투자부귀

혹 한 무리의 戊己가 있으면 甲木을 취하여 극제하는데 甲木이 투출하면 부귀를 이룬다.

【原文】

或一片辛庚 須用丙火 還須丁火爲助 丙藏富貴奇特之命.
혹일편신경 수용병화 환수정화위조 병장부귀기특지명

혹 한 조각의 辛庚은 오로지 丙火를 사용하는데 반드시 丁火의 도움이 필요하다. 丙火가 암장되어 있으면 부귀를 이루는 기이하고 특이한 운명이다.

◎ 역자첨

丙己癸戊 寅卯亥戌	행정고시에 합격한 교육부 공무원이다. 이르기를 丙火가 있고 더불어 甲木이 투출하면 과거에 급제함이 정확하다고 하였다. 이 사주는 甲木이 암장되었다.
乙己己辛 丑巳亥卯	현대家 정몽준 회장이다. 乙木이 투출하여 칠살격이다. 辛金으로 제살하고, 지지 亥卯 木局은 巳 중 丙火가 化殺하여 일간을 생하니 부귀하게 되었다.

| 癸己癸癸 | 요식업 및 사채업을 하는 여성이다. 천간으로 3癸水가 투출하고 지지로 巳酉丑 食神 局을 이루어 水를 생하니 종재격이 되었다. |
| 酉丑亥巳 | |

| 癸己壬丁 | 전 산업자원부장관이다. 甲丙이 투출하여 관인상생을 이루어 귀격이다. |
| 酉卯子巳 | |

| 丙己甲戊 | 明代 건문제(建文帝)다. 丁壬합으로 壬水를 잡아도 癸水가 있어 한랭하다. 水를 제압할 戊土가 투출되지 않았고, 巳 중 丙火가 용신이니 조상의 음덕은 있었다. |
| 寅丑子寅 | |

| 甲己壬壬 | 月令이 子辰 水局을 이루고 있는데 壬水가 거듭 투출하였으니 己土는 외롭고 고달픈 명이다. |
| 戌巳子辰 | |

【原文】

| 甲己癸壬 | 木疏季土格 侍郎. |
| 戌丑丑申 | 목 소 계 토 격 시 랑 |

木[甲]이 12월의 丑土를 소통하는 격으로 관직이 시랑 侍郎[44]이다.

| 己己癸壬 | 才旺生殺格 狀元. |
| 巳卯丑子 | 재 왕 생 살 격 장 원 |

재성이 왕하여 칠살을 생하니 장원으로 급제하다.

---

44) 시랑(侍郎) : 명·청 시대에 정부 각 부(部)의 부장관(副長官).

◎ 역자 첨

| 甲己乙戊
戌未丑辰 | 김영삼(金泳三) 전 대통령이다. 甲木이 일간 己土를 합하여 土로 化하니 甲己合化土가 成格이 되었다. |

| 丙己丁甲
寅卯丑午 | 통역번역 대학원 교수다. 甲丙丁이 투출하여 관인상생을 이루고 있으니 공명이 있다. |

| 乙己己庚
亥酉丑子 | 사생활이 문란한 여성의 사주다. 한겨울 己土가 丙丁 火가 없으니 지지가 습냉(濕冷)하여 성정이 음천하다. 시상 乙木 편관을 庚金으로 합하니 가정을 돌보지 않고 문란하였다. |

| 甲己乙戊
子卯丑午 | 탤런트 이보영의 사주다. 甲木이 투출하여 土를 다스리고 午火가 언 땅을 녹이고 있다. |

◎ 역자 요약

己土 일주를 요약하면,
- 寅月에 丙庚甲이 필요하다. 丙火로 추위를 해결하고 壬水를 보는 것을 꺼린다. 水가 많으면 戊土가 보좌하고, 土가 많으면 甲木을 사용하고, 甲木이 많으면 庚金을 사용한다.
- 卯月은 甲癸丙이 필요하다. 甲木을 사용하면 己土가 합화하는 것을 꺼린다. 다음으로 癸水가 潤澤하게 하여야 한다.
- 辰月은 丙癸甲이 필요하다. 먼저 丙火이고, 뒤에 癸水이다. 土가 따뜻하고 윤택하여야 하므로 甲木으로 소토함이 필요하다.

- 巳午未月은 癸丙辛이 필요하다. 調候는 癸水가 없으면 안 되고, 土가 윤택하고자 하면 丙火가 있어야 한다. 癸水가 하지에 이르면 너무나 약하여 기운이 없으므로 金이 상생함을 필요로 한다.
- 申月은 丙癸가 필요하다. 丙火로서 土를 따뜻하게 하고 癸水로서 土를 윤택하게 한다. 丙火는 능히 金을 극제하고 癸水는 金을 설기한다.
- 酉月은 丙癸가 필요하다. 7월과 같다. 지지에서 金局을 이루고 癸水가 투출하여 통근이 되면 큰 부자이다.
- 戌月은 甲丙癸가 필요하다. 土가 왕성하니 甲木으로 소통하고, 다음에 丙癸를 사용한다.
- 亥子丑月은 오직 丙甲戊가 필요하다. 丙火는 조후이고 甲木은 참작하여 사용한다. 水가 왕하면 戊土가 용신이다. 겨울의 己土는 丙火가 존귀한 것이다.

제4부
論金

1. 金을 논함

【原文】

金以至陰爲體 中含至陽之精 乃能堅剛 獨異衆物 若獨陰而不堅 冰雪是
금이지음위체 중함지양지정 내능견강 독이중물 약독음이불견 빙설시

也 遇火則消矣 故金無火鍊 不能成器 金重火輕 執事繁雜 金輕火重 煆煉
야 우화즉소의 고금무화련 불능성기 금중화경 집사번잡 금경화중 하련

消亡 金極火盛 爲格最精 金火全 名曰鑄印 犯丑字 卽爲損模 金火多 名
소망 금극화성 위격최정 금화전 명왈주인 범축자 즉위손모 금화다 명

爲乘軒⁴⁵⁾ 遇死衰 反爲不利 木火煉金 成名銳而退速 純金遇水 逢富顯以
위승헌   우사쇠 반위불리 목화연금 성명예이퇴속 순금우수 봉부현이

贏餘 金能生水 水旺則金沉 土能生金 金多則土賤 金無水乾枯 水重則沉
영여 금능생수 수왕즉금침 토능생금 금다즉토천 금무수건고 수중즉침

淪無用 金無土死絶 土重則埋沒不贏 兩金兩火 最上 兩金兩木 才足 一金
륜무용 금무토사절 토중즉매몰불영 양금양화 최상 양금양목 재족 일금

生三水 力弱難勝 一金得三木 頑鈍自損 金成則火滅 故金未成器 欲得見
생삼수 역약난승 일금득삼목 완둔자손 금성즉화멸 고금미성기 욕득견

火 金已成器 不欲見火 金到申酉巳丑 亦可謂之成也 運喜西北 不利南方.
화 금이성기 불욕견화 금도신유사축 역가위지성야 운희서북 불리남방

 金은 지극한 陰氣를 본체로 하면서 그 가운데 지극한 양기의 정기를

포함하고 있으므로 이에 능히 단단하고 굳세므로 홀로 여러 물질과는

---

45) 승헌(乘軒) : 대부(大夫)의 수레를 탐(대부가 되는 일).

다르다. 만약 홀로 음기로만 되었다면 단단하지 않아 얼음과 눈과 같을 것이니 火를 만나면 없어진다. 그러므로 金이 火의 단련함이 없으면 능히 그릇을 이루지 못한다. 金이 많고 火가 적으면 하는 일이 번거롭고 거칠다. 金이 적고 火가 많으면 火가 단련하는 것이 지나쳐 없어지게 된다. 金이 강하고 火가 왕성하면 이러한 격은 최고로 뛰어나다. 金火가 온전하면 이름하여 귀한 인장을 만든 것이니 귀한 사람이다. 丑字를 만나면 곧 모양이 손상된다. 金火가 많으면 이름하여 수레를 타는 대부가 된다. 사쇠死衰를 만나면 오히려 불리하다. 木火가 金을 단련하면 이름을 이룸도 예리하고 물러남도 빠르다. 순전한 金이 水를 만나면 부유함이 현저하여 넉넉히 돈을 벌게 됨을 만난다. 金은 능히 水를 생하나 水가 왕하면 金은 물에 가라앉는다. 土는 능히 金을 생하나 金이 많으면 土가 천해진다. 金이 水가 없으면 건조하여 메마르다. 水가 많으면 물에 가라앉은 것이니 쓸모가 없다. 金은 土가 없으면 사절死絶이 되고, 土가 많으면 흙에 묻혀 드러나지를 못한다. 두 개의 金과 두 개의 火가 최고로 좋다. 두 개의 金과 두 개의 木은 재가 충족된다. 하나의 金이 셋의 水를 생하게 되면 기운이 약하여 이기기 어렵다. 하나의 金이 셋의 木을 만나면 완고하고 우둔함이 스스로 손상된다. 金이 완성되고 나서 火는 없어지는 것이다. 그러므로 金이 아직 그릇을 이루지 못했으면 火를 보아야 하는 욕망이 생긴다. 金이 이미 이루어졌다면 火를 보는 것을 욕망하지 않는다. 金이 申酉巳丑에 이르면 이 또한 이루어졌다고 한다. 행운은 서북을 좋아하고 남방은 불리하다.

【原文】

生於春月 餘寒未盡 貴乎火氣爲榮 性柔體弱 欲得厚土輔助 水盛增寒 難施
생어춘월 여한미진 귀호화기위영 성유체약 욕득후토보조 수성증한 난시
鋒銳之勢 木旺損力 有剉鈍之危 金來比助 扶持最妙 比而無火 失類非良.
봉예지세 목왕손력 유좌둔지위 금래비조 부지최묘 비이무화 실류비량.

태어남이 봄이라면 아직도 남은 한기가 물러나지 않았으므로 귀한 것은 火氣가 영화롭게 타는 것이다. 그러나 金의 성품이 부드럽고 본체는 약하니 두터운 土로써 보조함을 얻고자 욕망한다. 水가 왕성하여 한기를 보태면 날카롭고 예리한 세력을 베풀기 곤란하다. 木이 왕해서 힘을 손해 보는 것은 꺾는 힘이 무뎌진 것이니 위험하다. 金의 비견이 와서 도와야 힘을 보태어 가장 아름답다. 비겁만 있고 火가 없다면 모양을 잃게 되어 어질지 못하다.

【原文】

夏月之金 尤爲柔弱 形質未具 尤嫌死絶 火多而却爲不厭 水盛而滋潤呈
하월지금 우위유약 형질미구 우혐사절 화다이각위불염 수성이자윤정
祥 見木而助鬼傷身 遇金而扶持精壯 土薄而最爲有用 土厚而埋沒無光.
상 견목이조귀상신 우금이부지정장 토박이최위유용 토후이매몰무광.

여름의 金은 더욱 유약하여 형체와 모양도 갖추지 못한 것이니 死絶됨을 더욱 두려워한다. 火가 많으면 도리어 싫어하지 않는다. 水가 왕성하면 윤택하게 번식시키어 상서로움이 드러나고 木을 보면 불가사의한 힘을 도와 몸을 다치게 한다. 金을 만나면 힘을 보태어 정신이 굳세다. 土가 약한 것을 사용함이 최고로 좋다. 土가 많으면 흙에 묻혀 빛을 잃는다.

【原文】

秋月之金 當權得令 火來煆煉 遂成鍾鼎之材 土多培養 反惹頑濁之氣 見
추 월 지 금 당 권 득 령 화 래 하 련 수 성 종 정 지 재 토 다 배 양 반 야 완 탁 지 기 견

火則精神越秀 逢木則琢削施威 金助愈剛 剛過則決 氣重愈旺 旺極則衰.
화 즉 정 신 월 수 봉 목 즉 탁 삭 시 위 금 조 유 강 강 과 즉 결 기 중 유 왕 왕 극 즉 쇠

가을의 金은 월령을 얻고 권세를 담당하니 火가 와서 담금질해야 비로소 훌륭한 재목을 이룬다. 土가 많으면 기르기를 북돋워 반대로 완고하고 탁한 기운을 이끈다. 火를 보면 정신이 매우 뛰어나고 木을 만나면 다듬고 깎아 위세를 베푼다. 金이 도우면 매우 강해지니 강함이 지나치면 끊어지고, 기운이 거듭되면 매우 왕한 것이니 왕함이 극도에 다다르면 쇠한 것이나 마찬가지이다.

【原文】

冬月之金 形寒性冷 木多則難施琢削之功 水盛而未免沈潛之患 土能制
동 월 지 금 형 한 성 냉 목 다 즉 난 시 탁 삭 지 공 수 성 이 미 면 침 잠 지 환 토 능 제

水 金體不寒 火來助土 子母成功 喜比肩聚氣相扶 欲官印溫養爲利.
수 금 체 불 한 화 래 조 토 자 모 성 공 희 비 견 취 기 상 부 욕 관 인 온 양 위 리

겨울의 金은 형체는 춥고 성질은 차갑다. 木이 많으면 다듬고 깎는 공을 베푸는 것이 어렵고 水가 왕성하면 가라앉는 근심을 면하기 어렵다. 土는 능히 水를 극제하니 金의 본체는 춥지가 않고 火가 와서 土를 도우면 자식과 어미가 공을 이룬 것이다. 비견은 기를 모아 서로 돕는 것을 즐거워하고, 관성과 인성이 따뜻하게 길러서 이롭게 되는 것을 원한다.

2. 三春庚金
삼춘경금

【原文】

正月庚金 木旺之際 有土皆死 不能生金 且金之寒氣未除 先用丙暖庚性
정월경금 목왕지제 유토개사 불능생금 차금지한기미제 선용병난경성

又慮土厚埋金 須甲疏洩 丙甲兩透 不甲贏榮 二者透一 亦有生監46) 丙藏
우려토후매금 수갑소설 병갑양투 불갑영영 이자투일 역유생감   병장

甲透 異路功名.
갑투 이로공명

    1[寅]월의 庚金은 木이 왕한 시기이니 土가 있어도 모두 죽은 것이므로 金을 생할 수가 없다. 또한 金은 아직도 한기를 제거하지 못하였으니 먼저 丙火를 사용하여 庚金의 성질을 따뜻하게 하여야 한다. 또한 土가 많아 金이 묻힐 것이 염려된다. 반드시 甲木으로 소통하고 찬 기운을 설기해야 한다. 丙甲이 함께 투출하면 과거에 급제하여 영화로움이 드러난다. 둘 중 하나만 투출하여도 역시 국자감의 학생은 된다. 丙火가 암장되고 甲木이 투출하면 과거에 급제하지 않고 다른 길로 출세한다.

---

46) 감생(監生) : 한(漢)의 태학(太學)인 국자감(國子監)의 학생.

【原文】

或柱中土多 甲透者貴 甲藏者富 庚出則否.
혹주중토다 갑투자귀 갑장자부 경출즉부

혹 사주에 土가 많아도 甲木이 투출하면 귀하고 甲木이 암장되면 부자이다. 庚金이 투출하면 이렇게 되지 않는다.

【原文】

或丁火出干 加以戊己而無水者 又主富貴 何也 寅中甲木 引丁有根 無
혹정화출간 가이무기이무수자 우주부귀 하야 인중갑목 인정유근 무
水爲病 名官星有氣 才旺生扶 故以富貴推之 如火多則用土 用土者 火
수위병 명관성유기 재왕생부 고이부귀추지 여화다즉용토 용토자 화
妻土子.
처토자

혹 丁火가 천간에 투출하고 다시 戊己가 가세하고 水가 없으면, 이 또한 부귀하다. 왜냐? 寅 중 甲木이 丁火를 이끌어 통근한 것이고 病이 되는 水가 없어야 한다. 이름하여 관성의 기운이 있고 재성이 왕하여 생하고 도운 것이다. 그러므로 부귀할 것으로 추측한다. 만약 火가 많다면 土를 사용하는데 土를 사용하면 火가 처이고 土가 자식이다.

【原文】

或支成火局 壬透有根者 大富貴 無根者 小富貴 乏水者 殘疾之人.
혹지성화국 임투유근자 대부귀 무근자 소부귀 핍수자 잔질지인

혹 지지에서 火局을 이루고 壬水가 투출하여 통근되면 크게 부귀하고

통근이 없으면 적게 부귀한다. 水가 약하면 질병으로 몸이 이지러진다.

【原文】

或木被金傷 無丙丁出制 支無丁火 此係平人 或丙遭癸困 無戊制者亦然.
혹목피금상 무병정출제 지무정화 차계평인 혹병조계곤 무무제자역연

혹 木이 金에 이끌리어 상처를 입게 될 때 丙丁이 투간하여 극제함이 없고, 지지에도 丁火가 없으면 이 사람은 평범한 사람의 부류에 관계되고, 혹은 丙火가 癸水를 만나서 곤란함을 당할 때 戊土가 극제하지 못해도 역시 이와 같다.

【原文】

總之正月庚金 丙甲爲上 丁火次之 春金多火 不夭則貧 陽金最喜火煉 煅
총지정월경금 병갑위상 정화차지 춘금다화 불요즉빈 양금최희화련 하
煉太過 反主奔流.
련태과 반주분류

전체적으로 1월의 庚金은 丙甲을 사용하는 것이 최고이고 丁火는 그 다음이다. 봄의 金이 火가 많으면 요절하지 않으면 가난하다. 陽金은 火로 단련하는 것을 최고로 기쁘게 생각한다. 火의 단련함이 지나치면 오히려 떠돌아다니는 무리이다.

【原文】

庚庚壬壬
辰申寅子

水盛金寒 專用丙戊 早年困苦 入東南運入泮.
_{수성금한 전용병무 조년곤고 입동남운입반}

水가 많아 金이 차갑다. 전적으로 丙戊를 사용하니 어려서는 곤란함과 고통이 있었으나 동남운으로 향하자 국립대학교에 입학하게 되었다.

丙庚庚辛
戌戌寅巳

支成火局無水 僧道.
_{지성화국무수 승도}

火局을 지지에서 이루고 水가 없어 스님이나 도사이다.

◎ 역자 첨

| 丁庚丙己
亥午寅丑 | 김좌진(金佐鎭) 장군이다. 丙丁火가 투출하였고 寅 중 甲木과 亥 중 壬水가 있어 甲丙壬이 모두 있으니 기상이 출중하여 공을 세웠다. 丙火 칠살을 化殺하는 己土가 용신이다. 관살혼잡으로 인생의 곡절은 있게 된다. |

| 乙庚丙己
酉辰寅丑 | 일본군으로 복무한 한국인 홍사익(洪思翊) 중장이다. 지지에 金局을 이루어 신왕하니 木火 재관을 용신으로 한다. 북방 水대운에 丙火를 극하자 2차 대전 중 연합군에 포로로 잡히어 교수형을 당했다. |

| 丁庚壬壬
丑子寅午 | 북한 주석 김정일(金正日)이다. 丁火가 투출하여 庚金을 제련하고 壬水가 투출하여 秀氣하니 청하나 신약하여 시지 丑에 의지하니 장수하지 못하였다. |

丙庚壬丁
子午寅丑

여배우 김지미(金芝美)다. 丙丁으로 관살이 혼잡되었으나 丁壬합으로 정관이 제거되고 丙火 칠살이 유력하니 合官留殺이라 한다. 일지가 子午沖되고 신약해서인지 여러 차례 결혼을 하였다.

【原文】

二月庚金 柱中自然有乙 當令之乙 見庚必留情於乙 此金有暗强之勢 如
이월경금 주중자연유을 당령지을 견경필유정어을 차금유암강지세 여

秋金一理 故二月庚金 專用丁火 借甲引丁 借庚劈甲 無丁用丙者 富貴多
추금일리 고이월경금 전용정화 차갑인정 차경벽갑 무정용병자 부귀다

出於勉强.
출어면강

2[卯]월 庚金은 사주에서 자연적으로 乙木이 있고 당령한 乙木이므로 庚金을 보면 당연하게 乙木에게 정을 주려고 한다. 이러므로 金은 지지에서 강한 세력이니 가을의 金과 이치가 한 가지이다. 그러므로 2월의 庚金은 전적으로 丁火를 사용하고 甲木을 빌려서 丁火를 이끌어야 한다. 庚金을 빌려 甲木을 쪼갠다. 丁火가 없어 丙火를 사용하면 부귀가 있으나 부지런히 힘을 써야 하는 경우가 많다.

【原文】

或丁在干 甲透引丁 支下再見一庚制甲 配得中和 必然大貴 如不見庚
혹정재간 갑투인정 지하재견일경제갑 배득중화 필연대귀 여불견경

合者 雖丁甲兩透 亦屬平人 春丁不旺不衰 故用甲爲佐丁之物 甲若無
합자 수정갑양투 역속평인 춘정불왕불쇠 고용갑위좌정지물 갑약무

庚劈 則不能引丁 乙木雖多 又忌濕乙傷丁 難爲丁母 故有丁甲無庚者
경벽 즉불능인정 을목수다 우기습을상정 난위정모 고유정갑무경자

常人 有丁庚 甲不出干者 常人 或丁透無庚甲者 可許貢監 無丁有丙者
상인 유정경 갑불출간자 상인 혹정투무경갑자 가허공감 무정유병자
異路功名.
이 로 공 명

혹 丁火가 천간에 있고 甲木이 투출하여 丁火를 이끌고 지지에서 다시 하나의 庚金이 甲木을 극제하는 것을 보면 중화가 아름답게 이루어진 것이니 필연코 대귀한다. 만약 庚金의 합을 보지 않으면 비록 丁甲이 함께 투출하여도 역시 평범한 사람에 속한다. 봄철의 丁火는 왕하지도 쇠약하지도 않다. 그러므로 甲木을 사용하여 丁火를 보좌하는 물질이 된다. 甲木이 만약 庚金의 쪼개짐이 없다면, 곧 丁火를 이끌지 못하는 것이다. 乙木이 비록 많아도 젖은 乙木은 丁火를 다치게 하므로 꺼리는 것이니 丁火의 어머니가 되기 어렵다. 그러므로 丁甲이 있으나 庚金이 없으면 평범한 사람이다. 丁庚이 있고 甲木이 천간에 투출하지 않으면 평범한 사람이다. 혹은 丁火는 투출하고 庚甲이 없으면 국자감 학생은 되겠다. 丁火가 없고 丙火가 있으면 과거에 급제하지 않고 다른 길로 출세한다.

【原文】

或一片甲乙 忌庚出幫破才 乃從才格 反主富貴 若見一比 又主孤貧.
혹일편갑을 기경출방파재 내종재격 반주부귀 약견일비 우주고빈

혹 한 조각의 甲乙이 있는데 庚金이 투출하여 (일주를) 도와 재성을 파괴하는 것을 꺼린다. 그러나 종재격이라면 오히려 부귀하나 만약 하나의 비견을 보게 되면 이 사람은 외롭고 가난하다.

【原文】

從才者 火妻土子 用丁者 取甲爲妻 若有庚制 難許同偕.
종재자 화처토자 용정자 취갑위처 약유경제 난허동해

종재격은 火가 처이고 土가 자식이며 丁火를 사용하면 甲木을 취하여 처가 된다. 만약 庚金의 극제함이 있으면 해로를 같이하기가 어렵다.

【原文】

死金嫌蓋頂之泥 重見戊己 如人壓伏之象 須甲透爲妙.
사금혐개정지니 중견무기 여인압복지상 수갑투위묘

死金(2월 庚金)은 머리에 진흙이 덮이는 것을 꺼린다. 戊己를 거듭 보면 마치 사람이 눌려 엎드린 형상과 같으니 오로지 甲木이 투출하여야 묘하다.

【原文】

丁庚己庚　　貴自富得 慷慨好施.
丑寅卯申　　귀자부득 강개호시

귀함은 부로부터 얻은 것이며, 세상에 대한 의리가 충만하여 베풀기를 좋아한다.

甲庚己庚　　甲透丁藏 武魁.
申子卯午　　갑투정장 무괴

甲木은 투출하고 丁火는 암장되어 무관으로 이름을 날린다.

丁庚辛辛　　**武狀元**.
亥寅卯酉　　무장원

위 사주와 비슷하다. 丁火는 투출하고 甲木은 암장되어 무과에 장원으로 합격이다.

丁庚辛丙　　**大貴乏嗣**.
亥辰卯申　　대귀핍사

관직은 귀하나 후사가 없다.

◎ 역자 첨

戊庚癸壬　　영화배우 황해(黃海)다. 戊土가 투출하여 庚金 일주를 돕
寅子卯戌　　고 壬癸水를 다스린다.

丁庚乙戊　　중국문학 작가 호접(胡蝶)이다. 乙木과 丁火가 투출하여
丑辰卯申　　재생관을 이루었고, 인수가 왕하여 문필가로 이름을 날렸다.

丁庚己乙　　중국 동북삼성의 군벌 장작림(張作霖)이다. 丁火가 투출
丑辰卯亥　　하고 재성을 얻어 만주 등지에서 군벌로 활약하였다. 戊
　　　　　　運 戊辰年에 庚金이 土에 묻히자 일본군이 장작림이 탄
　　　　　　기차를 폭발시켜 죽였다.

己庚丁己　　대법원 판사를 역임했다. 지지로 卯木이 왕한데 丁火가
卯申卯卯　　투출하여 재상관을 이루었고, 또 천간 己土와 관인상생을 이루니 귀격이다.

【原文】

三月庚金 戊土司令 無生金之理 有埋金之憂 故先甲後丁 不用庚劈甲 三
삼월경금 무토사령 무생금지리 유매금지우 고선갑후정 불용경벽갑 삼
月之庚 土旺金頑 頑金宜丁 旺土須甲 乏甲不能立業 乏丁焉能成名 二者
월지경 토왕금완 완금의정 왕토수갑 핍갑불능입업 핍정언능성명 이자
少一 富貴不眞 庚金無火 非夭則貧 身弱才多 富貴不久.
소일 부귀부진 경금무화 비요즉빈 신약재다 부귀불구

3[辰]월의 庚金은 戊土가 사령하니 金을 생하고자 하는 이치는 없고 도리어 金을 땅에 묻으려는 염려가 있다. 그러므로 먼저 甲木이고, 다음에 丁火이다. 庚金으로 甲木을 쪼개는 것을 사용하지 않는다. 3월의 庚金은 土가 왕하여 金이 강하니 강한 庚金은 丁火를 사용함이 당연하다. 왕한 土는 오로지 甲木이 있어야 하고 甲木이 부족하면 사업을 세울 수가 없다. 丁火가 약하면 어찌 명성을 이루겠는가? 둘 중에서 하나라도 적으면 부귀가 참되지 않다. 庚金에 火가 없으면 요절하지 않으면 가난하다. 신약한데 재성이 많으면 부귀함이 오래가지 않는다.

【原文】

得丁甲兩透 不見比肩 不甲之命 但要好運相催 甲透丁藏 採芹拾芥 甲藏
득정갑양투 불견비견 불갑지명 단요호운상최 갑투정장 채근습개 갑장
丁透 異路功名 丁甲俱藏 不受庚制 富中取貴 刀筆起家 有甲無丁 平常之
정투 이로공명 정갑구장 불수경제 부중취귀 도필기가 유갑무정 평상지
輩 迂儒腐儒 丁甲兩無 下賤之流.
배 우유부유 정갑양무 하천지류

丁甲이 함께 투출함을 얻고 비견을 보지 않으면 과거에 합격하는 명조이다. 그러나 좋은 행운이 서로 도와주는 것이 중요하다. 甲木은 투출

하고 丁火가 암장되면 겨우 국립대학교에 입학할 뿐이다. 甲木은 암장되고 丁火가 투출하면 과거에 급제하지 않고 출세한다. 丁甲이 함께 암장되고 庚金의 극제함을 당하지 않으면 부자로서 귀함도 취할 수 있으나 문서를 베끼는 하급관리로 집안을 일으키기도 한다. 甲木은 있고 丁火가 없으면 평범한 무리이거나 세상 물정에 어둡고 썩은 학자이다. 丁甲이 함께 없으면 하천한 무리이다.

【原文】

或一甲 無丁有丙 由行伍47)而得官職 須不見壬癸爲妙.
혹일갑 무정유병 유항오   이득관직 수불견임계위묘

혹 하나의 甲木이 있는데 丁火는 없고 丙火가 있으면 졸병 출신으로 관직을 얻는다. 오로지 壬癸를 보지 않아야 묘하다.

【原文】

或支成土局 無木 貧賤僧道 見乙奸詐小人.
혹지성토국 무목 빈천승도 견을간사소인

혹 지지에서 土局을 이루고 木이 없으면 가난하고 하천한 스님이나 도사이다. 乙木을 보게 되면 거짓말을 꾸미는 소인이다.

---

47) 항오(行伍) : 예전에 군사들로 편성된 대열을 이르던 말(졸병).

【原文】

或支成火局 癸水透 富貴 有丙丁出干 見壬制之 方吉 無制殘疾之人.
혹지성화국 계수투 부귀 유병정출간 견임제지 방길 무제잔질지인

혹 지지에서 火局을 이루더라도 癸水가 투출하면 부귀하다. 丙丁의 투출함이 있고 壬水가 극제함을 보면 길하다. 극제함이 없으면 질병으로 이지러진 인간이다.

【原文】

用甲者 水妻木子 用丁者 木妻火子.
용갑자 수처목자 용정자 목처화자

甲木을 사용하면 水가 처이고 木이 자식이다. 丁火를 사용하면 木이 처이고 火가 자식이다.

【原文】

壬庚庚庚　　時出壬水 支成水局 名井欄叉格 官至太史.
午申辰子　　시출임수 지성수국 명정란차격 관지태사

시간에 壬水가 출간하고 지지에서 水局을 이루었으니 이름하여 정란차격48)이다. 관직이 태사에 다다랐다.

---

48) 정란차격(井欄叉格) : 庚金 일간이 지지에 申子辰 삼합을 모두 가진 구조의 사주를 말한다.(우물에 물이 넘치듯 금수상관에 재능이 있는 사주를 일컫는다.)

◎ 역자 첨

| 甲庚壬辛
申戌辰酉 | 이화여대 총장을 지낸 독신녀 김옥길이다. 甲木과 壬水가 투출하여 식신생재가 빼어나다. 戌 중 丁火가 있으나 투출하지 못하여서인지 평생 독신 생활을 하였다. |

| 壬庚庚庚
午辰辰辰 | 명문대 출신의 여성 변호사다. 지지에 세 개의 辰 중 戊土가 있으나 천간으로 세 庚金이 나란히 투출하여 묻힐 염려가 없다. 오히려 일주가 신강하고 식상이 왕성하여 빼어난 총기를 발휘하게 되었다. |

| 辛庚戊己
巳寅辰卯 | 전 국회의원이다. 戊己土가 투출하였으나 지지로 寅卯辰 木局을 이루어 소토하고, 巳 중 丙火가 木氣의 생을 받으니 권력을 잡게 되었다. |

| 甲庚庚庚
申申辰戌 | 미용사다. 甲木만 투출하고 丁火가 戌에 암장했을 뿐 나오지 않았다. 예컨대 '甲木은 투출하고 丁火가 암장되면 겨우 국립대학교에 입학할 뿐이다.'라고 하였다. 미용사 자격증을 취득하고 미용실을 개업한 사람이다. |

3. 三夏庚金
삼하경금

【原文】

巳月庚金 長生於巳 巳乃有戊 丙不鎔金 故不畏火炎 丙亦可作用 但先壬
사월경금 장생어사 사내유무 병불용금 고불외화염 병역가작용 단선임

水 方得中和 故曰群金生夏 喜用句陳 次取戊土 丙火佐之 三者皆全 登不
수 방득중화 고왈군금생하 희용구진 차취무토 병화좌지 삼자개전 등불

及第 卽透一二 亦非白丁.
급제 즉투일이 역비백정

    4[巳]월의 庚金은 巳宮에 장생이고 巳 중에 戊土가 있어 丙火가 金을 단련할 수 없으므로 火의 뜨거움을 두려워하지 않으니 丙火도 사용할 수 있으나 먼저 壬水가 있어야 중화를 얻는 것이다. 그러므로 무리지은 金이 여름에 태어나면 구진(句陳:己土)[49]을 즐겨 사용한다. 다음에 戊土를 취하고 丙火가 보좌해야 한다. (己·戊·丙) 셋이 모두 있으면 과거에 급제함이 당연하다. 투출한 것이 하나나 둘이라도 역시 일반 백성은 아닐 것이다.

---

49) 구진(句陳) : 오방을 지키는 여섯 신으로 청룡(靑龍), 주작(朱雀), 백호(白虎), 현무(玄武), 구진(句陳), 등사(螣蛇)가 있으며, 구진은 등사와 함께 중앙을 지키는 신이다.

【原文】

或一派丙火 名曰假殺爲權 須不見壬制者 此人假作淸高 並無仁義 刑
혹일파병화 명왈가살위권 수불견임제자 차인가작청고 병무인의 형

妻剋子 有壬制者 又主榮華 壬藏支者 有富貴之名 而無其實.
처극자 유임제자 우주영화 임장지자 유부귀지명 이무기실

혹 한 무리의 丙火가 있다면 이름하여 칠살을 임시로 사용하여 권세를 잡은 것이니 모름지기 壬水가 극제함을 보지 못하면 이 사람은 맑고 높은 것이 거짓된 것이고, 인자함과 의리가 함께 없어 처자식을 못되게 다룬다. 壬水의 극제함이 있으면, 이 사람은 영화롭다. 壬水가 지지에 암장되어도 부귀의 명성을 이루나 실속은 없다.

【原文】

或支成金局 變弱爲强 用丙無力 用丁方妙 故丁透者吉 無丁無用之人 或
혹지성금국 변약위강 용병무력 용정방묘 고정투자길 무정무용지인 혹

丁出三四 煆制太過 其人奔波.
정출삼사 하제태과 기인분파

혹 지지에서 金局을 이루면 약한 것이 변하여 강한 것이 되었으므로, 丙火를 사용하는 것도 무력하여 丁火를 사용하는 것이 묘하다. 그러므로 丁火가 투출한 사람은 길하다. 丁火가 없으면 쓸모없는 인간이다. 혹은 丁火가 출간한 것이 세네 개라면 火로 단련함이 지나치게 많은 것이니 그 사람은 떠돌아다니는 사람이다.

【原文】

四月庚金 須用壬丙戊 但非拘執先後 宜分病用藥 妻子仝前.
사월경금 수용임병무 단비구집선후 의분병용약 처자동전

4[巳]월 庚金은 오로지 壬丙戊를 사용해야 한다. 그러나 선후에 거리끼어 집착되어서는 안 된다. 마땅히 잘못된 점을 나누어서 약을 처방하여야 한다. 처자식은 앞의 내용과 같다.

【原文】

劍戟成功 入火鄕而反害 金逢火已損 再見火必傷 庚辛火旺怕南方 逢
검극성공 입화향이반해 금봉화이손 재견화필상 경신화왕파남방 봉
辰巳之鄕 又爲榮斷.
진사지향 우위영단

칼과 창[金火]으로 공을 이루었다면 남방으로 향하면 오히려 해롭다. 金이 火를 만나 이미 손해를 입은 것인데, 다시 火를 보면 필히 다친다. 庚辛이 火가 왕하면 남방을 두려워한다. 辰巳의 고향을 만나면 또한 영광은 끊어지게 된다.

◎ 역자 첨

癸庚癸丙
未午巳辰

약국을 경영하는 여성 약사다. 칠살 丙火가 투출하고 癸水가 兩透하여 제살하니 명석하여 약대 출신이나 지지가 巳午未로 火勢가 강하듯 남편 문제로 신경을 많이 쓰고 살아간다.

| 丙庚己甲 | 명문대 정치학 박사, 정치학과 교수이다. 칠살 丙火를
| 子午巳辰 | 癸水가 제살하고, 己土로 化殺하여 쓸모있게 되었다. 또
| | 辰土가 사주를 윤습하게 하고 있다.

| 壬庚乙丁 | 대학교수이자 의사이다. 庚金 일주가 丁乙壬 식재관이
| 午寅巳酉 | 투출하고 모두 지지에 뿌리를 두니 귀격의 명이다.

| 辛庚辛庚 | 곱추가 된 사람이다. 천간으로는 庚辛庚辛 金이 지지로
| 巳午巳午 | 는 午巳午巳가 나란히 대치하고 있다. 水로 제살하거나
| | 土로 소통시켜야 하나 투출되지 않았으니 火勢에 金이
| | 물러 그릇이 되기 어렵다.

【原文】

五月庚金丁火旺烈 庚金敗地 專用壬水 癸又次之.
오월경금정화왕열 경금패지 전용임수 계우차지

5[午]월의 庚金은 丁火가 왕하고 치열하니 庚金이 패망한 곳이다. 전적으로 壬水를 사용하고 癸水는 다음이다.

【原文】

壬透癸藏 支見庚辛 必然不甲 切忌戊己透干制水則否 戊藏支內 不失儒
임투계장 지견경신 필연불갑 절기무기투간제수즉부 무장지내 부실유
林 或壬在支 有金生助 又得金神出干 明經50)之貴 或癸出帶辛 異路之榮.
림 혹임재지 유금생조 우득금신출간 명경 지귀 혹계출대신 이로지영

---

50) 명경(明經) : 과거(科擧)의 과목 중 하나로 성인(聖人)의 경서(經書)를 익혀 안다는 뜻.

壬水는 투출하고 癸水가 암장되고, 지지에서 庚辛을 보면 필연코 과거에 합격한다. 절대로 꺼리는 것은 戊己가 투간하여 水를 극제하면 안 된다. 戊土가 지지 내에 암장되어 있으면 선비의 체통은 지킨다. 혹은 壬水가 지지에 있고 金이 있어 생하고 돕고 다시 金이 천간에 투출하면 성인聖人의 경서經書를 익혀 알 정도의 귀함이 있다. 혹은 癸水가 투출하여 辛金을 지니면 과거에 합격하지 않고도 다른 길로 영화로움이 있다.

【原文】

或支成火局 乏水者 奔流之客 有壬癸制者 捐納[51]之人 又見戊己透者則
혹지성화국 핍수자 분류지객 유임계제자 연납   지인 우견무기투자즉

否 無壬癸制火者 又宜戊己出干補金洩火 庶不夭折孤貧.
부 무임계제화자 우의무기출간보금설화 서불요절고빈

혹 지지에서 火局을 이루고 水가 약하면 떠돌아다니며 고생하는 자이다. 壬癸의 극제함이 있으면 돈을 바쳐서 벼슬을 얻을 수 있으나, 다시 戊己가 투출함을 보면 모든 것이 헛되다. 壬癸가 火를 극제함이 없고 다시 戊己가 천간에 투출하여 金을 돕고 火를 설기하면 이러한 사람은 요절하거나 고독하거나 가난하지는 않다.

【原文】

總之仲夏無水 必非上格 或一派木火 無傷印比劫 又作從殺而論.
총지중하무수 필비상격 혹일파목화 무상인비겁 우작종살이론

---

51) 연납(捐納) : 돈이나 곡식을 상납하여 벼슬자리를 얻는 일.

전체적으로 5월에 水가 없으면 필히 상격이 아니다. 혹은 한 무리의 木火가 있고 상관 인성 비겁이 없다면 종살격으로 결론내어야 한다.

【原文】

壬庚庚己
午辰午未

從殺格 先貧後富 壽考子多.
종 살 격 선 빈 후 부 수 고 자 다

종살격이다. 먼저 가난하고 뒤에 부자가 된다. 장수하였고 자식도 많았다.

◎ 역자 첨

丁庚戊戊
亥午午子

도올 김용옥(金容沃) 선생이다. 丁火가 투출하여 庚金을 제련하고 편인 戊土가 나란히 하니 독특하고 철학적 사고가 깊다. 지지 식상 亥子가 정관 午火를 극제하는 것은 설득력이자 변화무쌍한 사고력이다.

庚庚丙壬
辰辰午戌

변호사다. 月令이 午戌 火局을 이루고 丙火 칠살이 투출하였는데 壬水가 제살하여 귀가 있다.

癸庚壬乙
未戌午巳

서울시 문화재단에 근무하는 여성 공무원이다. 火旺節의 庚金 일주가 천간으로 壬癸水가 투출하여 조후를 이룬다.

乙庚壬乙
酉子午卯

현철한 여성 법사다. 庚金일주가 시지 酉金 양인에 根을 두고 壬水가 투출하여 맑고 청하다.

丁庚丙丁
亥午午亥

제살이 안 되는 사주의 여성이다. 庚金 일주가 의지할 곳이 없고 천간으로 丙과 丁丁이 투출하여 관살이 혼잡되었다. 연지와 시지의 亥 중 壬水로 제살해야 하나 丁壬합으로 암합(暗合)하니 이혼한 후 남자와 동거를 거듭하고 질병에 시달리며 힘들게 살아간다.

【原文】

六月庚金 三伏生寒 頑鈍極矣 先用丁火 次取甲木.
육월경금 삼복생한 완둔극의 선용정화 차취갑목

6[未]월의 庚金은 삼복더위에 한기가 생할 수도 있으므로 (庚金이) 무디고 둔함이 극하므로 먼저 丁火를 사용하고, 다음에 甲木을 취하여야 한다.

【原文】

丁甲兩透 名贏身榮 忌癸傷丁 有甲無丁 庸俗 有丁無甲 生員 丁甲全無
정갑양투 명영신영 기계상정 유갑무정 용속 유정무갑 생원 정갑전무
下賤之人 木雖有丁不透 支又見水 執鞭之士 丁火無傷 貿易之流.
하천지인 목수유정불투 지우견수 집편지사 정화무상 무역지류

丁甲이 함께 투출하면 이름이 드러나고 몸은 영화롭다. 癸水가 丁火를 다치게 함을 꺼린다. 甲木은 있고 丁火가 없으면 평범한 속인이다. 丁火는 있고 甲木이 없으면 하급관리이다. 丁甲이 함께 없으면 하천한 사람이다. 木이 비록 있어도 丁火가 투출하지 않았는데 지지에서 다시 水를 보면 공부만 열심히 하는 글쟁이다. 丁火가 다침이 없으면 물건을 사고파는 사람이다.

【原文】

支會土局 甲先丁後 甲透者 文章贏達 丁透者 刀筆揚名.
지회토국 갑선정후 갑투자 문장영달 정투자 도필양명

　지지에서 土局이 모이면 먼저 甲木이고 뒤에 丁火이다. 甲木이 투출한 사람은 문장이 크게 드러난다. 丁火가 투출한 사람은 문서를 아름답게 지어 이름을 떨친다.

【原文】

或柱多金 有二丁出制 異路功名.
혹주다금 유이정출제 이로공명

　혹 사주에서 金이 많고 두 개의 丁火가 출간하여 극제하면 과거에 급제하지 않고 다른 길로 출세한다.

【原文】

丁庚乙丙　　丁透甲藏 早年得志 一榜少兄弟.
亥申未辰　　정투갑장 소년득지 일방소형제

　　　　　　丁火는 투출하고 甲木은 암장되었으니 초년에 뜻을 얻어 과거에 합격하였으나 형제들은 적었다.

壬庚乙丙　　壬透制火 縣令 大有才幹.
午寅未午　　임투제화 현령 대유재간

　　　　　　壬水가 투출하여 火를 극제하니 현령이 되어 재주가 많아 책임 있는 관리이다.

甲庚己癸　　此傷官格 制殺太過 入木火運 才旺生殺 大發.
申子未巳　　차 상 관 격　제 살 태 과　입 목 화 운　재 왕 생 살　대 발

이는 상관격이다. 칠살을 극제함이 지나치다. 木火운에 이르자 재성이 왕하여 칠살을 생하니 크게 출세하였다.

癸庚乙丙　　一丙二丁 取癸制殺 爲役起家.
未辰未辰　　일 병 이 정　취 계 제 살　위 역 기 가

하나의 丙火와 두 개의 丁火가 있으나 癸水를 취하여 칠살을 극제하니 맡은 바 임무를 완성하여 집안을 일으켰다.

◎ 역자 첨

| 丁庚癸庚 | 전 국방부장관이다. 丁火가 투출하였고 甲木을 암장하고 있다. 癸水가 病이다. 戊運에 癸水를 극제하자 국방부 장관이 되었다. |
| 亥申未午 | |

| 辛庚丁丁 | 고위직 공무원이다. 丁火가 나란히 투출하였으나 혼잡이 아니다. 신왕하고 관왕한 중 木 대운을 만나자 승진을 거듭하였다. |
| 巳申未丑 | |

| 丙庚癸乙 | 丙火 칠살이 투출하였고 癸水가 제살한다. 甲木이 없고 상관이 태과하여 丁火를 쓸 수 없으니 남편복이 없고 부귀할 수는 없는 여성이다. |
| 子子未未 | |

4. 三秋庚金
삼추경금

【原文】

七月庚金 剛銳極矣 專用丁火煆煉 次取木引丁 故曰銳銳最爲奇 壬癸
칠월경금 강예극의 전용정화하련 차취목인정 고왈예예최위기 임계
相逢總不宜 如逢木火來成局 試看福壽與天齊 如得丁甲兩透 定步靑雲
상봉총불의 여봉목화래성국 시간복수여천제 여득정갑양투 정보청운
若有丁無甲爲俊秀 有甲無丁是平人 丁甲兩無無用物 只堪門下作閒人.
약유정무갑위준수 유갑무정시평인 정갑양무무용물 지감문하작한인

7[申]월의 庚金은 굳세고 날카로움이 극도에 이르렀다. 전적으로 丁火를 사용하여 단련시켜야 하고 다음으로 木을 취하여 丁火를 이끌어야 한다. 그러므로 날카로움이 최고로 기특하다 하는 것이다. 壬癸를 서로 만나는 것은 전체적으로 마땅하지 않다. 만약 木火가 와서 만나 국을 이루면 복덕과 수명과 더불어 천제天齊52)를 견주어 분별할 수 있다. 만약 丁甲이 함께 투출함을 얻으면 확정적으로 젊음의 꿈을 이룬다. 만약 丁火는 있고 甲木이 없어도 뛰어난 인물이지만, 甲木은 있고 丁火가 없으면 평범한 사람이다. 丁甲이 함께 없으면 쓸데없는 인간이니 다만 집안에서 한가하게 지내는 것을 즐길 뿐이다.

---

52) 천제(天齊) : 하늘이 사람의 마음이나 행동을 바르게 함.

【原文】

或支成水局 乏丁用丙 柱中卽有丙火 不見甲木者 必主愚懦 何也 當時
혹지성수국 핍정용병 주중즉유병화 불견갑목자 필주우나 하야 당시
金水兩旺 金生水以制火 何能發達 或見甲出引丁 可云生監 甲弱者 衣
금수양왕 금생수이제화 하능발달 혹견갑출인정 가운생감 갑약자 의
食充盈.
식충영

혹 지지에서 水局을 이루고, 丁火가 약하면 丙火를 사용한다. 사주에 丙火가 있고 甲木을 보지 못하면 이 사람은 어리석고 겁이 많다. 왜냐? 시절이 金水가 함께 왕하기 때문이니 金은 水를 생하여 火를 극제하고 있으니 어찌 출세할 수 있겠는가? 혹은 甲木을 보고 丁火를 이끌면, 국자감에서 공부하는 학생이라 말할 수 있다. 甲木이 약하면 먹고사는 데는 충실하고 만족하겠다.

【原文】

或支成土局 先甲後丁.
혹지성토국 선갑후정

혹 지지에서 土局을 이루면 먼저 甲木이고, 뒤에 丁火이다.

【原文】

支成火局 富貴中人 金剛木明 行商坐賈之人 金備申酉戌之地 富貴疑 金
지성화국 부귀중인 금강목명 행상좌고지인 금비신유술지지 부귀의 금
神入火鄕 逢羊刃富貴榮華.
신입화향 봉양인부귀영화

지지에서 火局을 이루면 부귀한 사람이다. 金은 굳세고 木이 명확하면 행상을 하거나 자리를 잡고 물건을 파는 사람이다. 金이 申酉戌의 땅을 갖추면 부귀를 의심한다. 金의 기운이 남방으로 향하고 羊刃을 만나면 부귀영화를 한다.

◎ 역자 첨

| 丙庚庚戊
戌午申戌 | 초등학교 여교사다. 丙火 칠살이 투출하였으나 일간도 신강하다. 戊土로 化殺하니 공부는 했으나 지지가 午戌 火局을 이루는 중 壬癸水가 없어 사주가 조열하다. 亡夫에 자식 또한 없다. |

| 壬庚甲乙
午子申巳 | 한의원을 경영하는 한의사다. 甲乙木과 壬水가 투출하여 식신생재를 이루었다. 巳 중 丙火 午 중 丁火가 있으니 조후가 어그러지지 않았다. |

| 癸庚丙丙
未午申午 | 상담센터 여소장이다. 庚金일주가 申月에 득령하였으나 두 丙火 칠살이 두 午火 양인에서 투출하여 왕하다. 시상의 상관 癸水로 丙火 칠살을 제살하니 품격을 갖췄다. |

| 丙庚甲庚
戌子申申 | 국방장관 보좌관을 역임했다. 칠살 丙火와 재성 甲이 투출하여 재생관으로 이루나 모두 통근하지 못하여 보좌관으로 만족해야 할 명이다. |

【原文】

八月庚金 剛銳未退 用丁甲 丙不可少 若丁甲透 又見一丙 功名赫赫 且見
팔월경금 강예미퇴 용정갑 병불가소 약정갑투 우견일병 공명혁혁 차견

羊刃無刑沖 丙殺藏支 名爲羊刃架殺 主出將入相 直介忠臣.
양인무형충 병살장지 명위양인가살 주출장입상 직개충신

8[酉]월의 庚金은 굳세고 날카로운 기운이 물러나지 않았으니 丁甲을 함께 사용하는데 丙火는 절대 적으면 안 된다. 만약 丁甲이 함께 투출하고 다시 하나의 丙火를 본다면 공명의 빛나는 모습이 확실히 드러난다. 또는 양인을 보고 刑沖이 없고 丙火 칠살이 지지에 있다면 이름하여 양인이 칠살을 만난 것이므로 나가서는 장군이요 들어오면 재상이다. 절개를 지키고 바른 도를 행하는 충신이다.

【原文】

或丙火重重 一丁高透 亦主不甲 丙出丁藏 異路之仕.
혹병화중중 일정고투 역주불갑 병출정장 이로지사

혹 丙火가 거듭되고 하나의 丁火가 투출하여도 역시 과거 급제한다. 丙火는 투출하고 丁火는 암장되면 과거에 급제함 없이 다른 길로 출세한다.

【原文】

或甲藏支 火透而水不透者 亦主淸高 衣衿可望.
혹갑장지 화투이수불투자 역주청고 의금가망

혹 甲木은 지지에 암장되고 火는 투출하고 水가 투출하지 않아도 역시 맑고 고귀하여 먹고사는 데는 충분하다.

【原文】

或丁藏支內 重見丙火者 此名假殺重重 雖羊刃帖身 却難從殺也.
혹정장지내 중견병화자 차명가살중중 수양인첩신 각난종살야

혹 丁火는 지지에 암장되고 丙火를 거듭 본다면 이름하여 가살假殺이 상당히 많은 것이다. 그러나 양인이 일주 곁에 있다면 종살격이라 할 수 없다.

【原文】

卽一丙透 秀而不富 或支見重重甲乙 無用人也 總之旺金木衰 非火莫
즉일병투 수이불부 혹지견중중갑을 무용인야 총지왕금목쇠 비화막
制 不見丙丁 藝術之輩.
제 불견병정 예술지배

나아가 하나의 丙火가 투출하면 우수하나 부자는 아니다. 혹은 지지에서 甲乙을 거듭 보면 쓸모없는 사람이다. 전체적으로 金이 왕하고 木이 쇠약할 때, 火가 아니면 극제할 수 없으니 丙丁을 보지 못하면 기예나 기술을 소유한 무리이다.

【原文】

丙庚丁丙
子子酉子

身旺任殺 一品.
신왕임살 일품

신왕하여 칠살을 감당하니 일품 벼슬이다.

丁庚乙乙　**歸靈格 才旺生官 副使.**
亥午酉巳　　귀 령 격　재 왕 생 관　부 사

　　　　　귀령격이다. 재성이 왕하여 관성을 생하여 관직이 부사이다.

戊庚癸己　**羊刃架殺格 尙書.**
寅申酉亥　　양 인 가 살 격　상 서

　　　　　양인가살격으로 관직이 상서이다.

◎ 역자 첨

丙庚丁辛 子午酉卯	건륭제(乾隆帝)이다. 庚辛이니 丙丁은 관살혼잡이 아니고 子午卯酉 사왕지가 있어 최고로 귀하다.
丁庚丁丙 亥辰酉申	시청 공무원이다. 천간에 丙丁丁이 투출하여 관살혼잡이나, 모두 뿌리를 얻지 못하여 용신이 되니 관살의 혼잡을 논할 수 없다. 亥에 甲木이 암장되어 있다.
乙庚丁丙 酉申酉寅	체대를 졸업하고 수영코치를 하는 남성이다. 丙丁이 투출하고 연지의 寅木이 생하니 재생관이 잘되었다. 그러나 초년부터 북방 水運을 만나 스캔들로 시달리는 등 뜻을 펴지 못하고 있다.
己庚辛戊 卯子酉申	형편이 어려운 가정주부다. 왕한 金을 다스릴 丙丁이 투출하지 못하였다. 일지 子水로 설기하고 卯木을 생하나 역시 火가 없어 근심이 따른다.

【原文】

九月庚金 戊土司令 最怕土厚埋金 宜先用甲疏 後用壬洗 則金自出矣 忌
見己土濁壬.

9[戌]월 庚金은 戊土가 사령하니 土가 두터워 金을 묻는 것이 최고로 두렵다. 당연히 먼저 甲木으로 소토하고, 다시 壬水로 맑게 씻으면 金이 스스로 드러난다. 己土를 보아 壬水를 어지럽히는 것을 꺼린다.

【原文】

壬甲兩透 不甲相宜 或甲透壬藏 鄕魁可望 甲藏壬透 廩貢[53]堪謀 有甲無
壬 猶有學問 有壬無甲 莫問衣衿 壬甲兩無 則爲下格.

壬甲이 함께 투출하면 과거에 급제함이 당연하다. 혹은 甲木은 투출하고 壬水는 암장되면 지방 향시에서 경서 수석합격자는 바랄 수 있다. 甲木은 암장되고 壬水가 투출하면 늠공(국자감 진학학생)을 도모할 만하다. 甲木은 있고 壬水가 없으면 학문은 있다 하겠고, 壬水는 있고 甲木이 없다면 먹고 살 정도는 된다. 壬甲이 함께 없다면 하격이다.

---

53) 늠공(廩貢) : 명대에 지방학교에서 공부하는 학생을 생원(生員)이라 하였는데 이들이 승급시험에 합격하면 증광생(增廣生), 늠선생(廩膳生)이라 하였고 관비생(官費生)이었다. 름선생이 되면 매월 늠미(廩米) 6두(斗)를 받았다. 늠선생(廩膳生)의 최우수자가 국자감에 진학하는 것을 늠공(廩貢), 또는 늠출공(廩出貢)이라 하였다.(大漢和辭典).

【原文】

或支成水局 丙透救之 此人才高邁衆 名重鄕閭 不見癸水 一榜可許.
혹지성수국 병투구지 차인재고매중 명중향려 불견계수 일방가허

    혹 지지에서 水局을 이루어 (몹시 추울 때) 丙火가 투출하여 구출하면 이 사람은 높은 재주로 많은 사람들보다 뛰어나 이름이 고향 마을에서 날린다. 癸水를 보지 않으면 과거에 합격한다.

【原文】

或四柱戊多金旺 全無甲壬者 卽有衣祿 亦不能久 或庚戊多無壬甲者 愚頑之輩.
혹사주무다금왕 전무갑임자 즉유의록 역불능구 혹경무다무임갑자 우완지배

    혹 사주에서 戊土가 많아 金이 왕하고 甲壬이 전부 없어도 비록 먹고 살 만은 하겠지만 오래가지는 못한다. 혹은 庚戊가 많고 壬甲이 없다면 어리석고 고집 센 무리배다.

【原文】

甲庚戊辛　　尙書.
申申戌酉　　상서

관직이 상서이다.

辛庚丙庚
巳戌戌寅

方伯.
방 백

관직이 고을 수령이다.

辛庚戊辛
巳申戌酉

太尉.
태 위

황제의 측근인 태위이다.

◎ 역자 첨

丙庚庚丁
子午戌丑

경영학 전공의 대학교수다. 시간으로는 丙火가 연간으로는 丁火가 투출하여 두 庚金을 제련하니 그릇이 되었다.

庚庚丙庚
辰辰戌寅

대만 총통 진수편(陳水扁)이다. 丙火 칠살이 용신이다. 비겁 태강으로 재를 극하여 퇴임 후에 감옥에 갔다.

戊庚甲甲
寅戌戌辰

庚金이 土에 묻힐 것이 두려우니 甲木으로 소토하고 壬癸水로 씻어줘야 한다. 그러나 水가 없으니 빛날 수 없다.

5. 三冬庚金
삼동경금

【原文】

十月庚金 水冷性寒 非丁莫造 非丙不暖.
십월경금 수냉성한 비정막조 비병불난

10[亥]월의 庚金은 水의 기운이 냉하고 (金의) 성질이 차가우니 丁火가 아니면 그릇을 이룰 수가 없고 丙火가 없으면 따뜻하지가 않다.

【原文】

丁甲兩透 支無水局 一榜有之 支藏丙火 桃浪之仙 支見亥子 得己出制
정갑양투 지무수국 일방유지 지장병화 도랑지선 지견해자 득기출제
亦有功名.
역유공명

丁甲이 함께 투출하고 지지에 水局이 없으면 과거에 합격할 수 있다. 지장간에 丙火가 있으면 관직도 없이 한가하게 지내는 신선이다. 지지에서 亥子를 보고 己土가 투출하여 극제함을 얻으면 역시 출세한다.

【原文】

若見丙透無丁者 決無贏達 丁藏甲透 武職之人 以上不合者 庸俗.
약 견 병 투 무 정 자 결 무 영 달 정 장 갑 투 무 직 지 인 이 상 불 합 자 용 속

만약 丙火는 투출하고 丁火가 없다면 결코 출세할 수가 없다. 丁火는 암장되고 甲木이 투출한다면 무관武官이다. 위와 같이 되지 않았다면 평범한 사람이다.

【原文】

如金水混雜 全無丙丁者 鄙夫 支成金局 無火者 僧道之命也 書曰水冷
여 금 수 혼 잡 전 무 병 정 자 비 부 지 성 금 국 무 화 자 승 도 지 명 야 서 왈 수 냉
金寒愛丙丁.
금 한 애 병 정

만일에 金水가 혼잡하고, 丙丁이 전부 없는 사람은 천한 사람이다. 지지에서 金局을 이루고 火가 없는 사람은 스님이나 도사이다. 서書에 이르기를 水는 냉하고 金이 차갑다면 丙丁을 사랑해야 한다.

【原文】

壬庚辛丁　　甲丁得全 廉訪.
午子亥亥　　갑 정 득 전 염 방

甲丁이 온전함을 얻으니 방문 시찰하는 벼슬이다.

丙庚辛壬
子辰亥辰
(女命)
여명

金淸水秀 夫榮子貴 美而且賢.
금 청 수 수 부 영 자 귀 미 이 차 현

庚金은 맑고 壬水는 아름답다. 남편이 영화롭고 자식도 귀하게 된다. 아름다우면서 어질었다. 이는 금수상관격이 丙火가 투출하여 용신이 된 것이다.

◎ 역자 첨

戊庚辛丁
寅申亥巳

박정희 전 대통령이다. 丁火가 투출하여 庚金을 제련하고 戊土가 水를 조절하며, 甲木 재성이 丁火를 생하니 財官印이 상서롭다. 지지 寅申巳亥를 이루어 변화 속에 貴氣가 있고 귀함 속에 殺이 있다.

丁庚丁乙
丑申亥卯

현대그룹 창업주 정주영(鄭周永)이다. 亥 식상이 亥卯 木局 재성을 이루어 乙木 투출하고 丁火 관성이 양쪽으로 투출하였으니 부귀하였다.

辛庚癸癸
巳午亥巳

국회부의장과 국무총리를 지낸 장택상(張澤相)이다. 상관이 발달하여 지혜가 출중하다. 지지로 관성 丙丁을 품어 귀하다.

己庚乙甲
卯辰亥午

중국 재무장관 송자문(宋子文)이다. 亥월에 己土가 투출하였고, 지지 木局을 이루고 午 중 丁火 관을 생한다.

己庚辛丁
卯寅亥未

모택동에 버금가려 하다 죽은 임표(林彪)다. 亥월에 己土 투출하였으며, 지지 木局을 이루고 丁火가 투출하여 재생관을 이룬다.

【原文】

十一月庚金 天氣嚴寒 仍取丁甲 次取丙火照暖 或丁甲兩透 丙在支中
십일월경금 천기엄한 잉취정갑 차취병화조난 혹정갑양투 병재지중
必主不甲 卽無丙火 亦有衣衿 有丁無甲 亦可富中取貴 有甲無丁 只作
필주불갑 즉무병화 역유의금 유정무갑 역가부중취귀 유갑무정 지작
常人 或丙透丁藏 異途名望 丁藏有甲 武學可許.
상인 혹병투정장 이도명망 정장유갑 무학가허

　　11[子]월 庚金은 하늘의 기운이 매우 춥다. 이에 丁甲을 함께 취하고, 다음에 丙火가 따뜻하게 비추어야 한다. 혹은 丁甲이 함께 투출하고, 丙火는 지지에 있어도 이 사람은 필히 과거에 합격한다. 혹 丙火가 없어도 역시 먹고살 만은 하겠다. 丁火는 있고 甲木이 없어도 역시 부자이면서 그로 인하여 귀함도 있다. 甲木은 있고 丁火가 없으면 단지 평범한 사람이다. 혹은 丙火는 투출하고, 丁火가 암장되면 과거에 합격하지 않고도 다른 길로 명성을 날린다. 丁火는 암장되고 甲木이 있으면 무과에 합격한다.

【原文】

或重重丙火 可許一富 但不淸高 丙戊生寅 或丙底坐寅 有一二者 富眞
혹중중병화 가허일부 단불청고 병무생인 혹병저좌인 유일이자 부진
貴假 若見癸透 一介寒儒.
귀가 약견계투 일개한유

　　혹 丙火가 너무 많아도 한 고을의 부자이나, 단 맑고 귀하지는 않다. 丙戊는 寅木의 생함을 받는데 혹 丙火 아래에 寅木이 앉거나 한두 개가 있으면 부자는 맞으나 귀함은 없다. 만약 癸水의 투출함을 보면 하나의 쓸모없는 춥고 가난한 선비이다.

【原文】

或支成水局 不見丙丁者 此乃傷官格 爲人淸雅 衣祿常盈 但子息艱難耳.
혹지성수국 불견병정자 차내상관격 위인청아 의록상영 단자식간난이

혹 지지에서 水局을 이루고 丙丁를 보지 않으면 이는 상관격이다. 사람됨이 맑고 품위가 있어 먹고사는 데는 항상 넉넉하나, 다만 자식을 기르기가 어렵겠다.

【原文】

或丙丁太多 名官煞混雜最無良 又怕身輕有損傷 如遇東南二運地 焉能
혹병정태다 명관살혼잡최무량 우파신경유손상 여우동남이운지 언능
挨得過時光 過於淸冷 似有凄凉 柱中一派金水 不入火土之鄕 主一生
애득과시광 과어청냉 사유처량 주중일파금수 불입화토지향 주일생
孤貧浪蕩 難望有成也.
고빈낭탕 난망유성야

혹 丙丁이 지나치게 많으면 이름하여 관살혼잡격이라 하여 최고로 나쁘다. 또한 일주가 약해서 손상입을 것이 두렵다. 만일 동남 방향 두 곳으로 운행함을 만나면, 어찌 지나치게 빛을 비추는 시간을 견딜 수 있겠는가. 맑고 차가움이 지나치면 처량함이 있는 것과 같다. 사주에 한 무리의 金水가 있고 火土의 행운으로 가지 않으면 이 사람은 일평생 외롭고 가난하여 쓸데없는 짓만 하여 성공을 이룰 가망이 없다.

【原文】

庚庚壬壬　　井欄叉格 尙書.
辰申子子　　정란차격 상서

정란차격이다. 관직이 상서에 이르렀다.

癸庚庚辛　　丁甲在支 富大貴小.
未辰子亥　　정갑재지 부대귀소

丁甲이 지지에 있어 재물은 많으나 귀함은 적다.

戊庚戊乙　　甲丙得位 富中取貴.
寅寅子卯　　갑병득위 부중취귀

甲丙이 제 위치를 얻으니 부자이면서 그로 인하여 귀함도 취한다.

◎ 역자 첨

丁庚壬丁　　장군 출신으로 국무총리를 역임한 정일권(丁一權)이다.
亥戌子巳　　金水傷官으로 壬水가 빼어나고 丁火가 투출하여 庚金을
　　　　　　제련한다. 巳중 丙火 亥중 甲木을 품고 있다.

戊庚甲戊　　국회의원 이인제다. 子月 水旺節에 甲木과 戊土가 兩透
寅午子子　　하였으니 학문을 이루었다. 지지로 寅午 火局을 이루고
　　　　　　대운이 동남방으로 향하자 국회의원이 되었다.

庚庚甲癸　　대학병원 마취과 여성 교수다. 金水傷官을 이루어 비범
辰子子丑　　하다. 甲木으로 秀氣하는 중 대운이 木火 東南方으로 향
　　　　　　하여 길하다.

【原文】

十二月庚金 寒氣太重 且多濕泥 愈寒愈凍 先取丙火解凍 次取丁火煉
십이월경금 한기태중 차다습니 유한유동 선취병화해동 차취정화연

金 甲亦不可少.
금 갑역불가소

12[丑]월의 庚金은 차가운 기운이 너무 심하여 습하고 질척거림이 많다. 매우 춥고 매우 얼어붙었다. 먼저 丙火를 취하여 얼은 것을 녹이고, 다음으로 丁火를 취하여 金을 단련시켜야 한다. 甲木 역시 적어서는 안 된다.

【原文】

丙丁甲透者 卽不不甲 亦有恩榮 有丙無丁甲者 富中取貴 有丁甲無丙
병정갑투자 즉불불갑 역유은영 유병무정갑자 부중취귀 유정갑무병

者 特達才人 有丙丁無甲者 白手成家 刀筆亨通 乏金更美 或支成金局
자 특달재인 유병정무갑자 백수성가 도필형통 핍금갱미 혹지성금국

無火 僧道之流.
무화 승도지류

丙丁甲이 투출한 사람은 곧 과거에 합격하지 않더라도 역시 은혜로운 영화가 있다. 丙火는 있는데 丁甲이 없는 사람은 부자이고 그로 인하여 귀함도 취한다. 丁甲이 있고 丙火가 없는 사람은 재주가 특별한 사람이며 丙丁은 있고 甲木이 없는 사람은 가진 것 없이도 집안을 이룩할 수 있는 것은 문서(정책 사안)에 능통하기 때문이다. 金이 약하면 더욱 아름답다. 혹은 지지에서 金局을 이루고 火가 없으면 스님이나 도사의 무리이다.

【原文】

癸庚己庚
未戌丑辰
(女命)

夫婦白頭 五子大貴.
부부백두 오자대귀

부부가 백년해로하였고 다섯 자식이 크게 출세한다.

甲庚丁己
申子丑巳

兄弟雙生 兄擧人 弟茂才 弟酉時 無甲故也.
형제쌍생 형거인 제무재 제유시 무갑고야

쌍둥이다. 형은 지방 향시에 합격하고 동생은 재주만 있을 뿐이다. 동생은 酉時生으로 甲木이 없는 연고다.

◎ 역자 첨

庚庚辛丙
辰辰丑申

서울시장, 국방부장관, 부통령을 역임한 이기붕(李起鵬)이다. 대운이 동남방 운을 향하여 60년간 출세가도를 달렸다. 운이 하락하자 丙火가 合去되니 4.19 부정선거를 저지른 후에 아들 이강석과 온 가족이 자살했다.

戊庚癸壬
寅辰丑戌

육군대장 한신(韓信)이다. 戊土가 투출하고 寅 중 丙甲을 암장하였다.

丙庚己乙
戌申丑巳

전 국회의장 이효상(李孝祥)이다. 丙火 칠살이 투출하여 巳戌에 통근하였다.

丁庚癸丁
丑戌丑丑

대학교수다. 丁火가 연과 시간으로 투출하여 庚金을 녹이고 대운이 동남방으로 향하여 대학교수로 정년을 마쳤다.

◎ 역자 요약

庚金일주를 요약하면,

- 寅月에 戊甲壬丙丁이 필요하다. 丙火는 조후이다. 火가 많으면 土가 용신이고 土가 많으면 甲木이 용신이다. 지지에서 火局을 이루면 壬水가 용신이다.
- 卯月은 丁甲庚丙이 필요하다. 庚金은 암합으로 강하여졌다. 전적으로 丁火가 용신이고 甲木을 빌려 丁火를 이끌어야 하며 庚金을 사용하여 甲木을 쪼개야 한다. 丁火가 없으면 丙火도 사용한다.
- 辰月은 甲丁壬癸가 필요하다. 土가 왕하면 甲木이 용신이고 다음에 丁火를 사용한다. 지지에 火가 있다면 癸水가 당연하고 천간에 火가 있으면 壬水가 의당하다.
- 巳月은 壬戊丙丁이 필요하다. 壬水가 먼저이고 다음으로 戊土이며 丙火가 보좌해야 한다. 지지에서 金局을 이루면 약한 것이 변하여 강하게 되었으니 丁火를 사용해야 한다.
- 午月은 壬癸가 필요하다. 전적으로 壬水를 사용하고 癸水는 그 다음이다. 오직 지지에서 庚辛을 보고 도와야 한다. 壬癸가 없으면 戊己로 火의 기운을 설기한다.
- 未月은 丁甲이 필요하다. 먼저 丁火이고, 뒤에 甲木이다. 지지에서 土局을 이루면 먼저 甲木이고, 뒤에 丁火이다.
- 申月은 丁甲이 필요하다. 전적으로 丁火이고, 甲木이 丁火를 이끌어야 한다.
- 酉月은 丁甲丙이 필요하다. 丁甲을 함께 사용하는 것은 金을 火로 단련시키고자 함이며, 겸하여 丙火를 사용하는 것은 조후를 하기 때문이다.
- 戌月은 甲壬이 필요하다. 土가 두터우므로 먼저 甲木으로 소토(疏土)하고, 다음 壬水로 씻어야 한다. 나쁜 것은 己土가 壬水를 탁하게 하는 것이다.
- 亥月은 丁丙이 필요하다. 계절이 水는 차갑고 金은 추우므로 丙丁을 사랑한다. 甲木이 丁火를 보좌해야 한다.
- 子月은 丁甲丙이 필요하다. 꼭 丁甲을 취하여야 하고, 다음으로 丙火로 따뜻하게 비추어야 한다.
- 丑月은 丙丁甲이 필요하다. 꼭 丁甲을 취하고, 다음으로 丙火로 따뜻하게 비추어야 한다.

6. 三春辛金

삼춘신금

【原文】

正月辛金 陽氣舒而寒未除 不知正月建寅 中有長生之丙 解去寒氣 忌
정월신금 양기서이한미제 부지정월건인 중유장생지병 해거한기 기

甲木司權 辛金失令 取己土爲生身之本 欲得辛金發現 全賴壬水之功
갑목사권 신금실령 취기토위생신지본 욕득신금발현 전뢰임수지공

己壬兩透 支見庚制甲 不甲定然 或己土透干 支中有甲 異路恩榮 或己
기임양투 지견경제갑 불갑정연 혹기토투간 지중유갑 이로은영 혹기

土不全 號曰君臣失勢 富貴難全 或有丙火出干 亦主武學 或見壬 無己
토부전 호왈군신실세 부귀난전 혹유병화출간 역주무학 혹견임 무기

庚者 貧賤之徒.
경자 빈천지도

   1[寅]월의 辛金은 양기가 펼쳐졌으나 한기는 아직도 세서되지 잃은 것 같지만, 寅月이니 寅 중에 丙火가 장생되어서 한기를 해결하였음을 모르는 소리이다. 꺼리는 바는 甲木이 권세를 장악하니 辛金이 月令을 잃은 것이다. 己土를 취하여 일주를 생하는 근본으로 하여야 辛金이 드러나 움직이려는 욕망을 얻은 것이다. 전적으로 壬水의 공로에 의지해야 한다. 己壬이 함께 투출하고, 지지에서 庚金을 보아 甲木을 극제하면 과거에 합격함이 당연하다. 혹은 己土는 투간하고, 지지에 甲木이

있다면 과거에 합격하지 않고도 다른 길로 은혜로운 영화를 입는다. 혹은 己土가 갖추어지지 않으면 말하기를 임금과 신하가 세력을 잃은 것이니 부귀가 완전하지 않다. 혹은 丙火가 천간에 투출함이 있으면 역시 무장의 길을 걷는다. 혹은 壬水를 보고 己庚이 없으면 가난하고 천박한 무리다.

【原文】

或支成火局 卽壬水出干 不剋己土 亦尋常之人 或庚壬兩透 破局制火 必
혹지성화국 즉임수출간 불극기토 역심상지인 혹경임양투 파국제화 필

爲贏達之人.
위영달지인

혹 지지에서 火局을 이루고 곧 壬水가 천간에 투출하였는데 己土를 극제하지 못하면 역시 보통 사람이다. 혹은 庚壬이 함께 투출하여 火局을 파괴하여 火를 극제하면 필히 출세하는 사람이다.

【原文】

或支成水局 不見丙火 名爲金弱沉寒 平常之士 書曰金水性寒寒到底 凄
혹지성수국 불견병화 명위금약침한 평상지사 서왈금수성한한도저 처

凉難免少年憂 得丙透照暖 反主富貴.
량난면소년우 득병투조난 반주부귀

혹 지지에서 水局을 이루고 丙火를 보지 않으면 말하기를 金이 약하여 한기에 빠진 것이니 평범한 선비이다. 서書에 이르길 金水의 성품은 차고, 차가움이 많아서 바닥까지 이르러 쓸쓸하고 서늘하니 소년시절의

근심을 면하기 어렵고, 丙火의 투출함을 얻어 따뜻함을 비추면 오히려 이 사람은 부귀한다 하였다.

【原文】

故正月辛金 先己後壬 己爲君 庚爲佐 如用丙火須參看 用己火妻土子 用
고 정 월 신 금   선 기 후 임   기 위 군   경 위 좌   여 용 병 화 수 참 간   용 기 화 처 토 자   용

壬金妻水子.
임 금 처 수 자

그러므로 정월의 辛金은 먼저 己土를, 뒤에 壬水를 사용한다. 己土는 임금이니 庚金이 보좌해야 한다. 만일 丙火를 사용할 때는 반드시 참고하여 보아야 한다. 己土를 사용하면 火가 처이고 土가 자식이며 壬水를 사용하면 金이 처이고 水가 자식이다.

【原文】

辛金珠玉 最怕紅爐 辛逢卯日子時 名曰朝陽.
신 금 주 옥   최 파 홍 로   신 봉 묘 일 자 시   명 왈 조 양

辛金은 주옥이니 최고로 꺼리는 것은 붉게 뜨거운 화로火爐이다. 辛金이 卯日에 子時를 만나면 이름하여 조양격54)이라 한다.

---

54) 육음조양격(六陰朝陽格) : 六陰은 辛未, 辛巳, 辛卯, 辛丑, 辛酉, 辛亥의 여섯 가지이고, 조양(朝陽)은 陽氣가 생기기 시작하는 子時이므로 조양이라 말하는 것이다.

【原文】

己辛庚丙　　有己無壬 秀才而已.
丑酉寅辰　　유기무임 수재이이

己土는 있으나 壬水가 없어 벼슬함이 없이 평생 학습하는 사람일 따름이다.

◎ 역자 첨

| 壬辛壬丁 | 주유소를 경영한다. 壬水가 투출하였고 己土는 지지에 있으니 보통은 되며, 경영에 적합하다. |
| 辰巳寅丑 | |

| 庚辛庚辛 | 금융사 전산 정보팀장이다. 庚辛金이 나란히 투출하였고 亥中 壬水가 생재한다. |
| 午酉寅亥 | |

| 壬辛戊庚 | 탤런트다. 庚金과 壬水가 투출하여 戊土를 적시고 辛金을 깨끗하게 설기하는 용신이다. |
| 辰未寅戌 | |

| 壬辛庚丙 | 피부미용관리사다. 壬水와 庚金이 투출하였다. 피부관리사의 직업정신이 투철하며, 남편을 뒷바라지하여 공무원 시험에 합격시켰다. |
| 辰亥寅午 | |

【原文】

二月辛金 陽和之際 壬水爲尊 見戊己爲病 得甲制伏 則辛金不致埋沒
이월신금 양화지제 임수위존 견무기위병 득갑제복 즉신금불치매몰

壬水不致混濁 合此者必身入玉堂 故二月庚金 有壬甲透者貴贏 否則鄕
임수불치혼탁 합차자필신입옥당 고이월경금 유임갑투자귀영 부즉향

紳 或壬坐亥支 不見土出 可能入芥 家亦小康 得申中之壬者 異途名望
신 혹임좌해지 불견토출 가능입개 가역소강 득신중지임자 이도명망

無壬者常人 其生剋之理 與正月辛金皆同.
무임자상인 기생극지리 여정월신금개동

    2[卯]월의 辛金은 양기가 조화를 이루는 때이니 壬水가 존귀하고 戊己를 보는 것은 病이다. 甲木을 얻어 土를 극제하면 辛金이 흙에 묻히지 않으며, 壬水는 혼탁하지 않으니 이러하면 필히 몸이 옥당(학문기관)에 들어간다. 그러므로 2월 辛金은 壬甲이 함께 투출하면 귀함이 드러난다. 아니면 시골의 벼슬아치는 한다. 혹은 壬水가 亥水에 앉고 土가 투출함을 보지 못하면 능히 작은 일을 이루어 집안 역시 조금은 편안하다. 申 중의 壬水를 얻으면 과거에 합격하지 않고 다른 길로 이름을 떨친다. 壬水가 없는 사람은 평범하다. 그 생극하는 이치는 1월의 辛金과 함께 같다.

【原文】

或壬戊透 甲不出干 此爲病不遇藥 平常之人 得乙破戊 頗有衣衿 但假
혹임무투 갑불출간 차위병불우약 평상지인 득을파무 파유의금 단가

名假利 刻薄乖張.
명가리 각박괴장

    혹 壬戊가 투출하나 甲木이 투출하지 않으면 이것은 病이 걸렸는데 약을 만나지 못한 것이니 평범한 사람이다. 乙木을 얻어 戊土를 파괴하면 약간의 먹고살 만은 하겠으나 단지 헛된 명리를 바라게 되니 성질이 각박하고 크게 어긋나는 사람이다.

【原文】

或一派壬水汪洋 名金水淘洗太過 不得中和 畧有衣食 全無作爲 如壬
혹일파임수왕양 명금수도세태과 불득중화 약유의식 전무작위 여임

水重重 得戊反吉.
수중중 득무반길

혹 한 무리의 壬水가 차고 넘치면 이름하여 辛金을 水로써 씻어내어 아름답게 하는 것이 지나쳐 중화를 얻지 못한 것이니 잠시의 의식은 있으나 전혀 행동하여 이루려는 것이 없다. 만약 壬水가 거듭하면 戊土를 얻는 것이 오히려 길하다.

【原文】

或支成木局 洩盡壬水 有庚富貴 無庚平人.
혹지성목국 설진임수 유경부귀 무경평인

혹 지지에서 木局을 이루면 壬水가 지나치게 설기된 것이니 庚金이 있어야 부귀하고 庚金이 없으면 평범하다.

【原文】

或支成火局 名官印相爭 金水兩傷 下流之格 得二壬出制 富貴反奇.
혹지성화국 명관인상쟁 금수양상 하류지격 득이임출제 부귀반기

혹 지지에서 火局을 이루면 이름하여 관성과 인성이 서로 다투는 것이니 金水가 서로 다쳐 하류의 사람이다. 두 개의 壬水가 투출하여 火를 극제하면 부귀가 오히려 기이하다.

【原文】

辛金生於春季 一派壬水 而無丙火 卽能贏達 家無宿舂 得壬丙齊透 方
신금생어춘계 일파임수 이무병화 즉능영달 가무숙용 득임병제투 방
許大富大貴.
허 대 부 대 귀

辛金이 3월에 태어나서 한 무리의 壬水를 보고 丙火가 없으면 즉시 출세를 하는 능력은 있으나 집안에 쌓아둘 곡식이 없는 것이니 壬丙이 함께 투출함을 얻으면 크게 부귀함을 허락한다.

【原文】

甲辛己乙　　用胎元庚金破木 太守.
午酉卯卯　　용 태 원 경 금 파 목　태 수

　　　　　　태원 庚金을 사용해 木을 파괴하여 태수가 되었다.

丙辛己乙　　用庚不用壬 侍郎.
申卯卯酉　　용 경 불 용 임　시 랑

　　　　　　庚金을 사용하고 壬水를 사용하지 않아 시랑이 되었다.

己辛丁己　　用丁 文學蓋世 但一秀才耳.
亥巳卯未　　용 정 문 학 개 세 단 일 수 재 이

　　　　　　丁火가 용신이니 문학으로 세상을 놀라게 하나 평생 학습하는 인재일 뿐이다.

己辛丁甲　**才旺生官 狀元.**
亥未卯午　재왕생관 장원

재성이 왕하여 관성을 생하니 장원이 되었다.

壬辛癸壬　**金水汪洋 一生淫賤孤寡.**
辰卯卯子　금수왕양 일생음천고과
(女命)
　여명

여자 사주가 金水의 기세가 넘치고, 흘러 일생을 음란하고, 천박하게 지내니 외롭다.

◎ **역자 첨**

壬辛辛辛　장성 출신 로비스트다. 壬水가 투출하여 辛金이 맑다. 또
辰酉卯巳　巳 중 丙火가 卯의 생을 받아 재생관을 이루고 壬水와 떨어져 있으니 식재관이 유여하다.

丁辛乙癸　파계승의 사주다. 칠살 丁火를 제살해야 할 癸水가 乙木
酉卯卯未　을 생하느라 제구실을 못하고 있다. 오히려 乙木이 칠살 丁火를 생하여 신약한 일주는 禍를 자초하게 되었다.

壬辛己乙　가수 조영남이다. 辛金 일주가 지지로 酉金과 丑辰土가
辰丑卯酉　생하고 己土가 투출하여 신강하다. 乙木으로 土를 제하고 壬水로 설기하는 용신이니 상관생재를 이루어 예능과 부를 이루었다.

【原文】

三月辛金 戊土司令 辛承正氣 母旺子相 先壬後甲 壬甲兩透 富貴必然
삼월신금 무토사령 신승정기 모왕자상 선임후갑 임갑양투 부귀필연
壬透甲藏 廩貢不失 甲透壬藏 富貴可云 壬甲皆無 平常之格.
임투갑장 늠공불실 갑투임장 부귀가운 임갑개무 평상지격

　　3[辰]월의 辛金은 戊土가 월령을 장악하니 辛金이 바른 기운을 이어받아 어머니인 土도 왕하고 자식인 金도 왕하니 먼저 壬水를, 뒤에 甲木을 사용한다. 壬甲이 함께 투출하면 부귀가 당연하다. 壬水는 투출하고 甲木이 암장되면 국자감에 진학하는 학생의 기회를 잃지 않겠다. 甲木은 투출하고 壬水가 암장되어도 부귀함이 옳다 하겠다. 壬甲이 모두 없으면 평범한 사람이다.

【原文】

所忌者丙貪合也 如月時皆丙 名爲爭合 主慷慨風流 交遊四海 若癸出
소기자병탐합야 여월시개병 명위쟁합 주강개풍류 교유사해 약계출
干制丙 可許採芹 或支坐亥子之鄕 支又見申 卽非玉堂 亦必高增祿位
간제병 가허채근 혹지좌해자지향 지우견신 즉비옥당 역필고증녹위
若戊出干制水 不見甲乙 淸閑之人.
약무출간제수 불견갑을 청한지인

　　丙火가 辛金을 합하려고 욕심내는 것은 꺼리는 바이니, 만약 月과 時에 모두 丙火가 있다면 이름하여 쟁합이니 이 사람은 성품이 의로운 기개로 풍류가 있어 모든 사람과 사귄다. 만약 癸水가 천간에 투출하여 丙火를 극제하면 제후의 학교에 입학하는 것은 허락한다. 혹은 지지가 亥子의 고향이고 지지에서 다시 申金을 보면 옥당에 있을 정도는 아니지만 이 또한

반드시 높은 벼슬과 넉넉한 녹이 있게 된다. 만약 戊土가 천간에 투출하여 水를 극제하고, 甲乙을 보지 않으면 조용하고 여유 있는 사람이다.

【原文】

又或支見四庫 名土厚埋金 不見甲制 愚頑之輩.
우 혹 지 견 사 고 명 토 후 매 금 불 견 갑 제 우 완 지 배

다시 지지에서 사고(四庫 : 辰戌丑未)를 보면 이름하여 土가 많아 金이 묻힌 것이니 甲木의 극제함을 보지 않으면 어리석고 고집 센 놈이다.

【原文】

或四柱火多 無水制伏 名火土雜亂 主作緇衣 見癸可解.
혹 사 주 화 다 무 수 제 복 명 화 토 잡 란 주 작 치 의 견 계 가 해

혹 사주에서 火가 많은데 水의 극제함이 없으면 이름하여 火土가 뒤섞여 혼란스러운 모양이니 이 사람은 검은 빛의 승복을 입는다. 癸水를 보면 가히 해결할 수 있다.

【原文】

或比劫重重 壬癸淺弱 主夭 若甲出干 則貴 然無庚制方妙.
혹 비 겁 중 중 임 계 천 약 주 요 약 갑 출 간 즉 귀 연 무 경 제 방 묘

혹 비겁이 많고 많으면서 壬癸가 얕고 가벼우면 요절한다. 만약 甲木이 천간에 투출하면 귀하다. 그러나 庚金의 극제함이 없어야 비로소 묘하다.

◎ 역자 첨

| 壬辛甲壬
辰酉辰子 | 북한 주석 김일성(金日成)이다. 壬甲이 모두 투출하였다. 83甲戌년에 죽었다. |

| 壬辛丙戊
辰卯辰申 | 초기정부 외무부 차관이다. 壬水가 투출하였다. 그리고 食財官印이 고르게 있으니 매사에 바르고 긍정적이다. |

| 壬辛壬丙
辰丑辰申 | 여류 서양화가다. 지지에 土가 왕한 중 壬水 상관이 兩透하여 예술가의 길을 가게 되었으나 뿌리없는 丙火 정관을 극제하니 이혼을 거듭하였다. |

| 戊辛戊己
戌未辰亥 | 당뇨병 환자다. 戊己土가 모두 투출하여 辛金이 묻혀 빛을 잃었다. 가난하고 인간관계 불화가 많으며 지병으로 고생한다. |

7. 三夏辛金
삼하신금

【原文】

巳月辛金 時逢首夏 忌丙火之燥熱 喜壬水之洗淘 支成金局 水透出干
사월신금 시봉수하 기병화지조열 희임수지세도 지성금국 수투출간

有木制戊 名一清澈底 不甲功名 癸透壬藏 富眞貴假 若壬癸皆藏 戊己
유목제무 명일청철저 불갑공명 계투임장 부진귀가 약임계개장 무기

亦藏 略富 若壬癸俱無 反見火出 必主鰥獨.
역장 약부 약임계구무 반견화출 필주환독

    4[巳]월의 辛金은 때가 첫 여름을 만났으니 丙火가 뜨겁게 하는 것을 싫어하며, 壬水가 씻어 빛내게 하는 것을 좋아한다. 지지에서 金局을 이루어 水가 천간으로 투출하고, 木이 있어 戊土를 극제하면 이름하여 맑은 기상이 철저한 것이니 과거에 합격하여 공명을 이룬다. 癸水는 투출하고, 壬水는 암장되면 부자는 참되나 귀함은 거짓이다. 만약 壬癸가 모두 암장되고, 戊己 역시 암장되었다면 잠시의 부자이다. 만약 壬癸가 모두 없고, 오히려 火의 출간함을 보면 이 사람은 필히 홀아비로서 고독하다.

【原文】

或支成火局 有制者吉 無制者凶 凡火旺無水 取土洩之.
혹지성화국 유제자길 무제자흉 범화왕무수 취토설지

혹 지지에서 火局을 이루나 극제함이 있으면 길하고, 극제함이 없다면 흉하다. 대저 火가 왕한데 水가 없으면 土를 취하여 설기시켜야 한다.

【原文】

若壬水藏亥 戊不出干 亦主上達 有戊常人 有一甲透 衣祿可求 若有甲
약임수장해 무불출간 역주상달 유무상인 유일갑투 의록가구 약유갑
無壬癸者 富貴虛浮 所謂羊質虎皮是也.
무임계자 부귀허부 소위양질호피시야

만약 壬水가 亥水에 암장되고, 戊土가 천간에 투출하지 않아도 이 사람 역시 출세를 하나 戊土가 있으면 평범하다. 하나의 甲木이 투출하였으면 먹고살 만은 하겠다. 만약 甲木은 있고 壬癸가 없는 사람은 부귀를 허망하게 쫓아다니니 소위 양의 기질로 호랑이 가죽을 쓴 허세를 부리는 사람이다.

【原文】

壬癸甲 三者全無 又不合格 斯爲下品.
임계갑 삼자전무 우불합격 사위하품

壬癸甲이 전부 없고 또 격국에 합당하지 않으면 모두 하품이다.

【原文】

乙辛辛乙
未亥巳未

兩干不雜 但非時耳 茂才.
양간불잡 단비시이 무재

乙辛 양간이 섞이지 않았으나 시절을 만나지 못하여 재주만 있을 뿐이다.

◎ 역자첨

| 戊辛丁癸
子酉巳卯 | 무장(武將) 사주다. 癸水가 丁火를 제살하고 戊土를 적셔 金을 생하게 한다. 乙卯 甲寅 재운에 관을 생하자 少將으로 진급하였다. |

| 庚辛癸丙
寅巳巳戌 | 丙火가 사지에 통근하였으니 癸水로 용신하고 庚金으로 보좌해야 한다. 申酉운에 부귀하고 戌運에 癸水를 合去하여 죽었다. |

| 甲辛己甲
午未巳午 | 전 중학교 여교사다. 火勢가 왕한 중에 壬癸水는 보이지 않고 편인 己土가 투출하여 化殺하니 평생 학교와 인연이 있으나 水가 없어 火氣를 제할 수 없으니 남편만 보면 가슴이 답답해져 이혼하였다. |

| 甲辛辛乙
午巳巳未 | 운문사 비구니의 사주다. 辛金 일주가 火가 치열하나 제살할 水가 일점 없고 土로 化殺하지도 못하였다. 오직 월간의 辛金 비견과 동병상련(同病相憐)의 길을 가니 승려가 되었다. |

【原文】

五月辛金 丁火司權 辛金失令 陰柔之極 不宜煆煉 須己壬並用 何也 己
오월신금 정화사권 신금실령 음유지극 불의하련 수기임병용 하야 기
爲泥沙 壬爲湖海 己無壬不濕 辛無己不生 故己壬並用 無壬 癸亦可用
위니사 임위호해 기무임불습 신무기불생 고임기병용 무임 계역가용
但癸力小 或支成火局 卽重見癸出 亦不濟 得壬透破火方可 必主生員 若
단계역소 혹지성화국 즉중견계출 역부제 득임투파화방가 필주생원 약
無壬 癸見戊 雖有午宮己土 燥泥成灰 金必煆鎔 反遭埋沒 必爲僧道 有
무임 계견무 수유오궁기토 조니성회 금필하용 반조매몰 필위승도 유
一二重比肩 不致孤獨.
일이중비견 불치고독

　　5[午]월의 辛金은 丁火가 권리를 장악하니 辛金이 월령을 잃어 유약함이 지나치니 火로 단련하는 것이 마땅하지 않다. 오로지 己壬을 함께 사용하여야 한다. 왜냐하면? 己土는 습한 흙이고 壬水는 호수와 바다이다. 己土는 壬水가 없으면 습할 수가 없고 辛金은 己土가 없으면 생할 수가 없다. 그러므로 壬己를 함께 사용하여야 한다. 壬水가 없으면 癸水를 사용하기도 하나 다만 癸水는 힘이 떨어진다. 혹 지지에서 火局을 이루고, 癸水의 투출함을 거듭 보아도 역시 완성되기 어렵다. 壬水의 투출함을 얻어 火局을 파괴하여야 옳은 것이니 필히 하급관리이다. 만약 壬水는 없는데 癸水가 戊土를 보았다면 비록 午宮의 己土가 있어도 진흙을 건조하게 하여 태워버렸으니 金은 필히 불사름으로 녹아서 오히려 매몰되어 반드시 스님이나 도사가 된다. 한둘의 비견이 거듭됨이 있으면 외롭고 쓸쓸하지는 않는다.

【原文】

五月辛金 壬癸己 三者皆用.
오월신금 임계기 삼자개용

5월의 辛金은 壬癸己 셋을 모두 사용한다.

【原文】

或壬己兩透 支見癸水 不沖 定主贏達 卽己藏支 亦有廩貢 或無壬有己 須
혹임기양투 지견계수 불충 정주영달 즉기장지 역유늠공 혹무임유기 수
得異途 或癸出有庚 必主衣錦 叨受恩榮 若水土多者 見甲方妙.
득이도 혹계출유경 필주의금 도수은영 약수토다자 견갑방묘

혹 壬己가 함께 투출하고, 지지에서 癸水를 보고 충되지 않으면 반드시 출세한다. 곧 己土가 지장간에 있어도 역시 국자감에 진학하는 학생은 된다. 혹은 壬水는 없고 己土가 있다면 단지 과거에 합격함이 없어도 다른 길로 이룰 수 있다. 혹은 癸水가 투출하고 庚金이 있어도 이 사람은 먹고 삶이 화려하다. 은혜로운 영화를 탐내어 받았기 때문이다. 만약 水土가 많은 사람이 甲木을 보면 묘하다.

【原文】

庚辛生於夏月 要壬癸得地 若木多火多 不見金水 逢金水運必敗.
경신생어하월 요임계득지 약목다화다 불견금수 봉금수운필패

庚辛이 여름에 태어나면 壬癸가 지지에 통근됨을 필요로 한다. 만약 木이 많고 火도 많은데 金水를 보지 못하면서 金水운을 만난다면 반드시 실패한다.

【原文】

壬辛甲丙
辰亥午子

用午宮丁己 又透甲木 中書.
_{용 오 궁 정 기 우 투 갑 목 중 서}

午宮의 丁己를 사용한다. 다시 甲木이 투출하니 중서에 이른다.

◎ 역자 첨

己辛戊戊 丑丑午午	김두한(金斗漢)이다. 칠살 午火가 거듭하고 戊己土가 化殺하나 辛金이 土에 묻혀 빛을 잃게 될 것인데, 다행이 대운이 金水運으로 향하여 의리의 주먹이 되고 국회의 원까지 당선되었다.
庚辛甲辛 寅酉午酉	육군대장 김종오(金鍾五)다. 庚辛 金이 酉에 통근하여 비겁이 왕한 신강사주다. 月令의 午火를 甲과 寅이 재생살하니 무관의 사주다.
壬辛丙壬 辰未午戌	김수환 추기경의 사주다. 丙火가 투출하였으나 연간과 시간에 壬水가 兩透하여 火勢를 제화시킨다. 대운도 용신 金水로 향하여 사회의 종교지도자가 되었다.
壬辛壬乙 辰丑午巳	여성 공무원으로 대학교수를 꿈꾼다. 辛金 日主가 火旺절에 생하였는데, 지지로는 습토가 있고 천간으로는 壬水가 투출하여 귀하게 되었다.

【原文】

六月辛金 己土當權 輔助太多 恐掩金光 先用壬水 取庚佐之 壬庚兩透
육월신금 기토당권 보조태다 공엄금광 선용임수 취경좌지 임경양투

不甲功名 卽不出干 藏支得所 亦有榮華 但忌戊出 得甲制之 方吉 甲須
불갑공명 즉불출간 장지득소 역유영화 단기무출 득갑제지 방길 갑수

隔位 恐貪己合 反掩金光 又塞壬水之流 下賤之格 又忌庚出制甲 或只
격위 공탐기합 반엄금광 우색임수지류 하천지격 우기경출제갑 혹지

有未中一己 見了壬水 又爲濕泥 不可見甲 甲出 反作平人 總以一壬一
유미중일기 견료임수 우위습니 불가견갑 갑출 반작평인 총이일임일

己 見庚無甲 方妙 與五月用己壬同.
기 견경무갑 방묘 여오월용기임동

6[未]월의 辛金은 己土가 권한을 담당하니 보조함이 지나쳐서 金의 빛이 (土에 의해) 가릴까 두렵다. 먼저 壬水를 사용하여 庚金의 보좌함을 취한다. 壬庚이 함께 투출하면 과거에 합격하여 공명을 이룬다. 또 출간하지 않고 지장간에서 제자리를 얻어도 역시 영화로움이 있다. 그러나 戊土의 천간에 투출함을 꺼리는데 甲木으로 극제함을 얻으면 길하다. 甲木이 모름지기 떨어져 있어야 하는 것은 己土가 합을 하고자 욕심을 내어 오히려 金의 빛을 가리고 또한 壬水의 흘러감을 막게 하면 하천한 격국이다. 또 庚金이 투출하여 甲木을 극제하는 것을 꺼리고 혹은 未 중에 하나의 己土가 있어서 마침내 壬水를 보면 다시 습하고 질척거리는 흙이 되니 甲木을 보는 것은 옳지 못하다. 甲木이 투출하면 오히려 평범한 사람이다. 전체적으로 하나의 壬水와 하나의 己土에다 庚金을 보고 甲木이 없으면 묘하다. 더불어 己壬을 사용함은 5월과 같다.

【原文】

或丁乙出干 又有庚壬者 贏貴 無壬者富 或支成木局 得壬透 又有庚金發
혹정을출간 우유경임자 영귀 무임자부 혹지성목국 득임투 우유경금발

水之源 可云富貴.
수지원 가운부귀

혹 丁乙이 투출하고 다시 庚壬이 있는 사람은 귀함이 드러난다. 壬水가 없는 사람은 부자이다. 혹은 지지에서 木局을 이루고 壬水가 투출됨을 얻고, 다시 庚金이 水의 근원을 움직이면 부귀함이 옳다.

【原文】

甲辛丁壬　　丁壬兩透 大貴之命.
午丑未辰　　정임양투 대귀지명

丁壬이 함께 투출하니 대귀한 운명이다.

丁辛辛甲　　七殺無制 貧苦終身.
酉未未寅　　칠살무제 빈고종신

칠살이 극제함이 없어 종신토록 가난하고 괴롭다.

◎ 역자 첨

丙辛辛甲　　전 국회의원과 재무부장관을 역임한 김도연(金度演)이
申酉未午　　다. 시지 申에 壬水를 품고 甲丙 재관이 투출하였다.

戊辛己癸	서울시 경찰국장과 서울시장을 역임한 김태선(金泰善)
戌丑未卯	이다. 戊己土가 투출하였으나 卯未局을 이루어 土를 제
	하고 丑 중 癸水가 투출하였다. 木대운을 만나자 관직을
	두루 거쳤다.

戊辛丁壬	중국황제 서광제(緖光帝)다. 丁火 칠살을 壬水가 합살하
子巳未申	여 음덕과 귀함을 이루었다. 아쉬운 것은 戊土가 함께 투
	출하여 辛金의 빛을 가리는 것이다(때문에 자희태후의 압
	박이 심하였다고 본다). 대운이 서북방으로 향하여 34년
	간 재위하였고 亥運 37세에 죽었다.

戊辛丁丁	여성 연기자. 丁火 칠살이 거듭 투출되었으나 壬癸 水
子卯未未	가 투출하지 않아서 제살하지 못한다. 戊土로 化殺하나
	조열하고 辛金은 빛을 잃으니 시지 子水가 용신이다. 대
	운이 金水로 향하여 연기자활동에 두각을 보이지 못하
	고, 위장이혼 등 어려움이 많이 따르고 있다.

8. 三秋辛金
삼추신금

【原文】

七月辛金 值庚司令 不旺自旺 且壬水居申 四柱不見戊土 胎元戊藏申
칠월신금 치경사령 불왕자왕 차임수거신 사주불견무토 태원무장신

內 爲壬堤岸 人命得此 爲官淸正 但不富耳.
내 위임제안 인명득차 위관청정 단불부이

    7[申]월의 辛金은 庚金이 월령을 갖고 있어 왕한 것 같지 않으면서도 스스로 왕하다. 이는 壬水가 申宮에 머물러 사주에 戊土를 보지 않아도 胎元(태원)이 申 중에 戊土가 암장되었으므로 壬水의 제방을 이루게 된 것이니 사람이 이러한 운명이면 官이 맑고 바를 것이나 부자는 아니다.

【原文】

或有土無甲 爲有病無藥 常人 有甲者 衣衿可望.
혹유토무갑 위유병무약 상인 유갑자 의금가망

    혹 土가 있고 甲木이 없다면 病이 있는데 藥이 없는 것이니 평범한 사람이다. 甲木이 있으면 먹고살 만은 하다.

【原文】

或四柱金多 宜水洩之 若一派金水 得一戊土 反爲辛用 又宜甲制 自然
혹사주금다 의수설지 약일파금수 득일무토 반위신용 우의갑제 자연
富貴.
부귀

혹 사주에 金이 많으면 당연히 水로 설기하여야 한다. 만약 한 무리의 金水가 하나의 戊土를 얻으면 오히려 辛金을 사용한다. 다시 甲木의 극제함이 있으면 자연스럽게 부귀를 이룬다.

【原文】

或干支水多 重見戊土 逢生得位 福壽之造.
혹간지수다 중견무토 봉생득위 복수지조

혹 간지에서 水가 많은데 戊土를 거듭 보게 되면 생하는 곳에서 위치를 만난 것이니 복덕이 있고, 장수하는 사람이다.

【原文】

七月辛金 壬不在多 故書曰水淺金多 號曰體全之象 壬水爲尊 甲戊酌
칠월신금 임불재다 고서왈수천금다 호왈체전지상 임수위존 갑무작
用可也 癸水不可爲用.
용가야 계수불가위용

7[申]월 辛金은 壬水가 많은 곳에 있지 않으면 서書에 이르기를 水는 얕고, 金이 많은 것이므로 말하기를 주체가 완전한 형상이라 하니 壬水가 존귀한 것이다. 甲戊는 참작해서 사용하는 것이 옳다. 癸水를 사용함

은 불가하다.

【原文】

癸辛壬甲
巳卯申午

壬甲兩透 詞林.
임 갑 양 투 사 림

壬甲이 함께 투출하여 관직이 사림이다.

◎ 역자 첨

戊辛丙辛
子亥申酉

조선말기의 문신 민영환(閔泳煥)[55]이다. 한일합방(을사늑약)이 되자 자결하였다. 정관 丙火가 투출하여 빛나고, 지지 水局을 이루고 戊土가 투간하였다. 木 재성이 없어 水가 丙火를 극하게 되었다.

丁辛戊壬
酉卯申辰

진로그룹 장진호 회장이다. 辛金이 신강하다. 壬水가 투출하여 秀氣가 아름답고 丁칠살을 戊土가 化殺하는 중 대운이 북방으로 향하여 부귀하다.

庚辛庚戊
子酉申戌

여성 포주다. 두 庚金과 戊土가 투간하니 辛金 일주는 신강하여 시지 子水로 설기하게 되나 金土는 많고 水는 적으니 막히고 탁하여 포주 노릇을 하고 있다.

---

55) 민영환(閔泳煥, 1861년 8월 7일(음력 7월 2일) ~ 1905년 11월 30일)은 조선과 대한제국의 대신(大臣)이자 척신이다. 본관은 여흥이며, 민치구의 손자이자 민겸호의 친아들이며, 고종에게는 외사촌 동생이다. 명성황후 민씨의 친정 조카로 알려져 있다. 1905년의 을사늑약 체결에 반대하여 자결하였다. 자는 문약(文若), 호는 계정(桂庭), 시호는 충정(忠正)이다.

【原文】

八月辛金 當權得令 旺之極矣 專用壬水淘洗 故云金見水以流通 如見
戊己 則生扶太過 故以土爲病 見甲制土 方妙 無戊 不宜用甲.

    8[酉]월의 辛金은 월령을 얻어 권리를 담당하여 왕함이 지극하다. 전적으로 壬水를 사용하여 씻어 맑게 해야 한다. 그러므로 金이 水를 보는 것을 흘러서 통하는 것이라 한다. 만약 戊己를 보면 생하고 북돋움이 지나친 것이니 土가 病이 된다. 甲木으로 土를 극제함을 보면 묘하다. 戊土가 없으면 甲木을 사용하는 것이 옳지 않다.

【原文】

或四柱一點壬水 甲多洩水 此爲用神無力 奸詐之徒 得庚制者 反主仁
義 或三點辛金 一重壬水 多見甲木 有庚透者 主大富貴 不見丁爲美 若
見一丁 此人風雅淸高 衣食饒裕而已.

    혹 사주에 한 점의 壬水가 있고 甲木이 많아 水를 설기하면 이는 용신이 무력한 것이니 간사한 무리이다. 庚金의 극제함을 얻은 사람은 오히려 어질고 의리가 있다. 혹은 세 개의 辛金이 있고, 하나의 무거운 壬水가 있고, 甲木을 많이 보면 庚金이 투출하여야 이 사람은 큰 부귀를 이룬다. 丁火를 보지 않은 것이 아름답다. 만약 하나의 丁火를 보면 이 사람의 인품이 풍류가 아름답고 맑은 기운이 있어 먹고사는 데 풍족하겠다.

【原文】

若一二比肩 壬甲皆一 無庚出干 亦有恩榮.
약 일 이 비 견 임 갑 개 일 무 경 출 간 역 유 은 영

만약 한두 개의 비견에 壬甲이 모두 하나씩이면 庚金이 출간하지 않아도 역시 은혜로운 영화를 입는다.

【原文】

若二三比肩 一點壬水 戊土多見 此爲土厚埋金 此人愚懦 見一甲出 必爲
약 이 삼 비 견 일 점 임 수 무 토 다 견 차 위 토 후 매 금 차 인 우 나 견 일 갑 출 필 위
創立之人.
창 립 지 인

만약 두세 개의 비견에 하나의 壬水가 있는데 戊土를 많이 보면 이는 土가 많아 金이 묻힌 것이니 이 사람은 어리석고 나약하다. 하나의 甲木이 투출함을 보면 필히 새로운 일을 세우는 사람이다.

【原文】

或一派辛金 一位壬水 無庚雜亂 又主富中取貴.
혹 일 파 신 금 일 위 임 수 무 경 잡 란 우 주 부 중 취 귀

혹 한 무리의 辛金이 하나의 壬水가 자리를 잡고, 庚金이 없어 혼잡되고 어지럽히지 않으면 이 사람도 부자이면서 그로 인하여 귀함도 갖춘다.

【原文】

或一派壬水洩金 無戊出制 爲沙水同流 主奔波貧苦 若得支見一戊止流
혹일파임수설금 무무출제 위사수동류 주분파빈고 약득지견일무지류
其人頗有才略 藝術過人.
기인파유재략 예술과인

　혹 한 무리의 壬水가 金을 설기하는데 戊土가 투출하여 극제함이 없으면 이는 흙과 물이 한 가지 흐름으로 되어 떠돌아다니는 가난하고 고생이 많은 사람이다. 만약 지지에서 하나의 戊土가 흐름을 멈추게 하면 그 사람은 재주와 지혜가 많이 있어 예술 감각이 남보다 뛰어남이 매우 있을 것이다.

【原文】

或支成金局 干見比肩 無壬淘洗 此宜用丁 無丁必主凶頑無賴 若得一
혹지성금국 간견비견 무임도세 차의용정 무정필주흉완무뢰 약득일
壬高透 以洩群金 又名一淸到底 定有治國之材.
임고투 이설군금 우명일청도저 정유치국지재

　혹 지지에서 金局을 이루고 천간에서 비견을 보고 壬水의 씻고 맑게 함이 없으면 의당히 丁火를 사용한다. 丁火가 없으면 이 사람은 흉악하고 고집 센 무뢰배이다. 만약 하나의 壬水가 높게 투출하면 무리지은 金을 설기하는 것이니 이름하여 하나의 맑은 흐름이 전체에 퍼지는 것이므로 반드시 나라를 통치하는 인재이다.

【原文】

或支成金局 戊己透干 壬透無火 名白虎格 運行西北 富貴大贏 子息艱
難 或透丙火 雖有壬出 亦屬平庸.

혹 지지에서 金局을 이루며 戊己가 투간되고 壬水도 투간되어 火가 없다면 이름하여 白虎格(백호격)56)이다. 행운이 서북이면 부귀함이 크게 드러나나 자식은 기르기가 어렵다. 혹은 丙火가 투출하면 비록 壬水가 투출하더라도 역시 평범한 사람이다.

【原文】

或一二辛金 一派己土 定爲僧道 或干透己土 支見庚甲 一生安閑.

혹 한두 개의 辛金이 한 무리의 己土가 있으면 스님이나 도사가 된다. 혹은 己土가 투간하고 지지에서 庚甲을 보면 일생을 편안하고 한가롭게 지낸다.

【原文】

或一派乙木 不見庚壬 爲才多身弱 一見庚制 富貴可期.

---

56) 백호격(白虎格) : 백호살이 사주 내에 세 개 이상 있을 때를 말하는 것으로 甲辰, 乙未, 丙戌, 丁丑, 戊辰, 壬戌, 癸丑 7개를 말함.

혹 한 무리의 乙木이 庚壬을 보지 않으면 이를 재성이 많아 신약하다 한다. 하나의 庚金의 극제를 보게 되면 부귀를 기약한다.

【原文】

金生秋月土重 貧無寸鐵 六辛日透戊子時 運喜西方 陰若朝陽 切忌丙
금생추월토중 빈무촌철 육신일투무자시 운희서방 음약조양 절기병
丁離位 庚辛局全巳酉丑 位重權高.
정이위 경신국전사유축 위중권고

金이 가을에 태어나 土가 많으면 가난하기가 쇠꼬챙이 찌를 만큼의 땅도 없다. 여섯 개의 辛金일간이 戊子時를 만나면 西方 운을 좋아한다. 陰(6음)이 만약 조양격57)이면 최고로 꺼리는 것은 丙丁의 남방이다. 庚辛이 巳酉丑을 모두 갖추면 局을 이루는 것이므로 직위가 높고, 권세도 높다.

【原文】

己辛癸己　二人同命 一文擧 家貧 一武擧 家富.
亥未酉酉　이인동명 일문거 가빈 일무거 가부

두 사람이 같은 사주이다. 하나는 문장으로 출세하나 집안이 가난하였고, 하나는 무장으로 출세하였으나 부자이다.

---

57) 육신조양격(六辛朝陽格) : 辛일 戊子 時에 출생하여 사주 중에 午火가 없으면 이 격을 이룬다. 辛은 六陰이고 子는 一陽을 생하기 때문에 조양격이라고 하는 것이다.

| 丙辛己丁 | **身强殺淺 辛日坐酉 丙宮生印 太守.**
| 申酉酉酉 | 신강살천 신일좌유 병궁생인 태수

辛金 일주가 강하고 칠살은 약하다. 辛金 일주가 앉은 곳이 酉金이고 丙火가 인성 己土를 생하니 태수가 되었다.

| 壬辛己丁 | **丁壬兩透 經魁.**
| 辰亥酉卯 | 정임양투 경괴

丁壬이 함께 투출하니 학문으로 세상을 놀라게 한다.

◎ 역자 첨

| 壬辛乙乙 | 탤런트, 영화배우 송중기의 사주다. 시상으로 壬水 상관이 투출하여 辛金을 빛나게 한다. 대운이 남방으로 향하자 크게 인기를 누리게 되었다.
| 辰酉酉丑 |

| 辛辛丁丙 | 요식업으로 성공한 여성이다. 辛金 日主가 신왕하고 木火 재관 역시 왕한 사주다. 여성이지만 남성처럼 걸걸한 스타일로 35세의 늦은 나이에 결혼하였고 음식점 사업을 성공시켜 부를 축적했다. 단, 사업에 형제들을 끌어들여 성공하였으나 분란도 겪게 되었다.
| 卯卯酉申 |

| 己辛己壬 | 해외에서 임대업을 하는 여성이다. 壬水가 투출하였으나 己土가 월·시간으로 나란히 함께 투출한 것이 흠이다. 그러나 다행히 지지에 木局을 이루어 土를 제할 수 있다. 변화를 많이 겪으며 사업을 이루었다.
| 亥未酉寅 |

庚辛丁丙	흉운에 파산한 여성이다. 丙丁火가 관살혼잡이나 제살
寅卯酉午	을 할 수 없고, 土가 없으니 化殺 또한 이루어지지 못하
	는 중 寅卯가 칠살을 생하니 고초가 따르는 명이다.

【原文】

九月辛金 戊土司令 母旺子相 須甲疏土 壬洩旺金 先壬後甲 壬甲兩透
구월신금 무토사령 모왕자상 수갑소토 임설왕금 선임후갑 임갑양투
桃洞之仙 或壬透甲藏 又見庚者 平人 甲透壬藏 戊在支內 異途之仕.
도동지선 혹임투갑장 우견경자 평인 갑투임장 무재지내 이도지사

9[戌]월의 辛金은 戊土가 월령을 장악하니 어머니인 土도 왕하고 자식인 金도 왕하다. 반드시 甲木으로 土를 소통시키고, 壬水로 왕한 金을 설기하여야 한다. 먼저 壬水이고, 뒤에 甲木이다. 壬甲이 함께 투출하면 무릉도원의 신선이다. 혹은 壬水는 투출하고 甲木은 암장되었는데 다시 庚金을 보면 평범한 사람이다. 甲木은 투출하고 壬水가 암장되었는데 지지에 戊土가 있다면 과거에 합격하지 않고 다른 길로 출세를 한다.

【原文】

或辛日甲月 壬水在支 有庚自能去濁留淸 秋闈一榜 若戊戌月 卽有甲
혹신일갑월 임수재지 유경자능거탁류청 추위일방 약무술월 즉유갑
在支亦否.
재지역부

혹 辛金일주가 甲月에 태어나 壬水가 지지에 있다면 庚金이 있어 스스로 탁한 기운을 제거하여 맑은 기운을 머물게 하니 가을에 궁궐에서 치

르는 과거에 합격한다. 만약 戊戌月에 태어나고 지지에 甲木이 존재하면 합격할 수가 없다.

【原文】

總之土太多 甲不出干 莫問功名 得一壬出 洗土助甲 雖不發達 富而可求.
총지토태다 갑불출간 막문공명 득일임출 세토조갑 수불발달 부이가구

전체적으로 土가 무척 많은데 甲木이 천간에 투출하지 않으면 공명할 수 있느냐고 묻지 말라. 壬水 하나가 투출함을 얻어 土를 맑게 씻고 甲木이 도우면 비록 출세는 못하더라도 부자임은 틀림없다.

【原文】

或土多無壬甲 時月多透丙辛者 略貴 可以辰字在支 則榮贏莫及.
혹토다무임갑 시월다투병신자 약귀 가이진자재지 즉영영막급

혹 土가 많은데 壬甲이 없고, 時月에 丙辛이 많이 투출하면 대략 귀하다. 辰土가 지지에 있으면 영화롭게 드러남이 끊임이 없다.

【原文】

或木多土厚 無水者常人 或干上重見癸水 雖無淘洗之功 頗有淸金之用
혹목다토후 무수자상인 혹간상중견계수 수무도세지공 파유청금지용
此命主富 辛苦.
차명주부 신고

혹 木은 많고 土는 두텁고, 水가 없는 사람은 평범하다. 혹은 천간에

서 癸水를 거듭 보면 비록 맑게 씻는 공이 (壬水보다는) 없겠지만 매우 맑은 金을 사용할 수 있어 이 사람은 부자이나 어려움은 있겠다.

【原文】

或己透無壬有癸 亦能滋生金力 衣衿之貴 但恐己多 不免濁富.
혹기투무임유계 역능자생금력 의금지귀 단공기다 불면탁부

혹 己土가 투출하였는데 壬水는 없고, 癸水가 있으면 또한 金의 역량을 생하여 먹고살 만한 귀함은 있다. 단지 己土가 많아서 부정한 부를 면하지 못할 것이 두려울 뿐이다.

【原文】

九月辛金 火土爲病 水木爲藥.
구 월 신 금 화 토 위 병 수 목 위 약

9월의 辛金은 火土가 병이고 水木이 약이다.

【原文】

壬辛戊丙
辰未戌戌

印重最喜才鄕 壬丙俱透 尙書.
인중최희재향 임병구투 상서

인성이 매우 많아 최고로 기쁜 곳은 재성의 땅이다.

壬丙이 함께 투출하여 상서尙書[58]다.

---

58) 상서(尙書) : 중국 진시황 이래 상서성(尙書省)의 장관, 신하와 천자 사이에 오가는 문서에 관한 일을 맡아 보았다.

戊辛壬戊　　**去濁留淸 孝廉.**
子酉戌戌　　　거 탁 유 청　효 렴

　　　　　　탁한 기운을 제거하고 맑은 기운을 머물게 하니 효렴
　　　　　　孝廉59)이다.

丁辛戊丙　　**用戊生金 用丙暖土.**
酉未戌戌　　　용 무 생 금　용 병 난 토

　　　　　　戊土를 용신으로 하여 金을 생하고 丙火를 용신으로
　　　　　　하여 土를 따뜻하게 한다.

◎ 역자 첨

壬辛丙庚　　영화 배급사의 중역이다. 壬水로 金을 설기하고 丙火로
辰卯戌子　　따듯하게 하여 기쁘다.

戊辛壬戊　　진학시험에 여러 차례 낙방한 사람이다. 지지가 온통 土
戌丑戌辰　　局이고 戊土가 兩透하여 탁해졌다. 辛金을 씻는 壬水가
　　　　　　용신이나 甲木이 없어 土를 제할 수 없으니 탁하다는 것
　　　　　　이다.

癸辛戊辛　　辛金을 빛내줄 壬水와 土를 제할 甲木이 투출되지 않았
巳巳戌亥　　다. 일찍 모친상과 형의 자살로 가족을 잃고 혼자 고군
　　　　　　분투 하며 여자와 동거하며 살아가는 사람이다.

---

59) 효렴(孝廉) : 효성스럽고 청렴결백한 사람으로 과거에 천거된 사람. (지방관의 추천을 받아 예부로 보내어져 시험에 합격하여 등용된 사람.)

9. 三冬辛金
삼동신금

【原文】

十月辛金 時值小陽 陽漸升 寒氣將降 先用壬水 次取丙火 壬丙兩透 金榜
십월신금 시치소양 양점승 한기장강 선용임수 차취병화 임병양투 금방

題名 何也 蓋辛金有壬水丙火 名金白水清 又在亥月故發.
제명 하야 개신금유임수병화 명금백수청 우재해월고발

　　10[亥]월의 辛金은 소양과 만나는 시절이다. 양기가 점차 올라가고, 한기는 장차 내려오려 하므로 먼저 壬水를 사용하고, 다음에 丙火를 취한다. 壬丙이 함께 투출하면 과거에 합격하는 이름을 붙인다. 왜냐? 내저 辛金은 壬丙이 있으면 이름하여 金은 깨끗하고 水는 맑다 한다. 또한 亥月에 발달하기 때문이다.

【原文】

丙透壬藏 採芹之造 丙藏壬透 富有千金 壬丙在支 聰明之士.
병투임장 채근지조 병장임투 부유천금 임병재지 총명지사

　　丙火는 투출하고 壬水가 암장되면 녹봉을 받으며 제후의 학교에서 공부하는 명조이다. 丙火는 암장되고 壬水가 투출하면 부자로서 천금의 재산이 있다. 壬丙이 지지에 있어도 총명한 선비이다.

【原文】

戊壬存柱 積蓄之人 或壬多無戊 名辛水汪洋 反成貧賤 戊多壬少 又主
무임존주 적축지인 혹임다무무 명신수왕양 반성빈천 무다임소 우주
成名.
성명

戊壬이 사주에 있으면 재산을 쌓을 수 있는 사람이고, 혹은 壬水는 많고, 戊土가 없으면 이름하여 辛金이 壬水를 만나 물이 넘치고 넘친다 하여 오히려 빈천하다. 戊土가 많고, 壬水가 적으면 또 명예를 이룰 수 있다.

【原文】

或甲多戊少 因藝術而蓄金.
혹갑다무소 인예술이축금

혹 甲木은 많고 戊土가 적으면 예술로 인하여 재산을 모은다.

【原文】

若己多有戊 壬水被困 金被埋 不過誠實之人 或壬癸多無戊丙者 勞碌辛
약기다유무 임수피곤 금피매 불과성실지인 혹임계다무무병자 노록신
苦 十月辛金 先壬後丙 餘皆參用.
고 십월신금 선임후병 여개참용

만약 己土가 많고, 戊土도 있다면 壬水는 곤경을 당하고 金도 땅에 묻힘을 당했으니 성실한 사람에 불과하겠다. 혹은 壬癸가 많고 戊丙이 없는 사람은 자갈땅에서 수고하며 고생하며 괴로울 뿐이다. 10월 辛金은 먼저 壬水이고, 뒤에 丙火이다. 나머지는 참작하여 사용하라.

◎ **역자 첨**

| 癸辛辛丁
巳卯亥酉 | 부처 석가모니(釋迦牟尼)의 사주다. 壬丙은 지지에 품고 丁 칠살과 癸 식신이 투출하였으니 내공이 무한한 金白水淸의 사주다. |

| 丙辛辛壬
申亥亥辰 | 청나라를 세운 청태조(淸太祖), 황태극(皇太極)이다. 壬水가 투출하고 丙火를 용신으로 하니 金白水淸한 귀격이다. |

| 丙辛乙甲
申巳亥申 | 서울대 법대 출신 변호사다. 月令 亥 중에 壬水가 있고 丙火가 투출하여 사법시험에 합격하고 법조인이 되었다. |

| 丙辛乙甲
申巳亥申 | 여류 변호사 황산성이다. 亥月생이 丙火와 甲木이 투출하여 부귀하다. |

| 丁辛癸戊
酉丑亥戌 | 공인회계사 시험에 합격, 증권회사 지점장이다. 月令 亥 중 壬甲이 암장하고, 천간은 戊癸가 합하고 丁火 칠살이 辛金 일주를 덥히니 균형이 조화롭다. |

【原文】

十一月辛金 癸水司令 爲寒凍雨露 切忌癸出凍金 而困丙火 壬丙兩透
십일월신금 계수사령 위한동우로 절기계출동금 이곤병화 임병양투

不見戊癸 衣錦腰金 卽壬藏丙透 一榜堪圖.
불견무계 의금요금 즉임장병투 일방감도

　　11[子]월 金은 癸水가 月令을 장악하니 차가운 얼음과 비와 이슬이 되어 癸水가 투출하여 金을 얼어붙게 하니 丙火를 곤란하게 하는 것을 절대로 꺼린다. 壬丙이 함께 투출하고, 戊癸를 보지 않으면 비단 옷을 입고 금 요대를 두르게 된다. 곧 壬水는 암장되고 丙火가 투출하면 과거에 합격하는 꿈을 이룰 수 있다.

【原文】

或壬多有戊 丙甲出干者 靑雲之客 若壬多無戊丙者 洩金太過 定主寒
혹임다유무 병갑출간자 청운지객 약임다무무병자 설금태과 정주한

儒 或壬多 甲乙重重 無丙火者 貧寒.
유 혹임다 갑을중중 무병화자 빈한

　　혹 壬水는 많고 戊土도 있는데 丙甲이 함께 천간에 투출한 사람은 청운의 꿈을 이룰 수 있다. 만약 壬水는 많고 戊丙이 없는 사람은 金을 설기하는 것이 지나쳐 반드시 쓸쓸한 선비이다. 혹은 壬水는 많고, 甲乙이 거듭되고, 丙火가 없는 사람은 빈한하다.

【原文】

或支成水局 癸水出干 有二戊制者 富貴恩榮 無戊者常人.
혹지성수국 계수출간 유이무제자 부귀은영 무무자상인

혹 지지에서 金局을 이루고 癸水가 천간에 투출하였는데 두 개의 戊土가 있어 극제하면 은혜로운 영화가 있어 부귀를 누리고, 戊土가 없는 사람은 평범한 사람이다.

◎ 역자 첨

| 甲辛庚丙
午丑子申 | 대기업 출신의 국회의원이다. 丙火와 甲木이 투출하여 명문대를 졸업하고 대기업을 거쳐 정계에 도전하여 성공하였다. |

| 丙辛甲癸
申未子酉 | 불문학 박사인 여성으로 대학교수를 역임했다. 丙火와 甲木이 투출하여 귀격이다. 대운이 용신 東方으로 향하자 파리로 유학을 떠나 성공하였다. |

| 癸辛庚辛
巳巳子酉 | 3사관학교 출신 대위다. 37세로 소령 진급예정이니 진급이 늦었다. 巳 중의 丙火와 戊土를 쓴다. |

| 庚辛壬壬
寅卯子子 | 水가 태왕하나 土가 없으니 허황되고 결과가 없는 명이다. 논하기를 '壬水는 많고 甲乙이 거듭되고 丙火가 없는 사람은 빈한하다.'고 하였으니 이 사주가 해당된다. |

| 戊辛戊庚
子未子子 | 사회에 적응을 못하고 있는 사람이다. 지지로 水旺한데 戊土가 투출하여 다행이나 火가 없으니 언 물을 녹일 수가 없다. 평생 공부만 해야 할 명이다. |

【原文】

或支見亥子丑 干出比劫 無丙 名潤下格 富貴雙全 運喜西北 若無庚辛
혹지견해자축 간출비겁 무병 명윤하격 부귀쌍전 운희서북 약무경신
又出甲乙 無戊丙者 必主僧道.
우출갑을 무무병자 필주승도

혹 지지에서 亥子丑을 보고 천간으로 비겁이 투출하면서 丙火가 없으면 이름하여 윤하격60)이다. 부귀를 완전히 갖춘다. 행운은 서북을 좋아한다. 만약 庚辛이 없고 甲乙이 투출하고, 戊丙이 없는 사람은 필히 스님이나 도사이다.

【原文】

或支成木局 有丁出干 又見戊者 功名特達 冬月辛金 須丙溫暖 方妙.
혹지성목국 유정출간 우견무자 공명특달 동월신금 수병온난 방묘

혹 지지에서 木局을 이루고 丁火가 있어 투출하고 다시 戊土를 보는 사람은 공명을 특별하게 달성한다. 겨울의 辛金은 오직 丙火의 따뜻함이 있어야 묘하다.

【原文】

十二月辛金 寒凍之極 先丙後壬 無丙不能解凍 無壬不能洗淘 丙壬兩
십이월신금 한동지극 선병후임 무병불능해동 무임불능세도 병임양

---

60) 윤하격(潤下格) : 壬癸 水일에 생하여 월지에 申子辰 삼합 또는 亥子丑 방합이 있고 土의 극이 없는 사주를 수가 왕하여 흐른다고 하여 윤하격이라고 한다. 윤하격인 사람은 지혜가 뛰어나고 복록과 장수를 누린다고 한다.

透 金馬玉堂之客 壬丙俱藏 游庠食饎之人 有丙無壬 富眞貴假 有壬乏
丙 賤而且貧 或丙多 無壬有癸 市中貿易之流.

　　12[丑]월의 辛金은 춥고 얼어붙는 것이 매우 심하므로 먼저 丙火를, 뒤에 壬水를 사용한다. 丙火가 없으면 얼었던 것을 능히 녹일 수 없고, 壬水가 없으면 만물을 능히 맑게 씻을 수가 없다. 丙壬이 함께 투출하면 벼슬이 높은 학자이다. 壬丙이 함께 암장되어 있으면, 여기저기 향학鄕學을 돌아다니며 가르치고, 보내주는 음식을 먹고 지내는 사람이다. 丙火는 있고 壬水가 없으면 부자는 참되나 귀는 없다. 壬水가 있어 丙火가 부족하면 하천하고 가난하다. 혹은 丙火가 많은데 壬水는 없고, 癸水가 있다면 저자거리에서 장사하는 사람이다.

【原文】

或水多 有戊己出干 又有丙丁 必主衣食充盈 一生安樂 十二月辛金 丙
先壬後 戊己次之.

　　혹 水가 많아도 戊己의 천간에 투출함이 있고 다시 丙丁이 있으면 필연코 먹고사는 것은 충분하니 일생이 편안하고 즐겁다. 12월의 辛金은 丙火가 먼저이고, 壬水는 뒤에 사용한다. 戊己는 그 다음이다.

【原文】

戊辛己乙　　侍郎.
子丑丑丑　　시 랑

　　　　　　벼슬이 시랑侍郎[61]이다.

戊辛癸丁　　用丁火 按察.
子卯丑丑　　용 정 화 안 찰

　　　　　　丁火를 사용하여 안찰按察[62]이 되었다.

丁辛己乙　　先貧後富 且壽.
酉未丑卯　　선 빈 후 부 차 수

　　　　　　먼저 가난하였으나 뒤에 부자가 되고 장수한다.

己辛丁甲　　才旺生殺 制軍.
亥卯丑申　　재 왕 생 살 제 군

　　　　　　재성이 왕하여 칠살을 생하니 군대를 통솔하는 장군이다.

---

61) 시랑(侍郎) : 상서랑(尙書郞)이 임기 1년을 채우면 낭중(郞中)이라 했고, 만 3년이 되면 시랑(侍郞)이라 했다.
62) 안찰(按察) : ① 당대(唐代)의 지방 정치사절을 안찰하던 장관 ② 명·청대 각 성(省)의 사법장관(司法長官).

◎ **역자 첨**

戊辛辛辛 戌酉丑巳	일본 총리 고이즈미다. 지지로 巳酉丑 金局을 이루니 천간 지지가 모두 金局이다. 金을 따라 종혁격(從革格)[63]이 되어 귀격이다.
丙辛丁己 申丑丑亥	경찰공무원이다. 辛金 일주가 신강하다. 丙丁火가 투출하여 용신이 되니 혼잡을 논할 수 없다. 즉 관을 쓰게 되었다.
庚辛己乙 寅卯丑丑	己土와 庚金이 투출하여 辛金 일주가 신강하다. 寅中 丙火가 암장되어 있으니 丑月의 한기를 녹일 수 없다. 매사가 늦고 이루어짐이 없으니 火運을 기다려야 하는 명이다.

◎ **역자 요약**

辛金일주를 요약하면,
- 寅月에 己壬庚이 필요하다. 己土는 일주를 생하고 壬水는 씻어 맑게 한다. 壬己를 함께 사용하고 庚金으로 도와야 한다.
- 卯月은 壬甲이 필요하다. 戊己를 싫어하니 甲木을 사용하여 극제한다.
- 辰月은 壬甲이 필요하며 壬水가 존귀하다. 戊己는 싫어하니 甲木으로 극제한다. 만약 丙辛합이 되면 오직 癸水가 있어 丙火를 극제하여야 한다. 지지에서 亥子申을 보는 것이 귀하다.

---

[63] 일간이 庚金이나 辛金이고 巳酉丑 삼합이나 申酉戌 방합국을 이루고, 사주에 금이 대부분을 이룬 사주다.

- 巳月은 壬甲癸가 필요하다. 壬水로서 맑게 씻고 겸하여 조후를 하고 다시 甲木이 戊土를 극제하여야 한다. 壬水가 없으면 癸水를 사용하기도 한다.
- 午月은 壬己癸가 필요하다. 己土는 壬水가 없으면 습하게 되지 않고, 辛金은 己土가 없으면 생명을 부지하기 어렵다. 壬己를 함께 사용하고 壬水가 없으면 癸水를 사용한다.
- 未月은 壬庚甲이 필요하다. 먼저 壬水를 사용하여 庚金으로 도와야 한다. 戊土가 천간에 투출됨을 꺼린다. 甲木을 얻어 극제해야 길하다.
- 申月은 壬甲戊가 필요하다. 壬水가 존귀하고 甲戊는 참작하여 사용한다. 癸水를 사용함은 불가하다.
- 酉月은 壬甲이 필요하다. 壬水로 맑게 씻는다. 戊己를 꺼린다. 오직 甲木으로 土를 극제하여야 한다. 지지에서 金局을 이루면 壬水는 필요 없고, 오직 丁火를 사용한다.
- 戌月은 壬甲이 필요하다. 火土가 병이고 水木이 藥이다. 먼저 壬水를 뒤에 甲木을 사용한다.
- 亥月은 壬丙이 필요하다. 먼저 壬水를 뒤에 丙火를 사용하면 金은 희고 水는 맑다.
- 子月은 丙戊壬甲이 필요하다. 丙火로 온난하게 함이 중요하다. 나머지는 참작하여 사용한다. 크게 꺼리는 것은 癸水의 출간이다.
- 丑月은 丙壬戊己가 필요하다. 먼저 丙火이고, 뒤에 壬水이며, 다음은 戊己이다. 꺼리는 것은 丙辛合이다.

제5부
論水

論水

1. 水를 논함

【原文】

天傾西北 亥爲出水之方 地陷東南 辰爲納水之府 逆流到申而作聲 故
천경서북 해위출수지방 지함동남 진위납수지부 역류도신이작성 고

水不西流 水性潤下 順則有容 順行十二神 順也 主有度量 有吉神扶助
수불서류 수성윤하 순즉유용 순행십이신 순야 주유도량 유길신부조

乃貴格 逆則有聲 逆行十二神 逆也 入格者 主淸貴 有聲譽 忌刑冲則橫
내귀격 역즉유성 역행십이신 역야 입격자 주청귀 유성예 기형충즉횡

流 愛自死自絶 則吉.
류 애자사자절 즉길

    하늘은 서북쪽으로 기울어 亥는 水가 나오는 방향이 된다. 땅은 동남쪽이 함몰하여 辰은 水를 받아들여 갈무리 해두는 곳이다. 거꾸로 흘러 申宮에 도달하면 서로 부딪혀 소리를 내므로 水는 서쪽으로 흐르지 않아야 한다. 水의 성품은 물기를 적시면서 아래로 흐르므로 그것을 따르면 그릇에 맞게 담을 수 있다. 12神을 순행하게 하는 것은 順이다. 사람이 도량이 있고, 길신이 떠받들어 도와주면 귀격이 된다. 거스르면 곧 소리가 나므로 12神을 역행하게 하는 것은 逆이다. 격국을 이루면 맑고 귀하여 좋은 평판이 있게 된다. 刑冲, 즉 물이 멋대로 흘러넘침을 꺼리지

만, 자신의 死地[木]와 絶地[火]를 좋아하므로 이곳이면 길하다.

【原文】

水不絶源 仗金生而流遠 水流泛濫 賴土剋以堤防 水火均 則合旣濟之
수불절원 장금생이유원 수류범람 뇌토극이제방 수화균 즉합기제지
美 水土混 則有濁源之凶 四時皆忌火多 則水受渴 忌見土重 則水不流
미 수토혼 즉유탁원지흉 사시개기화다 즉수수갈 기견토중 즉수불류
忌見金死 金死則水困 忌見木旺 木旺則水死 沈芝云 水命動搖 多主濁
기견금사 금사즉수곤 기견목왕 목왕즉수사 심지운 수명동요 다주탁
濫 女人尤忌之 口訣云 陽水身弱 窮 陰水身弱 主貴.
람 여인우기지 구결운 양수신약 궁 음수신약 주귀

　　水의 근원이 끊어지지 않으려면, 金이 생함에 기대어야 멀리까지 흐른다. 水의 흐름이 넘쳐 범람하게 되면, 土에 의뢰하여 제방으로 (水를) 극제한다. 水火가 고르게 균형을 이루면, 水火기제의 아름다움이 합당하다. 水土가 혼잡되면, (水의) 근원을 탁하게 하는 흉함이 있다. 사계절에 모두 火가 많음을 싫어하는 것은 (火가 많으면) 水가 마르기 때문이고, 土가 많음을 보는 것을 꺼리는 것은 水가 흐르지 않기 때문이다. 金이 사死함을 보는 것을 꺼리는 것은 金이 죽으면 水가 곤란하기 때문이고, 木왕함을 보는 것을 꺼리는 것은 木이 왕하면 水가 죽기 때문이다. 심지가 말하기를 水의 흐름이 동요하면 많은 사람들이 혼탁하고 지나치게 된다. 여인은 그것을 더욱 꺼린다. 구결에 의하면 陽水가 신약하면 곤궁하다 하고 陰水가 신약하면 귀하다 한다.

【原文】

生於春月 性濫滔淫 再逢水助 必有崩堤之勢 若加土盛 則無泛漲之憂
생어춘월 성람도음 재봉수조 필유붕제지세 약가토성 즉무범창지우
喜金生扶 不宜金盛 欲火旣濟 不要火多 見木而可施功 無土仍愁散漫.
희 금 생 부 불 의 금 성 욕 화 기 제 불 요 화 다 견 목 이 가 시 공 무 토 잉 수 산 만

水가 봄에 태어나면 성질이 세차게 넘쳐흘러 앞으로 나가려고 하여 다시 水의 도움을 만나면 반드시 제방을 붕괴시키는 세력이 있으나, 만약 土가 가세하여 왕성하면 곧 물이 가득차서 넘치는 근심이 없다. 金이 생하는 것을 좋아하나 金이 왕성한 것은 안 된다. 火와 어우러져 旣濟가 되기를 바라나, 火가 많은 것은 필요하지 않다. 木을 보면 공을 널리 베푼다. 土가 없으면 水의 기운이 제멋대로 될까 염려된다.

【原文】

夏月之水 執性歸源 時當涸際 欲得比肩 喜金生而助體 忌火旺而焙乾
하월지수 집성귀원 시당학제 욕득비견 희금생이조체 기화왕이배건
木盛則盜其氣 土旺則制其流.
목 성 즉 도 기 기 토 왕 즉 제 기 류

여름의 水는 근원으로 되돌아가고자 하는 성질에 집착한다. 시절이 바짝 마를 때이니 비견을 얻고자 하는 욕심이 있고, 金이 생하여 본체를 돕는 것을 기뻐한다. 火가 왕하여 불에 쬐어 건조해지는 것을 꺼린다. 木이 왕성하면 (水의) 기운이 달아나고, 土가 왕하면 水의 흐름이 극제당한다.

【原文】

秋月之水 母旺子相 表裏晶瑩 得金助則淸澄 逢土旺而混濁 火多而財
추월지수 모왕자상 표리정형 득금조즉청징 봉토왕이혼탁 화다이재
盛 木重而子榮 重重見水 增其泛濫之憂 疊疊逢土 始得淸平之意.
성 목중이자영 중중견수 증기범람지우 첩첩봉토 시득청평지의

　가을의 水는 어머니인 金이 왕하여 자식인 水를 돕는다. 겉과 속이 환하고 맑으니 金에 도움을 얻으면 맑음이 뚜렷하다. 土가 왕성하면 혼탁해짐을 만난 것이고, 火가 많으면 재물이 많고, 木이 거듭하면 자식이 영화롭다. 거듭거듭 水를 보면 범람하는 근심을 보탠 것이니 거듭하여 또 있는 土를 만나야 비로소 맑고 편안한 뜻을 얻는다.

【原文】

冬月之水 司令當權 遇火則增暖除寒 見土則形藏歸化 金多反曰無義
동월지수 사령당권 우화즉증난제한 견토즉형장귀화 금다반왈무의
木盛是謂有情 土太過 勢成涸轍 水泛濫 喜土堤防.
목성시위유정 토태과 세성학철 수범람 희토제방

　겨울의 水는 월령을 담당하는 권한이 있어 火를 만나면 곧 한기를 제거하고 따뜻함을 보탠다. 土를 보면 형상을 갈무리하여 변화함으로 돌아가고자 한다. 金이 많으면 반대로 의리가 없고, 木이 왕성하면 이를 정이 있다고 이른다. 土가 지나치게 많으면 水의 세력이 수레바퀴 지나간 자국에 괸 물 정도만을 이룬다. 水가 범람할 때에는 土를 만나 제방을 쌓는 것을 기뻐한다.

2. 三春壬水
삼춘임수

【原文】

正月壬水 汪洋之象 能幷百川之流 然水性柔弱 宜用庚金之源 庶不致
정월임수 왕양지상 능병백천지류 연수성유약 의용경금지원 서불치

汪洋無度 有庚丙戊三者齊透 不甲功名 或庚戊藏支 丙坐寅支者 亦有
왕양무도 유경병무삼자제투 불갑공명 혹경무장지 병좌인지자 역유

恩誥 卽一庚透 貢監有之.
은고 즉일경투 공감유지

1[寅]월의 壬水는 넘치고 출렁거리는 모습이니 능히 모든 냇가의 흐름을 하나로 모은다. 그러나 水의 성질이 유약하여 당연히 庚金의 근원을 사용해야 하고, 출렁거려 제멋대로 하고자 하는 상황에 거의 이르지 않아야 한다. 庚丙戊 셋이 모두 투출하면 과거에 합격하여 공명을 이룬다. 혹은 庚戊는 지장간에 암장되고 丙火는 寅木 지지에 앉으면 역시 임금의 부름의 은혜로움을 입는다. 곧 하나의 庚金이 투출하여도 국자감의 학생은 된다.

【原文】

凡壬日無比肩羊刃者 不必用戊 專用庚金 以丙爲佐.
범임일무비견양인자 불필용무 전용경금 이병위좌

대저 壬水일주는 비견이나 양인이 없는 사람은 戊土를 사용함이 필요하지 않다. 전적으로 庚金을 사용하고 丙火가 이를 도와야 한다.

【原文】

或見比劫 又有庚辛 此弱極復旺 又宜制伏 戊透可云不甲 戊藏則是秀才
혹견비겁 우유경신 차약극부왕 우의제복 무투가운불갑 무장즉시수재
然必丙透不合爲妙.
연필병투불합위묘

혹 비겁을 보고 다시 庚辛이 있으면 이는 약함이 매우 지나쳐 다시금 왕한 것이 되었으니 다시 제복함이 의당하다. 戊土가 투출하면 과거에 합격하고 戊土가 암장되면 공부하는 학생일 뿐이다. 그러나 丙火가 투출하고 합을 이루지 않아야 묘하다.

【原文】

或支見多戊 又有甲出干 名一將當關 群邪自伏 主光明磊落 名重百寮.
혹지견다무 우유갑출간 명일장당관 군사자복 주광명뇌락 명중백료

혹 지지에서 戊土를 많이 보고, 다시 甲木의 투출함이 있으면 이름하여 한 사람의 장수가 관문의 요새를 지킨 것이므로 많은 사악한 무리들이 스스로 항복하였으니 이 사람은 밝고 명랑하고 도량이 넓어 작은 일

에 구애되지 않아 명성이 모든 벼슬아치들보다 무겁다.

【原文】

或支成火局 惜不逢時 主名利皆虛 文章駭俗.
혹지성화국 석불봉시 주명리개허 문장해속

혹 지지에서 火局을 이루고, 애석하게도 적당한 시절을 만나지 못하면 이 사람의 명리는 모두 허망하다. 문장은 풍속을 벗어나 소란스럽게 한다.

【原文】

用庚者 土妻金子 用丙者 木妻火子 用戊者 火妻土子.
용경자 토처금자 용병자 목처화자 용무자 화처토자

庚金을 사용하면 土가 처이고 金이 자식이다. 丙火를 사용하면 木이 처이고 火가 자식이다. 戊土를 사용하면 火가 처이고 土가 자식이다.

【原文】

庚壬丙己　惜戊不出干 富而不貴.
子辰寅巳　석무불출간 부이불귀

애석하게도 戊土가 투출하지 못하여 부자이나 귀함은 없다.

◎ 역자 첨

| 辛壬丙甲
丑申寅子 | 박정희 대통령 비서실장과 중앙정보부장을 역임한 이후락(李厚洛)이다. 丙火와 甲木이 투출하여 식신생재가 빼어나고, 일간도 신왕하다. |

| 壬壬庚丙
寅午寅午 | 청나라 마지막 황제 선통제(宣統帝) 부의(溥儀)다. 庚金 인성과 비견 壬水가 투출하였으나 지지로 午戌이 병행하여 火局을 이루고 丙火가 투출하여 庚金을 파극하였다. 그리하여 마지막 황제가 되는 비참한 인생을 살다 갔다. |

| 丙壬壬壬
午戌寅子 | 이대에 장학금을 기부한 여성이다. 子水에 뿌리를 둔 壬水가 나란히 투출하여 寅午戌 火局을 이루고 丙火가 투출하니 식신생재를 이루였다. 庚金이 없으나 대운이 용신 북서방을 향하자 육영사업을 성공시켜 모교에 많은 장학금을 기부하였다. |

| 庚壬丙甲
子申寅辰 | 서강대를 창립한 사제이다. 壬水 일주가 근원이 확실하다. 甲丙이 투간하여 식신생재를 이루고 庚金이 투출하였으니 귀격이다. |

【原文】

二月壬水 寒氣初除 有並流之象 不用丙暖 專取戊土辛金 二月壬水 先戊
이월임수 한기초제 유병류지상 불용병난 전취무토신금 이월임수 선무

後辛 庚金次之.
후신 경금차지

2[卯]월의 壬水는 한기가 비로소 제거되어 물이 함께 흐르는 형상이니 丙火의 따뜻함을 사용하지 않고, 전적으로 戊辛을 취한다. 2월 壬水는 먼저 戊土이고, 뒤에 辛金이다. 庚金은 그 다음이다.

【原文】

戊辛兩透 雁塔題名[64] 戊透辛藏 亦有恩誥[65] 或戊辛不透 有庚出干者
무신양투 안탑제명　　무투신장 역유은고　　혹무신불투 유경출간자
主富.
주부

戊辛이 함께 투출하면 진사시험에 합격하고, 戊土는 투출하고 辛金이 암장되어 있으면 임금의 교지를 받는 은혜로움을 입는다. 혹은 戊辛이 함께 투출하지 않고, 庚金이 천간에 투출함이 있으면 이 사람은 부자이다.

【原文】

或支成木局 有庚透者 金榜題名[66] 庚在地者 異途之仕.
혹지성목국 유경투자 금방제명　　경재지자 이도지사

혹 지지에서 木局을 이루고, 庚金이 투출한 사람은 과거에 장원급제하여 이름을 날린다. 庚金이 지지에 있으면 과거에 합격하지 않아도 다른 길로 벼슬한다.

---

64) 안탑제명(雁塔題名) : 당대(唐代)에 진사(進士)에 급제한 사람들이 자은사(慈恩寺)의 탑에 이름을 적는 것이 습속(習俗)이 되었으므로 진사에 급제함을 이름. -한자성어, 고사명 연구사전-
65) 은고(恩誥) : 임금이 신하에게 내린 은혜로운 교서(敎書).
66) 금방제명(金榜題名) : 과거에서 1위로 이름이 새겨져 이름을 날림.

【原文】

或木出火多 名木盛火炎 須比肩羊刃 尤宜水透 富貴恩榮 乏水者則否.
혹목출화다 명목성화염 수비견양인 우의수투 부귀은영 핍수자즉부

혹 木이 투출하고, 火가 많다면 이름하여 木은 왕성하고 火는 뜨거운 것이니 오직 비견과 양인이 있어야 하고, 또 水가 투출하여야 당연하며 부귀와 은혜로운 영화가 있다. 水가 핍박되면 모두가 헛되다.

【原文】

或比肩重重 又須戊土 書曰土止流水福壽全 若戊不見 名水泛木浮 一生辛苦 再行水運 落水身亡.
혹비견중중 우수무토 서왈토지유수복수전 약무불견 명수범목부 일생신고 재행수운 낙수신망

혹 비견이 거듭되면 모름지기 戊土가 필요하니 책에서 이르기를 土가 水의 흐름을 막아 복덕과 수명이 완전하다고 한다. 만약 戊土를 보지 못하면 이름하여 水가 범람하여 木이 물에 둥둥 뜨는 것이니 일생 동안 힘들고 괴로운데 다시 水運으로 간다면 몸이 물에 빠져 죽는다.

【原文】

或甲乙重重無比肩者 此依人度日 全無作爲 若見庚辛 飢寒可免.
혹갑을중중무비견자 차의인도일 전무작위 약견경신 기한가면

혹 甲乙이 거듭있는데 비견이 없는 사람은 남에게 의지하여 세월을 보내며 스스로는 아무 일도 하지 못한다. 만약 庚辛을 보면 배고프고 추위에 떠는 것은 면하겠다.

◎ 역자첨

| 辛壬丁甲
丑戌卯午 | 국회의원, 내무부장관을 역임한 조병옥(趙炳玉)이다. 丁火와 甲木이 투출하였으나 시상의 辛金이 戌丑에 통근하여 일간을 돕는다. 중년부터 金대운을 만나자 관직이 높아졌다. |

| 庚壬乙戊
子子卯午 | 청나라 말기 유학자 강유위(康有爲)다. 壬水 일주가 두 양인에 통근하고 戊庚이 투출하여 기운이 맑게 되었다. 未대운 戊戌년에 革命을 일으키고 酉대운 戊午년에 황제를 다시 세우고자 하였으나 丁卯년 70세에 죽었다. |

| 庚壬己乙
子申卯未 | 재혼을 반복하고, 삶이 불안한 여성이다. 壬水가 지지에 申子 水局을 두고 庚金이 투출하여 신강하다. 戊土가 없고, 己土를 쓰고자 하나 그나마 乙木 상관이 극하여 파격이다. 세 번째 이혼을 준비한다. |

【原文】

三月壬水 戊土司權 恐有推山塞海之患 先用甲疏季土 次取庚金.
삼 월 임 수 무 토 사 권 공 유 추 산 색 해 지 환 선 용 갑 소 계 토 차 취 경 금

3[辰]월의 壬水는 戊土가 권한을 장악하니 산을 떠밀어내어 바다를 메울까 염려되는 공포가 있으니 먼저 甲木을 사용하여 3월의 土를 소통시키고, 다음으로 庚金을 취한다.

【原文】

甲庚俱透 不甲定然 甲透庚藏 修齊品格 甲藏有根 可云俊秀 有癸滋甲 必
갑경구투 불갑정연 갑투경장 수제품격 갑장유근 가운준수 유계자갑 필
主干城 獨甲藏支 必富 獨庚在柱 常人 無甲剛暴之徒 乏庚愚頑之輩.
주간성 독갑장지 필부 독경재주 상인 무갑강포지도 핍경우완지배

　　甲庚이 함께 투출하면 과거에 합격함이 당연하다. 甲木은 투출하고, 庚金이 암장되면 몸을 닦아 집안을 다스리고자 하는 품격은 있다. 甲木이 암장되어 통근함이 있으면 인물이 준수하다고 한다. 癸水가 있어 甲木을 도우면 이 사람은 반드시 나라를 지키는 재목이다. 홀로 甲木이 지장간에 있으면 필연코 부자는 되며, 홀로 庚金이 사주에 있으면 평범한 사람이다. 甲木이 없으면 사납고 우악스러운 무리이다. 庚金이 핍박을 받으면 어리석고 고집 센 무리배이다.

【原文】

或時干透丁者 此爲化合 助火而不助水 見丁未一理.
혹시간투정자 차위화합 조화이부조수 견정미일리

　　혹 시간에 丁火가 투출한 사람은 (壬水일주가) 합하여 (木으로) 변화한 것이므로 火를 도우고 水를 도우지 않은 것이다. 丁未를 보는 것도 한 가지 이치이다.

【原文】

或支成四庫 乏甲者 名殺重身輕 終身有損.
혹지성사고 핍갑자 명살중신경 종신유손

혹 지지에서 四庫를 이루고, 甲木이 핍박되면 이름하여 칠살은 많고 일주는 약한 것이니 종신토록 손실이 있다.

【原文】

凡水旺多見庚金者 乃無用之人 須丙制之方妙.
범수왕다견경금자 내무용지인 수병제지방묘

대저 水가 왕한데 庚金을 많이 보는 사람은 쓸모없는 인간이다. 오직 丙火로 극제되어야만 묘할 수 있다.

【原文】

甲壬甲壬
辰辰辰申

食神制殺格 提督.
식신제살격 제독

식신제살격이다. 벼슬이 제독이다.

◎ 역자 첨

丙壬庚庚
午戌辰戌

대만 총통 장개석의 아들 장경국(蔣經國) 총통이다. 부자가 총통을 하였다. 살인상생을 이루었고 丙火가 투출하여 庚金을 제화시키고 있으니 水火가 기제(旣濟)를 이루었다.

丙壬壬丙
午寅辰戌

동학 2대 교주 海月 최시형(崔時亨)이다. 辰(卯)寅 木方局을 이루고 식신생재가 빼어나다. 다만 壬水 日主가 신약하니 寅 중 甲木으로 土를 제하고 壬水를 보호한다. 그러나 火가 왕하여 제화가 쉽지 않은 것처럼 인생 최후에 교수형을 당하였다.

辛壬丙戊
丑午辰寅

중국 여배우 경요(瓊瑤)다. 丙戊가 투출하여 재관이 강하나 인성 辛金이 丑에 통근하고 살인상생하니 아름답다.

壬壬庚乙
寅辰辰卯

최연소 여성 판사로 임용되었다. 예컨대 '甲庚이 함께 투출하면 과거에 합격함이 당연하다.'고 하였다. 이 사주는 甲 대신 乙이 투출하였다.

3. 三夏壬水
삼하임수

【原文】

四月壬水 丙火司權 水弱極矣 專取壬水比肩爲助 次取辛金發源 且暗合
사월임수 병화사권 수약극의 전취임수비견위조 차취신금발원 차암합

丙火 庚金爲佐.
병화 경금위좌

4[巳]월의 壬水는 丙火가 권한을 장악하니 壬水의 약함이 지극하다. 전적으로 壬水 비견을 취하여 도움을 삼고, 다음으로 辛金을 취하여 水의 근원을 움직이게 한다. 또 丙火를 암합하니 庚金이 이를 도와야 한다.

【原文】

壬辛兩透 金榜有名 或癸辛兩出 加以甲透 亦主異路之榮 無甲者 富貴門
임신양투 금방유명 혹계신양출 가이갑투 역주이로지영 무갑자 부귀문

下之客.
하지객

壬辛이 함께 투출하면 과거에 급제하여 방榜에 이름이 오른다. 혹은

癸辛이 함께 투출하고 더불어 甲木도 투출하면 역시 과거에 합격하지 못하여도 다른 길로 영화로움이 있다. 甲木이 없는 사람은 부귀富貴한 집안의 식객이다.

【原文】

如無壬 木少火多者 又作棄命從才格 因妻致富 癸透者殘疾.
여무임 목소화다자 우작기명종재격 인처치부 계투자잔질

만일 壬水도 없는데 木은 적고, 火가 많다면 기명종재격이라 이름한다. 처妻로 인하여 부자가 된다. 癸水가 투출하면 병病이 늘 남아 있어 쇠약해진다.

【原文】

或四柱多金得地 則弱極復强 須用巳中戊土 亦主名利雙全 或異途之貴
혹사주다금득지 즉약극부강 수용사중무토 역주명리쌍전 혹이도지귀
若見一甲藏寅 與巳相刑 主有暗疾 名利皆虛 不能創立.
약견일갑장인 여사상형 주유암질 명리개허 불능창립

혹 사주에 金이 많고 지지에 통근됨을 얻으면 지극히 약한 것이 다시 강하여졌으니 오직 巳 중의 戊土를 사용하면 이 사람도 역시 명리가 완전하거나 혹은 과거에 합격함이 없어도 다른 길을 통해서 귀하다. 만약 하나의 甲木이 寅木 속에 암장된 것을 보고 巳火와 더불어 서로 相刑을 하면 이 사람은 남모르는 질환이 있어 명리가 모두 헛되며, 뜻을 세울 수가 없다.

【原文】

或多甲乙 有庚出干者貴 無庚者否.
혹다갑을 유경출간자귀 무경자부

혹 甲乙이 많아도 庚金이 천간에 투출함이 있으면 귀하고, 庚金이 없으면 이루지 못한다.

【原文】

或支成水局 大貴.
혹지성수국 대귀

혹 지지에서 水局을 이루면 대귀한다.

【原文】

| 乙壬乙壬 | 三刑合局 制軍. |
| 巳午巳寅 | 삼형합국 제군 |

寅巳가 刑하므로 군대 통솔자이다.

| 乙壬乙壬 | 才旺生官 尙書. |
| 巳申巳午 | 재왕생관 상서 |

재성이 왕하여 관성을 생하니 상서이다.

| 壬壬癸丙 | 土木交鋒 孤貧一世. |
| 寅辰巳辰 | 토목교봉 고빈일세 |

土木이 서로 날카롭게 다투니 일생 외롭고 가난하다.

◎ 역자 첨

| 甲壬乙丁
辰辰巳丑 | 세종대왕의 사주이다. 壬水 일주가 지지 巳丑으로 金을 모으고 丑辰辰 濕土가 있으니 근기가 강하다. 甲木이 투출하여 水木식신을 이루며 또한 旺土를 다스리니 맑고 귀하다. |

| 丙壬癸丙
午申巳午 | 壬水 일주가 申金에 근원을 두었으나 두 丙火가 午火에서 투출하여 火勢가 치열하다. 월간의 癸水를 용신한다 하나 한 모금일 뿐이다. 재왕신약으로 부잣집 속에서 가난한 명으로 미혼으로 고집스럽게 살아간다. |

【原文】

五月壬水 丁旺壬弱 取癸爲用 取庚爲佐 無庚不能發水 無癸不能傷丁.
오월임수 정왕임약 취계위용 취경위좌 무경불능발수 무계불능상정

5[午]월의 壬水는 丁火가 왕하여 壬水는 약하므로 癸水를 취하여 사용하고 庚金을 취하여 보좌한다. 庚金이 없으면 水를 움직일 수가 없고, 癸水가 없으면 丁火를 다치게 할 수가 없다.

【原文】

五月壬水 辛癸亦可參用 其理與四月皆同.
오월임수 신계역가참용 기이여사월개동

午月의 壬水는 辛癸도 역시 참작하여 사용할 수 있는 그 이치는 4월과 더불어 한 가지다.

【原文】

庚癸兩透 不甲必然 庚壬兩透 官居極品 有庚無壬癸者 常人.
경계양투 불갑필연 경임양투 관거극품 유경무임계자 상인

庚癸가 함께 투출하면 과거에 합격함이 당연하다. 庚壬이 함께 투출하면 관리의 직급이 높다. 庚金이 있고 壬癸가 없으면 평범한 사람이다.

【原文】

或支成火局 全無金水 名才多身弱 富屋貧人 若又甲乙多者 僧道之命.
혹지성화국 전무금수 명재다신약 부옥빈인 약우갑을다자 승도지명

혹 지지에서 火局을 이루고, 金水가 전혀 없으면 이름하여 재다신약이니 부잣집에 있는 하인이다. 만약 甲乙이 많으면 스님이나 도사의 운명이다.

【原文】

辛壬壬庚
亥寅午午

庚壬兩透 才旺生官 尙書.
경임양투 재왕생관 상서

庚壬이 함께 투출하니 재성이 왕하여 관성을 생하여 상서이다.

甲壬丙丁
辰寅午酉

太守.
태수

태수이다.

◎ 역자 첨

| 丙壬壬庚
午寅午申 | 미원 창업주 임대홍(林大洪)이다. 丙火가 투출하였는데 연지의 申에 통근한 壬水와 庚金이 일간을 돕고 대운이 용신 서북방으로 향하여 성공하였다. |

| 癸壬壬庚
卯寅午午 | 상서의 벼슬이다. 지지에 火局이 치열하나 천간으로 庚壬壬癸로 金水가 함께 나란히 하고 대운이 서북방으로 향하여 벼슬이 높이 올랐다. |

| 丙壬甲丙
午戌午午 | 여성 미용사다. 천간 지지로 온통 火局이 되어 炎上이다. 壬水는 火勢를 따라 기명종재격이 되었다. 좋은 운에서 부를 이룰 수 있다. |

| 壬壬戊戊
寅午午戌 | 심장마비로 사망한 사람이다. 寅午戌 火局을 이루고 戊土가 투출하여 燥炎이 극에 이른다. 시간에 壬水가 旺火를 제하지 못하니 오히려 病이 되었다. |

| 甲壬壬庚
辰戌午戌 | 씨름선수 출신 방송인 강호동이다. 庚壬이 투출하여 일간을 돕고 甲木이 투출하여 水木식신이 빼어나다. 대운이 서북방으로 행하자 방송인으로 성공하고 여러 사업 또한 모두 성공시켰다. |

【原文】

六月壬水 己土當權 丁火退氣 先用辛金癸水 次用甲木劈土 六月壬水
육월임수 기토당권 정화퇴기 선용신금계수 차용갑목벽토 육월임수

先辛後甲 次取癸水.
선신후갑 차취계수

6[未]월 壬水는 己土가 권한을 담당하며, 丁火의 기운이 물러나고 있다. 먼저 辛癸를 사용한다. 다음으로 甲木이 土를 부수어야 한다. 6월 壬水는 먼저 辛金이고, 뒤에 甲木이고 다음에 癸水를 취한다.

【原文】

辛甲兩透 富貴淸高 甲藏辛透 貢監生員 辛藏甲透 異途武職 甲壬兩透
신갑양투 부귀청고 갑장신투 공감생원 신장갑투 이도무직 갑임양투
無傷 有治國之貴 卽甲藏壬出無破 是拾芥之才 或支多土火 又只淸貧.
무상 유치국지귀 즉갑장임출무파 시습개지재 혹지다토화 우지청빈

辛甲이 함께 투출하면 부귀는 맑고 높다. 甲木이 암장되고 辛金이 투출하면 국자감 생원인 하급관리이다. 辛金이 암장되고, 甲木이 투출하면 과거에 합격하지 못하여도 다른 길은 무관으로 출세한다. 甲壬이 함께 투출하여 다치지 않았으면 나라를 다스리는 귀함이 있다. 즉 甲木은 암장되고 壬水가 투출하여 파괴되지 않으면 이는 하급관리이다. 혹은 지지에 土火가 많으면 다만 맑은 품성이나 가난하겠다.

【原文】

或一派己土 此假從殺格 爲人妙詐 且主孤貧 得甲乙出制可救 凡土居
혹일파기토 차가종살격 위인묘사 차주고빈 득갑을출제가구 범토거
生旺之地 須用木制方妙.
생왕지지 수용목제방묘

혹 한 무리의 己土가 있으면 이는 가종살격이므로 사람됨이 교묘하고 간사하여 외롭고 가난하다. 甲乙이 투출하여 극제한다면 구함을 얻는

다. 대저 土가 머무르는 곳이 생왕하다면 오로지 木을 사용하여 극제하여야 묘하다.

【原文】

或支成木局 洩水太過 當用金水爲貴 以金爲妻 水爲子.
혹 지 성 목 국 설 수 태 과 당 용 금 수 위 귀 이 금 위 처 수 위 자

혹 지지에서 木局을 이루어 水氣를 설기함이 지나치게 많다면 당연히 金水를 사용해야 귀하다. 金이 처이고 水가 자식이다.

◎ 역자 첨

| 辛壬癸乙
丑子未卯 | 중국 서예가 왕희지(王羲之)다. 연월지가 卯未 회국을 하여 乙木 상관을 투출시켰으며 辛金 인수를 패인(佩印)하였으니 총명하고 문예가 뛰어나다. |

| 乙壬辛甲
巳午未申 | 치과 의사다. 예컨대 '6월 壬水는 먼저 辛金이고, 뒤에 甲木이고 다음에 癸水를 취한다.'고 하였다. 이 사주는 辛金과 甲木이 나란히 투출하였다. |

4. 三秋壬水
삼추임수

【原文】

七月壬水 庚金司令 壬得申之長生 源流自遠 轉弱爲强 專用戊土 次取
칠월임수 경금사령 임득신지장생 원류자원 전약위강 전용무토 차취

丁火佐戊制庚 但用辰戌之戊 不用申中受病之戊 戊丁俱透 不甲生員 戊
정화좌무제경 단용진술지무 불용신중수병지무 무정구투 불갑생원 무

透天干 丁藏午火 恩封可待 特忌戊癸化合 卽支見寅戌 年出丁火 可許
투천간 정장오화 은봉가대 특기무계화합 즉지견인술 년출정화 가허

衣衿 或丁戊兩藏 富中可貴.
의금 혹정무양장 부중가귀

 7[申]월의 壬水는 庚金이 월령을 장악하고, 壬水는 申金의 장생을 얻었으니 근원에서 흘러 스스로 멀리까지 간다. 약한 것이 움직여 강하게 되었으니 전적으로 戊土를 사용하고 다음은 丁火가 戊土를 보좌하여 庚金을 극제하여야 한다. 단지 辰戌 중의 戊土는 사용할 수 있지만 申 중의 병들어 있는 戊土는 사용하지 않는다. 戊丁이 함께 투출하면 과거에 합격한 생원이고, 戊土가 천간으로 투출하여 丁火가 午火에 암장되어 있으니 임금에게 작위를 받는 은혜로움을 기대할 수 있다. 특히 꺼리는 것은 戊癸가 합하여 변화되는 것이다. 곧 지지에서 寅戌을 보면서 丁火가 년

으로 투출하면 먹고살 만은 하다. 혹은 丁戊가 함께 암장되면 부자이면서 그로 인한 귀함도 있다.

【原文】

或四柱多壬戊又透干 名假殺化權 閬苑之仙 支中見甲 亦不忌也 但太多
혹사주다임무우투간 명가살화권 낭원지선 지중견갑 역불기야 단태다
者 常人 有庚居申 頗有衣祿.
자 상인 유경거신 파유의록

혹 사주에 壬戊가 많고, 또 투간된다면 이름하여 칠살을 빌려 정관의 권한을 이룬 것이니 낭원67)의 신선처럼 높은 대문이 있는 궁궐에서 지내는 사람이다. 지지에서 甲木을 보아도 역시 싫어하지 않으나 지나치게 많으면 평범한 사람이다. 庚金이 申金에 머물러도 제법 먹고살 만은 하다.

【原文】

或戊多而透 得一甲制 略貴 無甲常人 或一派甲木 又見火多 無庚出者 別
혹무다이투 득일갑제 약귀 무갑상인 혹일파갑목 우견화다 무경출자 별
祖離鄕 隨緣度日 蓋申中之庚 不能救也.
조이향 수연도일 개신중지경 불능구야

혹 戊土가 많으면서 투출하면 하나의 甲木의 극제함을 얻으면 잠시 부귀가 있고 甲木이 없으면 평범한 사람이다. 혹은 한 무리의 甲木이 있고 다시 火가 많음을 보고, 庚金의 투출함이 없으면 조상과 헤어지고, 고향을 떠나 인연 닿는 곳에서 세월을 하염없이 보낸다. 모두 申 중의 庚金

---

67) 낭원(閬苑) : 신선이 사는 곳.

으로는 구할 수가 없기 때문이다.

【原文】

七月壬水 專用戊土 丁火爲佐.
칠월임수 전용무토 정화위좌

7월의 壬水는 전적으로 戊土를 사용하고 丁火가 보좌하여야 한다.

【原文】

壬壬庚戊
寅辰申寅

此用戊丙 按院.
차용무병 안원

이 사람은 戊丙을 사용하여 안원이 되었다.

丙壬戊丁
午辰申亥

此身旺任才 丁戊俱透 上書.
차신왕임재 정무구투 상서

이는 신왕하여 재성을 담당하고 丁戊가 함께 투출하여 상서가 되었다.

辛壬庚癸
亥辰申酉

此用辰中戊土 依人而富.
차용진중무토 의인이부

이는 辰 중 戊土를 사용하니 남에게 의지하여야 재산을 이룬다.

◎ 역자 첨

| 乙壬丙丙
巳辰申子 | 여성으로 애경 창업주이자, 국회의원을 역임한 장신영이다. 壬水 일주가 申月에 득령하고 申子辰 水局으로 신왕하다. 천간으로는 두 丙火와 乙木이 생재하여 신왕재왕하다. |

| 癸壬戊丁
卯寅申酉 | 윤보선(尹潽善) 전 대통령이다. 신왕하여 戊土를 쓰고 丁火가 戊를 보필하고 있으니 귀격이다. |

| 己壬壬甲
酉子申辰 | 일어일문학과 교수다. 壬水 일주가 월령 申子辰 水局을 이루니 윤하격(潤下格)이 되었다. 甲木이 투출하여 壬水를 설기함이 빼어나 교육자로 성공하였다. |

【原文】

八月壬水 辛金司權 正金白水淸忌戊土爲病 專用甲木 甲木一透制戊
팔월임수 신금사권 정금백수청기무토위병 전용갑목 갑목일투제무
壬水澈底澄淸 名高翰苑 若甲出時干 功名嬴達 設見庚破 又屬常人 卽
임수철저징청 명고한원 약갑출시간 공명영달 설견경파 우속상인 즉
甲藏支 無庚 秀才可許.
갑장지 무경 수재가허

8[酉]월의 壬水는 辛金이 권한을 장악하니 바로 金은 희고, 水는 맑은 것이다. 戊土가 病이 되는 것을 꺼리니 전적으로 甲木을 사용한다. 甲木 하나가 투출하여 戊土를 극제하면 壬水가 맑고 맑은 것이 철저하니 문장으로 이름 높아 한림원 학자로 출세한다. 만약 甲木이 시간으로 출간하면 공명을 이루어 출세함이 드러난다. 설혹 庚金을 보았어도 파괴되었다면 또한 평상한 사람이다. 곧 甲木은 지장간에 있고 庚金이 없으면 공부는 하겠다.

【原文】

或天干有壬 支見申亥 此非用甲 戊土作用 亥雖有甲 又有申中之金制
혹천간유임 지견신해 차비용갑 무토작용 해수유갑 우유신중지금제
甲 秀才一定 且富足多才.
갑 수재일정 차부족다재

　혹 천간에 壬水가 있고 지지에서 申亥를 보면 이는 甲木을 사용해서는 안 되고 戊土의 사용함이 있어야 한다. 亥 중에 비록 甲木이 있지만 다시 申 중의 金이 甲木을 극제하므로 공부만 하는 수재이겠으며, 재산이 만족스럽고 재주도 많다.

【原文】

或無戊 多金水者 主人淸才濁 困苦寒儒.
혹무무 다금수자 주인청재탁 곤고한유

　혹 戊土가 없고 金水가 많은 사람은 사람됨은 맑으나 재주는 혼탁하여 곤란하고 괴로운 쓸쓸한 선비이다.

【原文】

無甲用金 發水之源 名獨水三犯庚辛 號曰體全之象.
무갑용금 발수지원 명독수삼범경신 호왈체전지상

　甲木이 없고 金을 사용하면 水의 근원을 움직인 것이니 이름하여 하나의 水가 셋의 庚辛을 침범한 것이니 본체가 완전히 갖추어진 형상이라 한다.

【原文】

八月壬水 專用甲木 庚金次之 用甲者 水妻木子.
팔월임수 전용갑목 경금차지 용갑자 수처목자

8월의 壬水는 전적으로 甲木을 사용하고, 庚金은 다음이다. 甲木을 사용하면 水가 처이고 木은 자식이다.

【原文】

| 壬壬丁辛
寅辰酉酉 | 龍虎拱天門 又曰壬趨艮格 探花.
용호공천문 우왈임추간격 탐화 |

용호[辰寅]가 卯木 천문을 껴안고 있으니 다시 말하여 壬水추간격이다. 탐화가 되었다.

| 庚壬己壬
戌子酉子 | 印旺身强 富大貴小.
인왕신강 부대귀소 |

인성이 일주가 강하니 부는 크고 귀는 적다.

| 己壬丁丙
酉子酉子 | 身旺無依 一生貧苦.
신왕무의 일생빈고 |

신이 왕하니 (재관이 약하게 되어) 의지할 데가 없으니, 일생동안 가난하고 괴로웠다.

| 甲壬乙庚
辰子酉午 | 庚甲兩透 詞林.
경갑양투 사림 |

庚甲이 함께 투출하니 사림이 되었다.

◎ 역자 첨

| 壬壬丁辛
寅午酉酉 | 전 국회의원 고흥문(高興門)이다. 丁火가 투출하고 寅午 火局을 이루니 신왕재왕하게 되었다. |

| 庚壬己壬
戌寅酉申 | 법정 스님이다. 壬水일주가 편인 庚金이 투출하고 지지가 申酉金이니 인수가 왕하여 철학적 사고가 깊다 하겠다. 정관 己土는 바른 도덕적 사회관이며, 일지 식신 寅木은 은은한 자애로움과 교육이다. |

【原文】

九月壬水進氣 其性將厚 若一派壬水 見一甲 制戌中之戊 戊又出干 斯
구 월 임 수 진 기 기 성 장 후 약 일 파 임 수 견 일 갑 제 술 중 지 무 무 우 출 간 사

用丙火 此格淸貴極矣 正合一將當關 群邪自伏 或不見丙戌 亦不爲妙.
용 병 화 차 격 청 귀 극 의 정 합 일 장 당 관 군 사 자 복 혹 불 견 병 무 역 불 위 묘

9[戌]월은 壬水의 기운이 앞으로 나아가고 있으니 그 성질이 매우 두 텁다. 만약 한 무리의 壬水를 보고, 하나의 甲木을 보아 戌 중의 戊土를 극제하고 戊土가 다시 투출하여 이에 丙火를 사용하게 되면 이 격국은 맑고 귀함이 극도에 이르렀다. 이를 한 명의 장수가 요새 관문을 담당하여 모든 삿된 무리들이 스스로 항복하게 하는 것이다. 혹은 丙戌를 보지 못하면 역시 묘한 것은 아니다.

【原文】

或一派戊土 無一己庚雜亂 得一甲透時干 玉堂淸貴 卽甲透月上 亦主
혹일파무토 무일기경잡란 득일갑투시간 옥당청귀 즉갑투월상 역주
不甲 若支藏己土 一榜可圖 或庚乏丁 貧賤之人.
불갑 약지장기토 일방가도 혹경핍정 빈천지인

　　혹 한 무리의 戊土가 있고, 하나라도 己土 庚金이 섞여 혼잡함이 없고 하나의 甲木이 시간으로 투출함을 얻으면 문장과 학식으로 맑은 벼슬이 있다. 곧 甲木이 월상으로 투출하면 이 사람도 역시 과거에 합격한다. 만약 지지에 己土가 암장되면, 과거를 한 번에 합격하는 꿈을 이룬다. 혹은 庚金이 있으나 丁火가 핍박을 받으면 빈천한 사람이다.

【原文】

或丁透見甲 略貴.
혹정투견갑 약귀

　　혹 丁火가 투출하여 甲木을 보면 잠시 동안의 귀함이 있다.

【原文】

或水多乏丙者 又用戊土 常人.
혹수다핍병자 우용무토 상인

　　혹 水가 많아서 丙火를 핍박하게 되면서 다시 戊土를 사용하면 평범한 사람이다.

【原文】

九月壬水 專用甲木 次用丙火 用土者 火妻土子.
구월임수 전용갑목 차용병화 용토자 화처토자

9월의 壬水는 전적으로 甲木을 사용한다. 다음에는 丙火를 사용한다. 土를 사용하면 火가 처이고 土가 자식이다.

【原文】

辛壬戊丙
丑戌戌寅

身旺官旺 又得丙透 參政.
신왕관왕 우득병투 참정

신왕하고 관성도 왕한데 다시 丙火의 투출함을 얻으니 참정이 되었다.

甲壬戊辛
辰戌戌丑

支成四庫 一甲透時 太史.
지성사 일갑투시 태사

지지에서 사고를 이루고 하나의 甲木이 시간으로 투출하니 기록을 맡아보는 관리(태사)가 되었다.

◎ 역자 첨

辛壬戊丙
丑子戌午

독립운동가이며 초대 법무부장관을 지낸 이인(李仁)이다. 丙戌가 투출하고 辛丙이 멀리 있어 합이 되지 않는다. 즉 財官印이 모두 투출하여 통근하였으니 명예가 따른다.

| 甲壬庚丁 | 방송인 이상벽이다. 甲木이 투출하여 지지의 土를 제하고, 편인 庚金을 丁火가 制化시키니 이를 두고 맑아졌다 하는 것이다. |
| 辰戌戌亥 | |

| 庚壬丙乙 | 무속인의 사주다. 甲木이 없으니 지지에 왕한 土를 제할 수 없으니, 시상의 庚金으로 化殺하여야 한다. 그러나 지지의 午戌 火局에 힘을 받은 丙火가 庚金을 극하여 壬水 일주는 의지할 곳이 없게 되었다. 그러니 戌月은 자칫 조열할 수 있다는 논리를 기억해야 한다. |
| 戌午戌丑 | |

| 庚壬壬癸 | 산림환경연구소에 근무하는 공무원이다. 일지 寅중 甲木과 丙火를 암장 했고, 庚金이 살인상생 한다. |
| 子寅戌卯 | |

5. 三冬壬水
삼동임수

【原文】

十月壬水司權 至旺之極 取戊爲用 若生辰日干 又見辰時 必須戊透 又
십월임수사권 지왕지극 취무위용 약생진일간 우견진시 필수무투 우

須庚制甲 不傷戊土 戊庚兩全 定主登不及第 位贏權高 或甲出制戊 不
수경제갑 불상무토 무경양전 정주등불급제 위영권고 혹갑출제무 불

見庚救者 斷之困窮 戊藏無制 可許生員 或戊庚兩透無甲者 亦主榮贏.
견경구자 단지곤궁 무장무제 가허생원 혹무경양투무갑자 역주영영

　　10[亥]월은 壬水가 권한을 장악하니 왕한 것이 극도에 이르렀으므로 戊土를 취하여 사용한다. 만약 壬辰日主에 태어나고 다시 辰時를 보게 되면 필수적으로 戊土를 투출하여야 한다. 다시 庚金이 甲木을 극제하여 戊土가 다치지 않으면 戊庚이 함께 완전한 것이니, 당연히 과거에 올라 합격하여 직위가 드러나고 권세가 높다. 혹은 甲木이 투출하여 戊土를 극제하는데 庚金으로 구출함을 보지 않으면 단연코 곤궁하다. 戊土가 암장되어 극제함이 없으면 하급관리이다. 혹은 戊庚이 함께 투출하고 甲木이 없는 사람도 역시 영화로움이 드러난다.

【原文】

或支成木局 有甲乙出干 得庚透者 富貴 無庚者 平常.
혹지성목국 유갑을출간 득경투자 부귀 무경자 평상

　혹 지지에서 木局을 이루고, 甲乙이 천간에 투출함이 있고, 庚金의 투간함을 얻은 사람이면 부귀한다. 庚金이 없는 사람은 평범하다.

【原文】

或支成水局 不見戊己 名潤下格 運行西北 大富貴 行東南者 必危.
혹지성수국 불견무기 명윤하격 운행서북 대부귀 행동남자 필위

　혹 지지에서 水局을 이루고, 戊己를 보지 않으면 이름하여 윤하격이다. 운이 서북으로 행하면 크게 부귀하고, 동남으로 행하면 필연코 위험하다.

【原文】

或丙戊兩透 行火土運 名利雙全 或有丙無戊 可云衣祿 有戊無丙 難許
혹병무양투 행화토운 명리쌍전 혹유병무무 가운의록 유무무병 난허
推盈 十月壬水 專用戊丙 次取庚金.
추영 십월임수 전용무병 차취경금

　혹 丙戊가 함께 투출하고 운이 火土로 행하면 名利가 함께 완전하다. 혹은 丙火가 있으면 戊土가 없어도 먹고살 만은 하겠다. 戊土가 있고, 丙火가 없으면 추측하건대 名利가 가득 찰 일은 없다. 10월의 壬水는 전적으로 戊丙을 사용하고, 다음 庚金을 사용한다.

【原文】

庚壬丁庚
戌戌亥子

得庚制甲 會元.
득경제갑 회원

庚金이 亥 중 甲木을 극제하였으니 회원[68]이다.

辛壬辛壬
亥子亥申

支見亥子 四柱無戊 名旺盛無依 爲僧.
지견해자 사주무무 명왕성무의 위승

지지에서 亥子를 보고, 사주에 戊土가 없으니 이름하여 (壬水가) 너무 왕하여 의지할 데가 없자 스님이 되었다.

◎ 역자 첨

| 庚壬己辛
子子亥卯 | 동아일보, 고려대학교를 설립한 김성수(金性洙)다. 대지주 집안이었다. 지지 亥卯合 木局을 이루고 庚金이 투출하여 부귀하다. 중년부터 남방 火運을 만났다. |

| 庚壬丁庚
戌午亥辰 | 복지부 국장을 역임하였다. 午戌 火局을 두고 丁火가 투출하여 조후가 이루어졌다. 庚金이 투출하고 해중 甲木이 있으니 어느 정도 부귀하였다. |

| 庚壬辛壬
子申亥寅 | 곤궁한 여성의 사주다. 지지로 申子 水局을 이루고 천간으로는 壬水가 덮고 있다. 戊土가 없어 水를 제하지 못하고 그나마 연지 寅木으로 근근히 연명하는 것이다. |

---

68) 회원(會元) : 명·청대 과거시험 회시(會試)의 장원급제자.

【原文】

十一月壬水 陽刃幫身 較前更旺 先取戊土 次用丙火 丙戊兩透 富貴榮
십일월임수 양인방신 교전갱왕 선취무토 차용병화 병무양투 부귀영
華 有戊無丙 畧可言富 有丙無戊 好謀無成.
화 유무무병 약가언부 유병무무 호모무성

　　11[子]월의 壬水는 양인(子水)이 일주를 도우니 먼저와 비교해서 더욱 왕한 것이니 먼저 戊土를 취하고, 다음에 丙火를 사용한다. 丙戊가 함께 투출하면 부귀가 영화롭고 戊土가 있으나 丙火가 없으면 잠시 부자라고 하겠으나, 丙火가 있고 戊土가 없으면 좋은 꿈은 있으나 성공하기 어렵다.

【原文】

或支成水局 丙不出干 即有戊土 亦係庸人 或丙透得所 即無藏支 亦可
혹지성수국 병불출간 즉유무토 역계용인 혹병투득소 즉무장지 역가
贏達 須運得用方妙.
영달 수운득용방묘

　　혹 지지에서 水局을 이루고, 丙火가 천간에 투출하지 않고, 곧 戊土가 있으면 역시 평범한 사람에 속한다. 혹은 丙火가 투출하여 제자리를 얻고, 곧 지지에 암장되지 않으면 역시 출세가 드러나나 행운에서 쓰임이 얻어야 묘하다.

【原文】

或支成火局 一富而已.
혹지성화국 일부이이

　　혹 지지에서 火局을 이루어도 한 곳의 부자일 뿐이다.

【原文】

或比肩月時 年見丁火 平常之輩 支成四庫 富貴中人 或丁出時干 名爲
爭合 主名利難成.

혹 비견이 월시에 있고, 丁火를 년에서 보면 평범한 무리이다. 지지에서 사고四庫를 이루면 부귀한 사람이다. 혹은 丁火가 시간에 투간하면 이름하여 쟁합이라 하는 것이니 이 사람은 명리를 이루기가 어렵다.

【原文】

或壬子日 丁未時 雖不能不甲 亦有恩榮 何也 蓋用子中癸水爲官 號曰
用神得地 亦主榮華.

혹 壬子日 丁未時라면 과거에 합격하지 못하더라도 역시 임금에게 관직을 하사받는 은혜로운 영화가 있다. 왜냐하면 子 중에 癸水가 (未 중 己 土로서) 관성을 하게 되므로, 이름하여 용신이 득지한 것이니 역시 영화로움이 있다.

【原文】

十一月壬水 丙戊並用.

11월의 壬水는 丙戊를 함께 사용한다.

【原文】

壬壬壬壬　天元一氣 煞旺得地 侍郎.
寅寅子寅　　천원일기 살왕득지 시랑

천간이 (壬水) 하나의 기운으로 이루고 살(寅 속의 戊가)
이 왕하고 득지를 했으니, 시랑이 되었다.

甲壬壬壬　飛天祿馬格 尙書.
辰子子子　　비천녹마격 상서

비천녹마격으로 상서가 되었다.

◎ 역자 첨

癸壬甲癸 卯午子卯	의사이면서 국회부의장을 역임한 조경구(趙瓊奎)다. 癸水가 兩透하였으나 甲木과 연지시의 卯木이 설기하여 午火를 생하는 식신생재를 이루었다.
丙壬戊庚 午申子戌	하버드대 졸업, 국회의원, 해럴드미디어 사장 홍정욱이다. 丙戊庚이 투출하여 財官印을 이루어 귀격이다.
丁壬戊乙 未辰子卯	대학병원 가정의학과 여성 의사다. 천간으로 乙木, 戊土, 丁火 식재관이 투출하였다.
甲壬庚辛 辰申子亥	학원을 운영하는 여성이다. 인수 金이 왕하고 지지로 申子辰 水局을 이루었다. 시간의 甲木으로 설기하나 부목(浮木)되었고 火가 없으니 노력하는 만큼 대가가 주어지지 않는다.

【原文】

十二月壬水 旺極復衰 何也 上半月癸辛主事 故旺 專用丙火 下半月己土
십이월임수 왕극부쇠 하야 상반월계신주사 고왕 전용병화 하반월기토
主事 故衰 亦用丙火 甲木佐之.
주사 고쇠 역용병화 갑목좌지

12[丑]월의 壬水는 왕함이 지극하여 다시 쇠하려 한다. 왜냐하면, 처음 보름은 癸辛이 일을 주관하고 있으므로 왕하다. 전적으로 丙火가 용신이다. 다음 보름은 己土가 일을 주관하고 있으므로 쇠하지만 역시 丙火를 사용하고, 甲木이 그것[丙火]을 보좌해야 한다.

【原文】

有丙解凍 名利雙全 丙透甲出 不甲之貴 然四柱無壬方妙 無丙單寒之士.
유병해동 명리쌍전 병투갑출 불갑지귀 연사주무임방묘 무병단한지사

丙火가 있으면 겨울에 언 것을 해결하여 명성과 이익됨이 모두 완전하다. 丙火가 투출하고, 甲木이 투간하면 과거에 합격하는 귀함이 있다. 그러나 사주에서 壬水가 없어야 바야흐로 묘하다. 丙火가 없으면 외롭고 쓸쓸한 선비이다.

【原文】

或四柱多壬 戊透制之 衣衿可望.
혹사주다임 무투제지 의금가망

혹 사주에 壬水가 많으면 戊土가 그것을[壬水] 극제하여야 먹고살 만한 기대가 있다.

【原文】

或丁出時干 化合成木 月干又見丁火 無癸破格 亦主富貴.
혹정출시간 화합성목 월간우견정화 무계파격 역주부귀

혹 丁火가 시간에 투출하여 (丁壬)合으로 변하여 木을 이루고 월간에서 다시 丁火를 보면서 癸水가 파격을 이루는 것이 없으면 이 사람 역시 부귀한다.

【原文】

或支成金局 不見丙丁 名金寒水冷 一世孤貧 見火略可 卽丙透遇辛 亦不
혹지성금국 불견병정 명금한수냉 일세고빈 견화약가 즉병투우신 역불

爲妙 見丁頗吉.
위묘 견정파길

혹 지지에서 金局을 이루고, 丙丁을 보지 않으면 이름하여 金은 춥고 水는 냉하여 일생동안 외롭고 가난하다. 火를 보게 되면 잠시 즐거움이 있다. 丙火는 투출하나 辛金을 만나면 역시 묘함이 없다. 丁火를 보면 조금은 좋겠다.

【原文】

臘月壬水 先取丙火 丁甲爲佐 故水冷金寒愛丙丁 用火者 木妻火子.
납월임수 선취병화 정갑위좌 고수냉금한애병정 용화자 목처화자

12월의 壬水는 먼저 丙火를 취하고, 丁甲이 도와야 한다. 이것은 水는 냉하고 金은 추워서 丙丁을 사랑해야 하는 것이기 때문이다. 火를 사용하면 木이 처이고 火가 자식이다.

【原文】

水旺居垣須有智 水土混雜必愚頑 壬癸路經南域 主健 富貴堪圖 又云
수 왕 거 원 수 유 지　수 토 혼 잡 필 우 완　임 계 로 경 남 역　주 건　부 귀 감 도　우 운

惟有水木傷官格 才官相見始爲歡.
유 유 수 목 상 관 격　재 관 상 견 시 위 환

水가 왕하여 울타리(월령)에 있으면 비록 지혜가 있다고 하나 水土가 혼잡하면 필히 어리석고 고집이 세다. 壬癸가 가야하는 곳은 남쪽이어야 이 사람은 튼튼하여 부귀를 꾀할 수 있다. 다시 말하면 水木상관격은 재성과 관성을 보아야 비로소 즐겁다.

◎ 역자 첨

| 乙壬辛辛
巳戌丑巳 | 삼성 회장 이건희(李健熙)다. 26 丙午년 결혼. 辛金이 兩透하였으나 丙火는 연지와 시지의 巳火에 품고 있어서 合去되지 않는 묘함이 있다. 일지 戌土의 지장간에 丁戊 재관이 있으니 삼성을 세계적 기업으로 발돋움시켰다. |

| 癸壬己庚
卯戌丑辰 | 대원군(大院君)이다. 52 辛未운에 양요가 일어나고 64 癸未년에 壬午軍亂을 조종하였다 하여 청나라 군인에게 천진으로 압송되어 4년간 유폐되었다. 戌과 卯가 洩氣와 制의 조화를 이루니 묘하다. 대운이 남동방으로 향하였다. |

| 戊壬辛丙
申午丑午 | 무술 전문 탤런트 박남현이다. 丙火가 투출하였다. 甲木이 없으니 인기와 명예가 높지 않고 길게 가지 못한다. 다만 초년 木대운에서 활동했으며 다음 火운은 木운만 못한 것이다. |

◎ 역자 요약

壬水일주를 요약하면,
- 寅月에 庚丙戊가 필요하다. 전적으로 庚金을 사용하고, 丙火가 도와야 한다. 비겁이 많으면 戊土가 천간에 투간하여 극제하여야 한다.
- 卯月은 庚辛戊가 필요하다. 庚辛을 취하여 水의 근원을 움직여야 한다. 水가 많으면 戊土가 용신이다.
- 辰月은 甲庚이 필요하다. 먼저 甲木으로 3월의 土를 소통하고, 다음에 庚金으로 水의 근원을 움직여야 하며 金이 많으면 丙火로 극제한다.
- 巳月은 壬辛庚癸가 필요하다. 壬水가 매우 약하므로 庚辛을 취하여 水의 근원으로 한다. 壬癸 비견의 도움도 필요하다.
- 午月은 癸庚辛이 필요하다. 庚金을 취하여 水의 근원으로 하고 癸水를 취하여 보좌한다. 庚金이 없으면 辛金을 사용한다.
- 未月은 辛甲이 필요하다. 대서(大暑) 전에는 5월과 같아 辛金으로 水의 근원을 움직이고 대서 후에는 甲木을 사용하여 己土를 극제하며, 癸水를 사용하여 甲木을 생조한다.
- 申月은 戊丁이 필요하다. 전적으로 戊土를 사용하고, 丁火를 취하여 戊土를 도우면서 庚金을 극제한다. 戊土의 통근은 辰戌이 적당하다. 丁火의 통근은 午戌이 괜찮다.
- 酉月은 甲庚이 필요하다. 金白水淸이니 꺼리는 戊土가 병이므로 전적으로 甲木을 취한다.
- 戌月은 甲丙이 필요하다. 甲木으로 土를 파괴하고 丙火로 도운다.
- 亥月은 戊丙庚이 필요하다. 전적으로 戊土이고 丙火로 도운다. 甲木이 투출하여 戊土를 극제하면 庚金이 이를 구출하여야 한다.
- 子月은 戊丙이 필요하다. 水가 왕하니 戊土가 용신이다. 조후로는 丙火가 마땅하다. 丙戊를 필수적으로 겸용한다.
- 丑月은 丙丁甲이 필요하다. 처음 보름은 전적으로 丙火이고, 다음 보름은 丙火를 사용하여도 甲木이 도와야 한다.

6. 三春癸水
삼춘계수

【原文】

正月癸水 値三陽之後 雨露之精 其性至柔 先用辛金 生癸水之源 次用
정월계수 치삼양지후 우로지정 기성지유 선용신금 생계수지원 차용

丙火照暖 名陰陽和合 萬物發生 辛丙兩透 金榜有名.
병화조난 명음양화합 만물발생 신병양투 금방유명

정월의 癸水는 삼양이 지나간 이후니 촉촉한 비이슬의 정기가 있어 그 성질이 지극이 부드럽다. 먼저 辛金을 사용하여 癸水의 근원을 생하고, 다음에 丙火로써 따뜻함을 비추어야 이름하여 陰陽이 화합한 것이니 만물이 생명을 움직인다. 辛丙이 함께 투출하면 과거 합격하여 이름을 날린다.

【原文】

或支成火局 辛金受傷 有壬出救者 富貴 無壬者 貧窮 或丙出天干 辛在
혹지성화국 신금수상 유임출구자 부귀 무임자 빈궁 혹병출천간 신재

酉丑 亦有衣衿 若辛丙皆無 貧寒下格 或辛透丙藏 恩榮之造 丙辛在柱
유축 역유의금 약신병개무 빈한하격 혹신투병장 은영지조 병신재주

以富得官.
이부득관

혹 지지에서 火局을 이루면 辛金이 다침을 입으니 壬水가 투출하여 구출하면 부귀한다. 壬水가 없으면 빈궁하다. 혹은 丙火가 천간으로 투출하고, 辛金이 酉丑에 있어도 역시 먹고살 만은 하다. 만약 辛丙이 함께 없으면 가난하고 쓸쓸한 하격이다. 혹은 辛金은 투출하고 丙火가 암장되면 임금에게 관직을 하사받는 은혜로운 영화가 있다. 丙辛이 사주에 있으면 부자이면서 돈으로 출세한다.

【原文】

或戊透月上 坐辰時 不見比劫 丙丁出干 此爲化合 定主腰金 見刑沖則否.
혹무투월상 좌진시 불견비겁 병정출간 차위화합 정주요금 견형충즉부

혹 戊土가 월상으로 투출하고 辰時에 앉아 비겁을 보지 않고, 丙丁이 천간에 투출하면 이것은 戊癸가 합으로 변화한 것이니 이 사람은 당연히 허리에 금띠를 두르는 부자지만 형충을 보면 안 된다.

【原文】

或支成水局 宜有丙透 無壬者 衣祿不少 若見丙火重重又作貴推.
혹지성수국 의유병투 무임자 의록불소 약견병화중중우작귀추

혹 지지에서 水局을 이루면 당연히 丙火가 있어 투출하여야 하고, 壬水가 없으면 먹고사는 월급이 적지는 않다. 만약 丙火를 거듭 보면 다시 귀하다고 추측한다.

【原文】

正月癸水 辛金爲主 庚金次之 丙亦不可少 若無庚辛 雖有丙火 無用之人
정월계수 신금위주 경금차지 병역불가소 약무경신 수유병화 무용지인

或火多土多 殘疾不免.
혹화다토다 잔질불면

1[寅]월의 癸水는 辛金을 위주로 하고, 庚金은 그 다음이다. 丙火 역시 적어서는 안 된다. 만약 庚辛이 없고 오직 丙火만 있으면 쓸모없는 사람이다. 혹은 火도 많고 土도 많다면 질병으로 몸이 이지러지는 것을 면하지 못한다.

【原文】

用辛者 土妻金子.
용신자 토처금자

辛金을 사용하면 土가 처이고, 金이 자식이다.

◎ 역자첨

壬癸戊庚 子丑寅申	통일교 교주 문선명(文鮮明)이다. 庚戌가 투출하여 관인이 조화를 이루고 있는 중 寅이 丙火를 품었으니 財官印을 모두 갖추게 되었다.
戊癸丙甲 午酉寅子	로스쿨을 졸업하고 변호사가 되었다. 甲丙戊 식재관이 투출하고, 일지 인수 酉에 辛金이 있으니 가히 아름다운 구조다.

| 辛癸壬丁 | 여성 탤런트다. 이 사주는 辛金이 투출하고, 寅中 상관 |
| 酉丑寅巳 | 에 丙火가 있으니 재능으로 먹고살 만한 사주다. |

甲癸庚辛	개그맨 신동엽의 사주다. 천간으로 甲木과 庚辛金이 투
寅酉寅亥	출하여 상관패인(傷官佩印)을 이루었다. 두 개의 寅中에
	丙火를 암장하여 조후한다.

| 壬辛戊乙 | 개그맨 김국진의 사주다. 위 신동엽의 사주와 다른 것은 |
| 辰卯寅巳 | 庚辛金 인수가 투출되지 않았다. 이혼경력이 있다. |

【原文】

二月癸水 不剛不柔 乙木司令 洩弱元神 專用庚金爲用 辛金次之 庚辛俱
이월계수 불강불유 을목사령 설약원신 전용경금위용 신금차지 경신구

透 無丁出干者 貴由不甲 無庚辛者常人.
투 무정출간자 귀유불갑 무경신자상인

2[卯]월의 癸水는 굳세지도 유약하지도 않으나 乙木이 월령을 장악하여 원신인 癸水가 설기되어 약하므로 오로지 庚金을 용신으로 사용하며, 辛金은 그 다음이다. 庚辛이 함께 투출하고 丁火가 천간에 투출하지 않으면 과거에 합격하는 귀함이 있다. 庚辛이 없는 사람은 평범하다.

【原文】

或庚透辛藏 榮封有准 庚藏辛透 亦有衣衿 庚辛兩藏 富中取貴 或刀筆
혹경투신장 영봉유준 경장신투 역유의금 경신양장 부중취귀 혹도필

揚名 或庚辛重見 有己丁出干者亦貴.
양명 혹경신중견 유기정출간자역귀

혹 庚金은 투출하고 辛金이 암장되어도 영화로운 벼슬이 틀림없다. 庚金이 암장되고, 辛金이 투출하여도 역시 먹고살 만은 하다. 庚辛이 함께 암장되면 부자이면서 귀함도 취하나 혹은 문서를 작성하여 이름을 떨친다. 혹은 庚辛이 거듭됨을 보고, 己丁이 천간에 투출함이 있어도 역시 귀하다.

【原文】

或支成木局 月時又見木者 爲洩水太過 定主貧困多災 卽運入西方亦屬
혹지성목국 월시우견목자 위설수태과 정주빈곤다재 즉운입서방역속
無用.
무용

혹 지지에서 木局을 이루고 월시에서 다시 木을 보면 水를 설기하는 것이 지나치게 많아 이 사람은 당연히 빈곤하고 재난이 많다. 운이 서방으로 들어가도 역시 쓸모없는 사람이다.

【原文】

癸癸癸丁　水木傷官 又名飛天祿馬格 方伯.
丑亥卯未　수목상관 우명비천녹마격 방백

水木상관격이다. 또한 이름하여 비천녹마격이다. 방백에 이르렀다.

癸癸癸丁　用丑中辛金 又丁火出干 侍郎.
丑卯卯亥　용축중신금 우정화출간 시랑

丑 중 辛金을 사용하는데 다시 丁火가 천간에 투출하니 시랑이 되었다.

| 庚(辛)癸己庚⁶⁹⁾ | 庚辛兩透 位至閣老.
| 申(酉)酉卯子 | 경신양투 위지각로

庚辛이 함께 투출하여 벼슬이 각로閣老⁷⁰⁾에 이른다.

◎ 역자 첨

| 壬癸乙癸 | 독립운동가이자 교육자 조만식(曺萬植)이다. 水가 왕한
| 子亥卯未 | 중 지지로 亥卯未 木局을 이루어 수기(秀氣)가 빼어나다.

| 壬癸丁甲 | 산부인과 의사다. 丁甲이 투출하여 상관생재를 이루고 申
| 子酉卯申 | 酉에 庚辛金이 있으니 의사로 개원하여 富를 이루었다.

【原文】

三月癸水 要分淸明穀雨 淸明後 火氣未熾 專用丙火 爲陰陽合諧 穀雨後
삼월계수 요분청명곡우 청명후 화기미치 전용병화 위음양합해 곡우후
雖用丙火 尙宜辛甲佐之 如辛卯 壬辰 癸未 丙辰 生上半月 用丙火 嬴達
수용병화 상의신갑좌지 여신묘 임진 계미 병진 생상반월 용병화 영달
生下半月 必無傷辛金癸水 方妙 然丙亦不可少 用丙 木妻火子.
생하반월 필무상신금계수 방묘 연병역불가소 용병 목처화자

3[辰]월의 癸水는 청명과 곡우 절기를 구분하는 것이 중요하다. 청명
후에는 火氣가 치열하지 않으므로 전적으로 丙火를 사용하면 陰陽이 합

---

69) 이 사주는 庚辛兩透라 설명한 것으로 보아 庚申시는 오기한 것이며, 辛酉시일 가능성이 있다.
70) 각로(閣老) : 각로는 본래 중서사인(中書舍人)을 칭한다. 明代에는 한림(翰林)으로 문연각(文淵閣)에
있으면서 고칙(誥勅)을 담당하는 자도 각로라 하였다.

하여 조화를 이룬 것이다. 곡우 후에는 비록 丙火를 사용하지만 마땅히 辛甲의 보좌가 있어야 한다.

만약에 丙癸壬辛/辰未辰卯 사주는 보름 이전에 태어나면 丙火를 사용하여 출세한다. 보름 이후에 태어나면 필히 辛癸가 다치지 않아야 묘하다. 그러나 丙火 역시 적은 것은 불가하다. 丙火를 사용하면 木이 처이고 火가 자식이다.

【原文】

三月癸水 從化者多 得化者榮祿 不化者平常.
삼 월 계 수 종 화 자 다 득 화 자 영 록 불 화 자 평 상

3월의 癸水는 從하거나 化한 것이 많다. 변화됨을 얻으면 영예로운 복록이 있고, 변화되지 못하면 평범한 사람이다.

【原文】

或支成水局 又見己土 無木 乃假殺格 有甲出者 常人.
혹 지 성 수 국 우 견 기 토 무 목 내 가 살 격 유 갑 출 자 상 인

혹 지지에서 水局을 이루고, 己土를 보았는데 木이 없으면 이를 가살격이라 한다. 甲木이 있어 투출하면 평범한 사람이다.

【原文】

或支坐四庫 又得甲透 可謂贏達名揚 無甲者 僧道孤苦.
혹 지 좌 사 고 우 득 갑 투 가 위 영 달 명 양 무 갑 자 승 도 고 고

혹 지지에서 四庫에 앉고, 다시 甲木이 투출함을 얻으면 말하기를 출세 길이 훤하고, 이름을 떨친다. 甲木이 없으면 스님이나 도사이고 외롭고 고달프다.

【原文】

或支成木局 無金 名傷官生才格 主聰明博學 衣祿充饒.
혹 지 성 목 국 무 금 명 상 관 생 재 격 주 총 명 박 학 의 록 충 요

혹 지지에서 木局을 이루고, 金이 없으면 이름하여 상관생재격이니 총명하고 학문이 넓어 먹고살 만한 월급이 충분하고 넉넉하다.

【原文】

三月癸水 辛甲皆酌用 下半月 土妻金子.
삼 월 계 수 신 갑 개 작 용 하 반 월 토 처 금 자

3월의 癸水는 辛甲을 모두 참작해서 사용한다. 보름 이후이면 土가 처이고 金이 자식이다.

【原文】

辛癸甲丁　　用辛無丙 辛金得所 倖人.
酉亥辰酉　　용 신 무 병 신 금 득 소 행 인

辛金을 사용하는데 丙火가 없다. 그러나 辛金이 제자리를 얻었으니 간사한 사람이다.

甲癸壬丙　　上半月生 官至總兵 下半月生武擧.
寅巳辰寅　　상반월생 관지총병 하반월생무거

보름 이전 생이면 관직이 총병에 이르고, 보름 이후 생이면 무관으로 급제한다.

辛癸丙戊　　生下半月 出將入相.
酉丑辰午　　생하반월 출장입상

보름 이후에 태어나니 나아가면 장군이요, 들어오면 재상이다.

丙癸壬丙　　才資殺格 駙馬.
辰丑辰寅　　재자살격 부마

재성이 칠살을 도와 부마가 되었다.

◎ 역자 첨

丁癸丙癸 巳亥辰酉	사주정설 저자 백영관(白靈觀, 본명 崔榮哲)이다. 춘천지방검찰청 차장검사 후 변호사를 하였다. 고시 공부하면서 명리도 공부하였다. 丙丁火가 투출하고, 癸水가 함께 투출하여 신왕재왕하여 부귀하다.
甲癸庚庚 子巳辰辰	헌법재판소 판사를 역임했다. 庚金이 투출하여 辰土와 관인상생을 이루고 甲木으로의 설기가 빼어나니 법조인으로 명예가 높았다.
甲癸壬辛 寅亥辰亥	이비인후과 의사다. 辛金과 甲木이 투출하였다. 水木상관격으로 癸水가 신강하여 부귀가 오래 함께할 명이다.

7. 三夏癸水
삼하계수

【原文】

四月癸水 喜辛金爲用 無辛用庚 若辛高透 不見丁火 加以壬透 主不甲
사월계수 희신금위용 무신용경 약신고투 불견정화 가이임투 주불갑

榮貴 聲播四夷 若有丁破格 貧無立錐 有壬可免 辛藏無丁 貢監衣衿.
영귀 성파사이 약유정파격 빈무입추 유임가면 신장무정 공감의금

　　4[巳]월의 癸水는 辛金으로 사용되는 것을 기뻐한다. 辛金이 없으면 庚金을 사용하기도 한다. 만약 辛金이 높게 투출하고, 丁火를 보지 않으면서 壬水가 가세하여 투출하면 과거에 합격하여 영화로움이 귀하여 명성이 사방의 오랑캐 땅에도 퍼진다. 만약 丁火가 있어 파격이면 가난하기가 송곳을 꽂을 만한 땅도 없다. 壬水가 있으면 면하겠다. 辛金이 암장되고 丁火가 없으면 국자감 생원으로 먹고살 만은 하다.

【原文】

或一派火土乏辛 即有己庚 亦不能生水 又無比肩羊刃 必至熬乾癸水
혹일파화토핍신 즉유기경 역불능생수 우무비견양인 필지오건계수

損目無疑 若庚壬兩透 洩制火土 名劫印化晋 極貴之造 有丁見干者 則
손목무의 약경임양투 설제화토 명겁인화진 극귀지조 유정견간자 즉

否 如有庚無壬 亦無丁破金者 堪入儒林 有庚無辛者 異路成名 總之四
부 여유경무임 역무정파금자 감입유림 유경무신자 이로성명 총지사
月癸水 專用辛金方妙.
월계수 전용신금방묘

혹 한 무리의 火土가 辛金을 괴롭힐 때 곧 己庚이 있어도 역시 水를 생할 수가 없다. 다시 비견 양인이 없다면 필연코 癸水를 볶아서 메마르게 함에 이르니 눈을 다치게 됨을 의심할 수 없다. 만약 庚壬이 함께 투출하여 火土를 설기하면서 극제하면 이름하여 겁재와 인성이 광명이 나타나는 밝음으로 변화시킨 것이니, 최고로 귀하다. 丁火를 천간에서 보면 안된다. 또 庚金은 있고, 壬水가 없는데 丁火가 없어 金을 파괴하지 않으면 유림에 들어갈 수 있다. 庚金은 있고, 辛金이 없어도 과거에 급제하지 않고 다른 길로 이름을 이룬다. 전체적으로 4월의 癸水는 전적으로 辛金을 사용하는 것이 바야흐로 묘하다.

【原文】

辛癸己甲　辛透庚藏 身强殺旺 方伯.
酉酉巳辰　신투경장 신강살왕 방백

辛金은 투출하고, 庚金은 암장되었다. 신강하고 칠살도 왕하여 방백에 이르다.

癸癸己甲　才旺生官 尙書.
亥酉巳寅　재왕생관 상서

재성이 왕하여 관성을 생하니 상서에 이른다.

◎ 역자 첨

| 丙癸辛乙
辰巳巳酉 | 한국일보 회장을 역임했다. 지지로 金을 모으고 辛金이 투출하여 신왕재왕하니 부귀하였다. |

| 壬癸癸丙
子卯巳申 | 병원장이다. 연지 申金과 시지 子水가 있고 壬癸水가 투출하여 능히 신왕재왕한 귀격이다. |

| 癸癸己甲
丑巳巳午 | 이 사주는 庚辛金이 투출하지 않았다. 남편과 사별하고 생활전선에 뛰어들어 생활을 책임지는 고초를 겪게 되었다. |

【原文】

五月癸水 至弱無根 必須庚辛爲生身之本 但丁火司權 金難敵火 安能
오월계수 지약무근 필수경신위생신지본 단정화사권 금난적화 안능
滋養癸水 宜見比劫 方得辛金之用 五月癸水 庚辛壬參酌並用可也.
자양계수 의견비겁 방득신금지용 오월계수 경신임참작병용가야

5[午]월의 癸水는 매우 약하여 뿌리가 없으니 필수적으로 庚辛이 癸水를 생하는 근본이 되어야 한다. 그러나 丁火가 권한을 장악하니 金이 火가 극제함을 감당할 수 없다. 어찌하면 癸水를 편안하게 자라게 할 수 있을까? 의당 비겁을 보아야 辛金으로 사용함을 얻는다. 5월의 癸水는 庚辛壬을 참작하여 함께 사용하는 것이 옳다.

【原文】

如庚辛透干 又見壬癸者 定主鍾鼎名家 或有金透 支見申子辰者 亦主
여경신투간 우견임계자 정주종정명가 혹유금투 지견신자진자 역주
金榜掛名 或無水出干 支只一水 雖有庚辛 一富之造 故曰水源會夏 富
금방괘명 혹무수출간 지지일수 수유경신 일부지조 고왈수원회하 부
重貴輕 又曰金水會夏天 富貴永無邊 運行火土地 快樂似神仙.
중귀경 우왈금수회하천 부귀영무변 운행화토지 쾌락사신선

만약 庚辛이 투간하고 壬癸를 다시 보면 당연히 종과 솥에 업적을 새긴 명문가이다. 혹은 金이 투출하고 지지에서 申子辰을 보면 역시 이 사람도 과거에 합격하여 금방에 이름을 올린다. 혹은 水가 천간에 투출하지 않고 지지에 단지 하나의 水라면 庚辛이 있더라도 한 지역의 부자이다. 그러므로 水의 근원이 여름에 모이면 재산은 많으나 귀는 가볍다고 한다. 다시 金水가 모여 있으면 여름철에 태어나도 부귀가 영원토록 끝이 없으며 운이 火土로 흐르면 즐거움이 통쾌하여 신선과 다름이 없다고 한다.

【原文】

或支成火局 無壬出干 定主僧道 或二壬一庚同透 衣錦腰金.
혹지성화국 무임출간 정주승도 혹이임일경동투 의금요금

혹 지지에서 火局을 이루고, 壬水가 투간함이 없으면 당연히 스님이나 도사이다. 혹은 두 개의 壬水와 하나의 庚金이 같이 투출하면 먹고살 만한 부자이다.

【原文】

或一派己土 無甲出制 此作從殺而論 又主大貴 凡從殺者 切不可破格
혹일파기토 무갑출제 차작종살이론 우주대귀 범종살자 절불가파격
方吉.
방 길

혹 한 무리의 己土가 있고, 甲木이 투출하여 극제함이 없으면 이는 종살격이라 하며, 이 사람은 대귀한다. 대저 종살격은 절대로 격국을 파괴하지 말아야 바야흐로 길하다.

◎ 역자 첨

| 辛癸甲丙
酉酉午子 | 영화감독 임권택이다. 甲木 상관이 丙火를 생하여 신약할 듯하나 두 개의 酉金에 통근한 辛金이 투출하고 子水가 있으니 신왕재왕하게 되었다. |

| 庚癸壬乙
申丑午卯 | 여성이며 국가공무원이다. 庚金과 壬水가 투출하고 연월에 木火 식신생재를 이루니 사주가 맑다. |

| 乙癸戊戊
卯卯午午 | 직장에서 해고당한 여성이다. 戊午가 나란히 있고 卯木이 나란히 있는 중 乙木이 투출하여 종세격의 상을 이루었다. 癸水는 木火土를 따라 용신을 쓴다. 다만 이 사주는 정관과 식신이 투출하여 극하는 것이 꺼리는 것이다. 직장에서 부당함을 참지 못하고 주장하다 해고당하였다. |

【原文】

六月癸水 有上下月之分 下半月庚辛有氣 上半月庚辛休囚 凡六癸日
육월계수 유상하월지분 하반월경신유기 상반월경신휴수 범육계일
多不驗者 何也 俗士不知此理 因未中有乙己同宮 破而不破 故癸水不
다불험자 하야 속사부지차리 인미중유을기동궁 파이불파 고계수불
能從殺 所以專用庚辛 如上半月金神衰弱 火氣炎烈 宜比劫助身 可云
능종살 소이전용경신 여상반월금신쇠약 화기염열 의비겁조신 가운
富貴 與五月一理 下半月庚辛有氣 卽無比劫亦可 又忌丁透 卽丁在支
부귀 여오월일리 하반월경신유기 즉무비겁역가 우기정투 즉정재지
亦不吉 其生剋制化 與五月略同.
역불길 기생극제화 여오월약동

   6[未]월의 癸水는 상, 하월로 나누어져 있다. 하반월은 庚辛의 기운이 있고, 상반월은 庚辛이 휴수休囚가 되어 기운이 없다. 대저 6개의 癸水일주가 많이 맞지 않는 것은 왜일까? 세속의 술사들이 이러한 이치를 몰라서이다. 未 중에 乙己가 같은 궁宮에 있으니 木剋土가 깨진 것 같으면서 깨지지 않은 것이다. 그러므로 癸水는 종살하지 않고, 전적으로 庚辛을 사용한다. 상반월(보름 이전)은 金의 기운이 쇠약하고, 火의 기운이 뜨겁기가 맹렬하니 의당 비겁으로 일주를 도와야 부귀함이 옳은 것은 5월의 이치와 같다. 하반월(보름 이후)은 庚辛의 기운이 있어 비겁이 없더라도 옳은 것이다. 다시 꺼리는 것은 丁火가 투출하거나 丁火가 지지에 있어도 불길하다. 이는 생극제화의 이치가 5월과 대략 같다.

【原文】

庚癸癸乙
申未未酉

下半月庚辛得地 宰輔.
하반월경신득지 재보

하반월에 庚辛이 지지를 얻으니 재상이다.

丙癸辛己   上半月 庚辛尙弱 知州.
辰未未未   상반월 경신상약 지주

상반월에 庚辛이 매우 약하여 지주知州71)가 되었다.

◎ 역자 첨

| 丁癸乙丙 | 卯未 합국을 이루고 있는 중 乙木 식신이 투출하여 聰明하고 文章이 뛰어났다. 상반월에 태어나 子水가 용신이다. 寅運에 피살되었다. |
| 巳卯未子 | |

| 癸癸己癸 | 중국 시진핑 주석이다. 癸水가 연시간으로 나란히 투출하고 亥와 丑에 통근하여 신강한 중, 연월에 통근한 己土 칠살이 투출하였으니 극귀한 명이다. |
| 丑亥未巳 | |

| 壬癸己癸 | 씨름선수 출신 교수 이만기다. 시진핑의 사주와 같이 신왕하고 칠살이 투출하여 火대운에 씨름선수로 명성을 날렸다. 그러나 일지 酉金이 있어 살인상생하니 학생들을 가르치는 교수가 되었다. 시장과 국회의원에 출마하여 여러 차례 낙선한 것은 대운이 木運에 임하여 土관을 극하기 때문이다. 그리고 위 시진핑은 일지가 亥水이고 연지가 巳火이니 木運이 와도 水木火로 상생된다는 점이 다르다. |
| 子酉未未 | |

---

71) 지주(知州) : 중국 관명(官名)으로 주(州)의 장관(長官), 송나라 때 비롯되어 청나라 때까지 있었다.

| 丙癸己戊 | 사회복지센터 관장이다. 戊己丙火가 투출하고 지지가 辰
| 辰丑未戌 | 戌丑未 四庫地를 이루어 기명종살격(棄命從殺格)72)이 되
| | 었다.

| 丁癸己戊 | 癸水일주가 일지 亥와 연지 子水에 통근하였으나 戊己
| 巳亥未子 | 土 칠살이 투출하여 신약하다. 木이 없으니 制殺할 수 없
| | 고, 金이 없으니 化殺도 못하게 된 신경살중(身輕殺重) 사
| | 주다. 즉, 日元이 약한데 관살이 많다는 뜻이니 제살하
| | 면 吉이고 제살을 못하면 반드시 화패(禍敗)가 있게 된
| | 다. 이 사람은 이혼하였고 여러 여자와 동거하며 무직이
| | 된 난잡한 명이다.

---

72) 기명종살격(棄命從殺格) : 용신의 역량이 극단적으로 왕성하면 일간은 심히 약세가 되므로 이런 경우 일
간은 나를 버리고 용신에 從하는 상태를 기명이라 한다. 그리고 관살을 따르면 종살격이 되는 것이다.

8. 三秋癸水

삼추계수

【原文】

七月癸水 正母旺子相之時 癸雖死申 殊不知申中有庚生之 名死處逢生
칠월계수 정모왕자상지시 계수사신 수부지신중유경생지 명사처봉생

弱中復强 卽運行西北 亦不死也 但庚司令 剛銳極矣 必取丁火爲用 或
약중부강 즉운행서북 역불사야 단경사령 강예극의 필취정화위용 혹

丁透有甲 名有焰之火 必主不甲 或丁透無甲 又無壬癸 卽有一二庚金
정투유갑 명유염지화 필주불갑 혹정투무갑 우무임계 즉유일이경금

亦有生監 有二丁更妙 或金多乏丁制者 貧困之人.
역유생감 유이정갱묘 혹금다핍정제자 빈곤지인

 7[申]월의 癸水는 당연히 어머니[金]가 왕하므로 자식[水]을 돕는 시기이다. 癸水가 비록 申金에 죽는다 하나 특히 申 중에 庚金이 생하는 것을 모르고 하는 말이다. 이를 죽는 곳에서 생함을 만난 것이다 하여 약한 중에 다시 강해진 것이다. 운이 서북으로 흘러도 죽지 않는다. 그러나 庚金이 월령을 장악하여 예리함이 굳세다. 반드시 丁火를 취하여 사용한다. 혹은 丁火가 투출하고 甲木이 있으면 이름하여 불꽃이 있는 火이니 당연히 과거에 합격한다. 혹은 丁火는 투출하나 甲木이 없고, 다시 壬癸도 없는데 한두 개의 庚金이 있어도 역시 국자감 생원 정도의 하급관리는 한

다. 또 두 개의 丁火이면 더욱 묘하다. 혹은 金이 많은데 丁火로써 극제함이 곤란하면 빈곤한 사람이다.

【原文】

或一丁坐午 名獨才格 主金玉滿堂 富中取貴 若在未戌 則是常人 或柱
혹일정좌오 명독재격 주금옥만당 부중취귀 약재미술 즉시상인 혹주
見二戌二未 又得丙丁藏支 干見甲出 無水 亦作富貴而推.
견이술이미 우득병정장지 간견갑출 무수 역작부귀이추

혹 하나의 丁火가 午火에 앉으면 이름하여 독재격(재성 하나가 맑게 투출한 격)이니 집안에 돈이 많아 부유한 가운데 귀를 취한다. 만약 지지에 未戌이 있으면 이 사람은 곧 평범하다. 혹은 사주에 2戌土와 2未土를 보고, 다시 丙丁을 지지에 암장하고 천간으로 甲木이 출간함을 보는데 水가 없다면 역시 부귀한다고 추정한다.

【原文】

甲癸戊丁　傷官生才格 丁甲兩出 位至尙書.
寅卯申酉　상관생재격 정갑양출 위지상서

상관생재격이다. 丁甲이 함께 투출하니 벼슬이 상서다.

乙癸庚戊　丁火得位 大富壽考 子貴.
卯未申午　정화득위 대부수고 자귀

丁火가 위치를 얻으니 큰 부자이고 장수하며 자식이 귀하게 되었다.

辛癸丙辛　　火無力 又被辛合 身旺無依 貧僧.
酉酉申酉　　화 무 력 우 피 신 합 신 왕 무 의 빈 승

火가 무력하고, 다시 辛金에게 합을 당하니 신왕하나 의지할 곳이 없어 가난한 스님이다.

◎ 역자 첨

丁癸戊丁　　동덕여대 설립자 조동식(趙東植)이다. 癸水 일주가 신왕
巳亥申亥　　하고 丁戊가 투출하여 財官印이 모두 귀하게 되었다.

乙癸庚戊　　16대 외무부장관 김동조다. 연간부터 戊土-庚金-癸水-
卯巳申午　　乙木 순으로 생생유통이 잘 되었다.

丁癸庚戊　　신학대학 교수다. 戊土와 丁火가 투출하여 財官印을 이
巳酉申辰　　루어 교육자가 되었다. 그러나 이 사주는 재성이 약하여
　　　　　　평생 공부하는 명이다.

乙癸丙丙　　고등학교 영어 교사인 여성이다. 癸水가 신월에 일지 亥
卯亥申午　　水에 통근하여 신강 사주다. 丙火와 乙木이 투출하여 교
　　　　　　육자가 되었다.

【原文】

八月癸水 辛金虛靈[73] 非頑金可比 正金白水淸 故取辛金爲用 丙火佐之
팔 월 계 수 신 금 허 령　　비 완 금 가 비 정 금 백 수 청 고 취 신 금 위 용 병 화 좌 지

73) 허령불매(虛靈不昧) : 마음은 무형한 것이므로 눈으로 볼 수 없으나, 그 작용은 지극히 명백하여, 거울

名水暖金溫 如丙與辛隔位同透 主不甲功名 或丙透辛藏 一榜之士 或
명수난금온 여병여신격위동투 주불갑공명 혹병투신장 일방지사 혹

土多剋水 生意中人 八月癸水 丙辛皆用.
토다극수 생의중인 팔월계수 병신개용

8[酉]월의 癸水는 辛金의 맑은 기운이 깨끗하여 둔한 金에 비할 바가 아니기에 당연히 金은 희고, 水는 맑다 한다. 그러므로 辛金을 취하여 사용하고, 丙火가 이를 보좌하면 이름하여 水도 따뜻하고 金도 따뜻한 것이다. 만약 丙火와 辛金이 떨어져서 함께 투출하면 이 사람은 과거에 합격하여 공명을 이룬다. 혹은 丙火는 투출하고, 辛金이 암장되어도 과거에 합격은 한다. 혹은 土가 많아 水를 극하여도 삶에 의지가 있는 사람이다. 8월의 癸水는 丙辛을 함께 사용한다.

【原文】

丙癸乙庚　　乙庚化金以助身 太守.
辰亥酉寅　　을경화금이조신 태수

　　　　　　乙庚이 金으로 변화하여 일주를 도우니 태수가 되었다.

癸癸丁辛　　金水多 丁透丙藏 四柱不雜 福壽錦長.
亥巳酉酉　　금수다 정투병장 사주부잡 복수금장

　　　　　　金水가 많으나 丁火는 투출하고, 丙火는 암장되나 사주가 혼잡되지 않아 복덕과 수명이 오래도록 길었다.

이 물건을 비추는 것과 같음. 즉 허령(虛靈)은 마음을 맑게 비우는 것을 의미한다.

◎ 역자 첨

丙癸丁辛 辰亥酉丑	홍콩배우 유덕화(劉德華)다. 丙辛이 모두 투출하였으며 멀리 떨어져 있어 맑게 되었고 亥中 甲木이 암장되어 유명한 배우로 명성을 얻었다.
庚癸乙庚 申卯酉辰	중국 유명인사 공상희(孔祥熙)다. 乙庚합으로 이루고 辰酉합을 이루니 인성과 식신이 명랑하게 되었다.
乙癸乙庚 卯卯酉子	庚金이 乙木에 정을 주고 있는데 丙火가 없고, 乙木만 무성하니 자식을 얻은 후 남편은 잃고 고독하게 살아가는 사람이다.
丁癸癸己 巳亥酉亥	노점상으로 생계하는 여성이다. 癸水 일주가 비견이 많고, 丁火 재는 적으니 이를 群劫爭財라고 한다. 노점상을 해오다 戊寅 대운에서 조그만 가게를 얻었다.

【原文】

九月癸水 失令無根 戊土司權 剋制太過 專用辛金發水之源 要比肩滋
구월계수 실령무근 무토사권 극제태과 전용신금발수지원 요비견자
甲制戊方妙.
갑제무방묘.

9[戌]월의 癸水는 월령을 잃고, 뿌리가 없다. 戊土가 권한을 장악하니 극제함이 지나치다. 전적으로 辛金으로 水의 근원을 움직여야 하고, 필요한 것은 비견이 甲木을 도와서 戊土를 극제하여야 바야흐로 묘하다.

【原文】

或辛甲兩透 支見子癸 定主平步靑雲 或癸甲兩透 富貴成名 或有甲辛
혹신갑양투 지견자계 정주평보청운 혹계갑양투 부귀성명 혹유갑신

無癸者 亦有恩封 或有甲癸無辛者 富大貴小 有甲無癸辛者 常人 二者
무계자 역유은봉 혹유갑계무신자 부대귀소 유갑무계신자 상인 이자

俱無 貧賤之格.
구무 빈천지격

혹 辛甲이 함께 투출하고, 지지에서 子 중 癸水를 보면 이 사람은 반드시 편안하게 청운의 꿈을 이룬다. 혹은 癸甲이 함께 투출하여도 부귀함을 이룬다. 혹은 甲辛이 있고 癸水가 없어도 역시 임금에게 작위를 하사받고, 혹은 甲癸가 있고, 辛金이 없다면 부자이나 귀는 적다. 甲木이 있고 癸辛이 없다면 평범하다. 둘이 모두 없다면 빈천한 격이다.

【原文】

或有甲見壬者 頗許衣衿.
혹유갑견임자 파허의금

혹 甲木이 있고 壬水를 보면 먹고살 만한 사람이다.

【原文】

九月癸水 辛甲並用.
구월계수 신갑병용

9월의 癸水는 辛甲을 함께 사용한다.

【原文】

甲癸丙癸　　食神生才格 總督.
寅卯戌亥　　식 신 생 재 격　총 독

식신생재격이므로 총독이 되었다.

癸癸庚壬　　甲辛俱無 爲人奴僕.
亥丑戌辰　　갑 신 구 무　위 인 노 복

甲辛이 모두 없어 남의 하인이다.

◎ 역자 첨

癸癸戊辛　　이토 히로부미(伊藤博文)다. 관살이 많아 인성 辛金을 사
丑丑戌丑　　용한다. 잡기재관(雜氣財官)74)이고 살인상생한다. 64 辛
　　　　　　卯대운 69 己酉년에 안중근 의사에게 피살되었다. 戌土
　　　　　　관이 높아 수상이 되었으나 土가 많은데 甲木이 없다.

甲癸丙庚　　교황 바오로 2세다. 戌月에 庚甲이 투출하고 癸水일간이
寅亥戌申　　亥 中 壬水에 통근하여 종교계의 현인이 되었다.

乙癸庚壬　　변호사다. 庚金이 월령 戌土를 설기하여 癸水 日主를 생
卯巳戌子　　하고, 癸水는 식신 乙木으로 秀氣하여 아름답다.

壬癸壬癸　　일본어학과 여성 교수다. 辛金은 戌土에 암장되었고 卯
戌卯戌巳　　木으로 土를 제하고 있다. 중년 木대운을 만나자 土를 制
　　　　　　하여 대학교수에 임용되었다.

---

74) 잡기격(雜氣格) : 생월이 辰戌丑未의 4음신 중 어느 월이고, 사주 중 해건(解鍵)의 신이 있고, 정기(正
氣)에 財官印 중 하나를 암장하고 있는 격식이다. -역학사전, 노영준-

9. 三冬癸水
삼동계수

【原文】

十月癸水 旺中有弱 何也 因亥搖木 洩散元神 宜用庚辛爲妙 得庚辛兩
십월계수 왕중유약 하야 인해요목 설산원신 의용경신위묘 득경신양

透 不見丁傷者 功名有准.
투 불견정상자 공명유준

10[亥]월의 癸水는 왕한 가운데 약함이 있다. 왜냐하면, 亥水로 인해 木이 요동을 쳐서 水의 원신을 설기하여 분산시키기 때문이다. 의당히 庚辛을 사용하면 묘하다. 庚辛이 함께 투출함을 얻고, 丁火의 다침을 보지 않으면 공명함이 확실하다.

【原文】

或支成木局 有丁出干 爲木旺火相 制住庚辛不生水 必主淸寒 或成木
혹지성목국 유정출간 위목왕화상 제주경신불생수 필주청한 혹성목

局 干見丙丁 異路之榮.
국 간견병정 이로지영

혹 지지에서 木局을 이루고, 丁火가 있어 천간에 투출하면 木이 왕하

여 火를 도우니 庚辛을 극제하여 머물게 하면서 水를 생하지 못하는 이치이니 이 사람은 깨끗하나 쓸쓸한 사람이다. 혹은 木局을 이루고, 천간에서 丙丁을 보면 과거에 급제함이 없어도 다른 길로 영화가 있다.

【原文】

或一派壬水 不見戊制 名冬水汪洋 奔波到老 若得戊透 淸貴堪誇.
혹일파임수 불견무제 명동수왕양 분파도노 약득무투 청귀감과

혹 한 무리의 壬水가 戊土의 극제함을 보지 못하면, 이름하여 겨울의 水가 넘치는 형상이니 분주하여 고생함이 늙도록 이른다. 만약 戊土의 투출함을 얻으면 청귀함이 뛰어나고 자랑할 만하다.

【原文】

或一派庚辛 得丁出制 主名利雙全 若不見丁 又主貧薄.
혹일파경신 득정출제 주명리쌍전 약불견정 우주빈박

혹 한 무리의 庚辛이 있어도 丁火가 투출하여 극제함을 얻으면 명성과 이익이 완전하다. 만약 丁火를 보지 못하면 이 사람은 가난하고 박복하다.

【原文】

或四柱火多 名才多身弱 富屋貧人.
혹사주화다 명재다신약 부옥빈인

혹 사주에 火가 많으면 이름하여 재성이 많아 신약해진 것이니 부잣

집에서 일하는 가난한 하인이다.

【原文】

癸癸癸癸　　天元一氣格 惜無火土.
亥丑亥卯　　천원일기격 석무화토

　　　　　　천원일기격이다. 애석하게 火土가 없다.

壬癸辛壬　　飛天祿馬格 進士.
子亥亥申　　비천녹마격 진사

　　　　　　비천녹마격이다. 진사가 되었다.

◎ 역자첨

癸癸癸癸　　조선일보 방일영(方一榮) 회장이다. 천원일기격이며, 亥
亥巳亥亥　　중 甲木을 써서 巳火를 보호해야 한다. 중년에 들며 火運
　　　　　　으로 향하자 부귀하였다.

癸癸辛壬　　중국 유학자 왕수인(王守仁)이다. 윤하격을 이루었다. 亥
亥亥亥子　　중 甲木 상관이 암장되어 秀氣함이 좋으니 東方운에서
　　　　　　귀하게 되었다.

甲癸辛丁　　천재소년 송유근이다. 癸水가 신강하고 차가운데 연간으
寅酉亥丑　　로 丁火가 투출하고 월령에서 상관 甲木이 투출하였다.
　　　　　　한편 편인 辛金이 傷官佩印하니 비상한 두뇌의 소유자다.
　　　　　　초년 대운이 庚申, 己酉, 戊申 西方 金運으로 향하여 명문
　　　　　　대를 못 가고 논문이 취소되는 등 리스크를 겪고 있다.

| 辛 癸 乙 甲 |
| 酉 丑 亥 寅 |

운보 김기창 화백이다. 甲乙이 투출하여 癸水 일주의 설기가 염려되는데 辛金이 酉丑金局을 이루고 투출하니 균형이 이루어졌다. 이에 水木상관이 아름답게 되자 예술가로 성공하였다.

| 乙 癸 辛 丁 |
| 卯 酉 亥 卯 |

변호사다. 예컨대 '庚辛이 있어도 丁火가 천간에 투출하여 극제함을 얻으면 명성과 이익이 완전하다.' 하였으니 법조인이 된 것이다.

【原文】

十一月癸水 值雪凍之時 金水無交歡之象 專用丙火解凍 庶不致成雪
십 일 월 계 수 치 설 동 지 시 금 수 무 교 환 지 상 전 용 병 화 해 동 서 불 치 성 설

又要辛金滋扶 無丙有辛 不妙 凡冬季癸水 有丙透解凍 則金溫水暖 兩
우 요 신 금 자 부 무 병 유 신 불 묘 범 동 계 계 수 유 병 투 해 동 즉 금 온 수 난 양

兩相生 要不見壬透 自然登不及第 紫誥金章.
양 상 생 요 불 견 임 투 자 연 등 불 급 제 자 고 금 장

11[子]월의 癸水는 꽁꽁 어는 시절을 만난 것이다. 金水가 서로 만나도 즐거움이 없는 형상이다. 오로지 丙火를 사용하여 해동해야만 거의 얼어붙지 않게 된다. 다시 辛金에 북돋움이 필요하고 丙火가 없는데 辛金이 있어도 묘하지 않다. 대저 한겨울의 癸水는 丙火가 투출하여 언 것을 풀어야 金水가 따뜻해져 서로 서로가 상생한다. 壬水가 투출함을 보지 않으면 자연스럽게 과거에 올라 급제하여 높은 벼슬을 자랑한다.

【原文】

或一派壬水 無丙出干 寒困之士 一派癸水 孤賤之流 或支成水局 得丙
혹 일 파 임 수 무 병 출 간 한 곤 지 사 일 파 계 수 고 천 지 류 혹 지 성 수 국 득 병

火重出干者 又主蟒袍玉帶之榮.
화 중 출 간 자 우 주 망 포 옥 대 지 영

혹 한 무리의 壬水가 있는데 丙火의 투출함이 없으면 쓸쓸하고 괴로운 선비이다. 한 무리의 癸水라면 외롭고 천한 무리이다. 혹은 지지에서 水局을 이루고, 丙火가 거듭 천간에 투출하면 또한 이 사람은 용무늬를 수놓은 관복官服을 입고 옥대를 두르는 높은 벼슬의 영화가 있다.

【原文】

或支成金局 丙火無踪者 芒鞋75)革履之流.
혹 지 성 금 국 병 화 무 종 자 망 혜 혁 리 지 류

혹 지지에서 金局을 이루고, 丙火의 자취를 찾을 수 없다면 짚신을 고쳐 신을 정도의 가난한 부류이다.

【原文】

如辛年丙月癸日 有火者 主恩榮寵錫 繞膝芝蘭 無火者 損資得貴 位重
여 신 년 병 월 계 일 유 화 자 주 은 영 총 석 요 슬 지 란 무 화 자 손 자 득 귀 위 중
當朝.
당 조

만약 辛年, 丙月, 癸日에 火가 있으면 은혜로운 영화와 총애를 입고, 슬하에 훌륭한 자식이 있다. 火가 없으면 재물을 바치어 귀함을 얻어 조정에서 높은 벼슬을 한다.

---

75) 망혜(芒鞋) : 짚신

【原文】

或一派戊己 名殺重身輕 非貧卽夭.
혹일파무기 명살중신경 비빈즉요

혹 한 무리의 戊己가 있으면 이름하여 칠살이 매우 많아 일주가 약하니 가난하지 않은 즉 요절한다.

【原文】

用火者 木妻火子 用辛者 土妻金子.
용화자 목처화자 용신자 토처금자

火를 사용하면 木이 처이고 火가 자식이며 辛金을 사용하면 土가 처이고 金이 자식이다.

◎ 역자 첨

| 丁癸丙甲
巳未子寅 | 국회부의장을 역임한 이재형(李載瀅)이다. 丙丁火가 투출하고 甲木이 火를 생하니 水木火가 아름답다. |

| 丙癸甲戊
辰亥子戌 | 필자의 사주다. 子月 癸水가 신강하고 한랭하다. 甲木이 水를 설기하여 丙火를 생하고, 戊土가 투출하여 水를 제하고 있다. 인수 辛金을 戌 중에 품고 있으니 水가 범람하지 않게 되었고, 대운이 용신 동남방으로 향하였다. 庚午 대운 丁酉년에 이 책을 조탁한다. |

壬癸甲戊
子丑子申

첫 아이를 낳고 이혼한 여자다. 지지로 水局이 범람하니 연간의 戊土를 용신으로 삼는다. 그러나 戊土는 뿌리가 없고 火의 도움도 없는 중 설상가상 甲木이 극하여 상관견관이 되었다. 큰 고초를 겪는 명이다.

【原文】

十二月癸水 寒極成雪 萬物不能舒泰 宜丙火解凍 或丙透年時 加以壬
십이월계수 한극성설 만물불능서태 의병화해동 혹병투년시 가이임

透 支中多戊 名水輔陽光 主贏達名臣 無戊者 異途之職 若有丙無壬 鬐
투 지중다무 명수보양광 주영달명신 무무자 이도지직 약유병무임 횡

門之客76) 有壬無丙 戊又出干者 皂隸之流.
문지객   유임무병 무우출간자 조예지류

12[丑]월의 癸水는 추위가 매서워 얼어붙은 것이니 만물이 펼쳐지는 편안함이 없다. 의당히 丙火로 언 것을 풀어야 한다. 혹은 丙火가 연시에 투출하고 壬水도 투출하여 가세하며, 지지에서 戊土가 많다면 이름하여 따뜻한 광채를 水가 보좌하는 것이니 이 사람은 출세가 드러나는 이름난 신하이다. 戊土가 없으면 과거에 급제함이 없이 다른 길로 직책이 있다. 만약 丙火는 있고, 壬水가 없으면 학문만 하는 사람이다. 壬水는 있고, 丙火가 없는데 戊土가 다시 천간에 투출하면 하인의 부류이다.

【原文】

或支見子丑 比肩出干 卽有丙透 不能解凍 此屬平常 或無癸水 有辛與
혹지견자축 비견출간 즉유병투 불능해동 차속평상 혹무계수 유신여

---

76) 횡문지객(鬐門之客) : 독서인(讀書人)

合 亦不爲美 有丁出 頗吉.
합 역불위미 유정출 파길

혹 지지에서 子丑을 보고, 비견이 천간에 투출하면 丙火가 투출하여도 언 것을 풀 수가 없으므로 평범한 사람에 속한다. 혹은 癸水가 없고, 辛金의 合이 있어도 역시 아름답지 못하다. 丁火가 투출함이 있으면 조금 길하겠다.

【原文】

或一片癸己會黨 年透丁火 名雪後燈光 夜生者貴 日生者否 若無丁火
혹일편계기회당 년투정화 명설후등광 야생자귀 일생자부 약무정화
又主孤貧.
우주고빈

혹 한 조각의 癸己가 무리를 짓고 년에 丁火가 투출하면 이름하여 눈이 온 뒤 등잔 빛이 밝은 것이니 밤에 태어나면 귀하고, 낮에 태어나면 힘들다. 만약 丁火가 없으면 이 사람도 외롭고 가난하다.

【原文】

或支成水局 無丙者 四海爲家 一生勞苦.
혹지성수국 무병자 사해위가 일생노고

혹 지지에서 水局을 이루고, 丙火가 없으면 온 세상이 내 집이 되나 일생이 힘들고 괴롭다.

【原文】

或支成火局 有庚辛透者 衣食充足 無金出 孤苦零丁77).
혹지성화국 유경신투자 의식충족 무금출 고고영정

혹 지지에서 火局을 이루고, 庚辛이 투출함이 있으면 먹고사는 데는 충분하다. 金이 투출하지 않으면 외롭고 고달파서 실의에 빠져 기운도 없다.

【原文】

或支成金局 丙透得地 名金溫水暖 彼此相生 定許光大門閭 聲馳翰苑
혹지성금국 병투득지 명금온수난 피차상생 정허광대문려 성치한원
乏丙者 卽文章駭世 總爲孫山.
핍병자 즉문장해세 총위손산

혹 지지에서 金局을 이루고, 丙火가 투출하여 지지를 얻으면 이름하여 金水가 따뜻해진 것이니 피차 상생을 하므로 당연히 집안이 크게 빛나니 명성이 한림원까지 이를 정도로 널리 떨친다. 丙火가 약하면 문장으로 세상을 놀라게 하나 결국은 산으로 달아나 은거한다.

【原文】

或支成木局 洩水太過 主殘病呻吟 得金出干輔救 技藝之流.
혹지성목국 설수태과 주잔병신음 득금출간보구 기예지류

혹 지지에서 木局을 이루면 水를 설기함이 지나친 것이니 몸이 이지러지는 병으로 신음한다. 金의 천간에 투출함을 얻어 구출함을 보좌하

---

77) 영정(零丁) : 실의에 빠져서 고독한 모양.

면 기술자나 예술하는 무리이다.

【原文】

凡冬月用丙 須丙火得地方妙 不然 卽重重丙火出干 安能輕許富貴哉.
범동월용병 수병화득지방묘 불연 즉중중병화출간 안능경허부귀재

　　대저 겨울에는 丙火를 사용한다. 오직 丙火가 지지를 얻어야 묘하다. 그렇지 않으면 거듭 丙火가 천간에 투출하여도 역시 가볍게 부귀를 기대할 수 있겠는가.

◎ 역자 첨

| 癸癸丁己
丑丑丑未 | 조선 말 순국열사 이준(李儁)이다. 지지로 丑土가 무리를 이루고 연간으로 칠살 己土가 투출하였다. 한 점의 丁火가 투출하여 한기를 녹이고 살을 생하나 丑 중의 辛金을 사용하니 목숨을 초개같이 여겼다. |

| 戊癸辛辛
午酉丑未 | 전두환이다. 辛金이 투출하여 癸水 일주가 신왕하다. 午火를 지지에 둔 戊土가 연월에 통근하니 신왕관왕하게 되어 12·12사태[78]를 기점으로 삼아 남방 대운에 대통령이 되었다. |

---

78) 1979년 10월 26일 김재규는 당시 대통령이던 박정희를 시해하였다. 당시 군통수권자는 정승화 참모총장이었는데, 공수특전단 출신의 보안사령관이던 전두환이 12월 12일 군통수권자인 정승화를 체포하기 위해 공수부대를 동원하여 육군본부를 공격하였다. 이때 수도방위 사령부 군인과 공수특전사 및 외야부대가 대치하였고 일부 총격전이 벌어졌으며 사상자가 발생하였다. 이를 12·12사태라 한다. 후에 민주화 정부가 12·12구테타로 규정하였으며 당시 전두환에게 불명예를 받았던 장군들이 다시 명예회복되었다.

庚癸己庚
申卯丑子

내과 의사다. 丑月의 癸水는 반드시 丙火로 녹여야 쓸모가 있다고 하였는데 이 사주는 어찌 의사로 성공했을까? 월령에서 己土 칠살이 투출하여 살인상생을 이루니 부모의 음덕은 있는 것이다. 또한 대운이 동남방으로 향하였기 때문이다. 의사인 부친이 일궈놓은 종합병원의 원장이 되었다.

* 과거에는 직업이 다양하지 못하였고, 양반과 천민의 반상이 있었으니, 이 사람이 과거에 양반 집안에서 태어났다면 인수가 많으니 평생 책이나 읽는 선비나 관리를 하였을 것이고, 노비의 자식으로 태어났다면 오직 농사나 노동일만을 영리하게 하였을 뿐이다.

◎ 역자 요약

癸水일주를 요약하면,
- 寅月에 辛丙이 필요하다. 辛金을 사용하여 水의 근원을 움직이게 한다. 辛金이 없으면 庚金도 사용한다. 丙火가 적은 것도 불가하다.
- 卯月은 庚辛이 필요하다. 전적으로 庚金을 사용하고, 辛金은 그 다음이다.
- 辰月은 丙辛甲이 필요하다. 상반월은 전적으로 丙火를 사용해야 陰陽이 서로 이어서 완성된다. 하반월은 비록 丙火를 사용하나 辛甲이 보좌해야 한다.
- 巳月은 辛金이 필요하다. 즐겁게 辛金을 보아야 한다. 辛金이 없으면 庚金도 사용한다.
- 午月은 庚辛壬癸가 필요하다. 庚辛은 水를 생하는 근본이다. 단 丁火가 월령이니 金이 火에 당할 도리가 없어 의당히 비겁을 겸하여 사용하여야 庚辛의 쓰임이 훌륭해진다.
- 未月은 庚辛壬이 필요하다. 상반월은 金의 기운이 쇠약하여 화기가 매우 뜨거우므로 의당히 비겁이 일주를 도와야 하는 이치는 5월과 같다. 하반월은 비겁이 없

어도 괜찮은 것은 庚辛의 기운이 있기 때문이다.
- 申月은 丁火가 필요하다. 庚金이 건록을 얻었으니 필히 丁火로 단련시켜야 한다. 丁火는 午戌未에 통근되어야 묘하다. 혹은 甲木이 있어 상생해야 한다.
- 酉月은 辛丙이 필요하다. 金白水淸이다. 金의 영험한 기운은 희고, 깨끗하여 水가 맑아지는 것이다. 辛金을 용신으로 하고 丙火로 보좌하면 金水가 따뜻해진다. 오직 辛丙은 떨어져 함께 투출해야 묘하다.
- 戌月은 辛甲壬癸가 필요하다. 전적으로 辛金을 사용하고, 꺼리는 것은 戊土이니 비겁으로 甲木을 살려서 戊土를 극제하여야 묘하다.
- 亥月은 庚辛戊丁이 필요하다. 甲木이 장생이므로 水의 원신을 설기시켜 흩뜨리니 水가 왕한 것 같으나 약함이 있다. 의당히 庚辛을 사용하고, 水가 많으면 戊土를 사용하고, 金이 많으면 丁火를 사용한다.
- 子月은 丙辛이 필요하다. 丙火로 언 것을 풀고 辛金으로 북돋우어야 한다.
- 丑月은 丙丁이 필요하다. 丙火로 언 것을 풀고 寅巳午未戌에 통근되어야 묘하다.

궁통보감
窮通寶鑑

楚南 余春台 原遍
春光 김기승 編譯

--- 약 력 ---

경기대학교 직업학석사, 직업학박사
국제문화대학원대학교 교육학박사
연세대학교 법학전공 석사
현) 국제뇌교육종합대학원대학교 동양학과 교수
글로벌사이버대학교 동양학과 겸임교수
국제문화대학원대학교 명리철학과 교수
경기대학교 국제문화대학원 동양학과 교수
현) 사단법인 한국작명가협회 고문
현) 과학명리학회 회장

--- 저 서 ---

현대사주 심리학, 명리와 직업선택, 산음 자평진전, 명리학정론(상·하),
자평 만세력, 자원오행성명학, 명리학사, 명리진로학습코칭,
십성의 기질과 사회성, 고금명인명감, 궁통보감, 적천수천미,
명리약언, 음양오행의 역사와 원리, 과학명리, 영어이름 짓기 사전,
놀라운 선천지능, 타고난 재능이 최고의 스펙이다, 격국용신 정해,
사주심리치료학, 사주심리와 인간경영 등

시집 - 염하강의 아침, 당신의 정원, 목련화에게, 봄 햇살,
별의 그리움, 꿈꾸는 시간, 들꽃향기
에세이 - 세상의 두 얼굴 꽃과 곰팡이, 더 기프트
소설 - 운명을 걷다

--- 연락처 ---

이메일 kbs4984@hanmail.net

개정판

窮通寶鑑
구 통 보 감

초판 발행　2017년 9월 30일
개정판 발행 2025년 6월　5일

원저자　楚南 余春台

옮긴이　김기승

펴낸이　방성열

펴낸곳　다산글방

출판등록 제313-2003-00328호

주소 서울특별시 마포구 동교로 36

전화 02-338-3630

팩스 02-338-3690

이메일 dasanpublish@daum.net
　　　iebookblog@naver.com

홈페이지 www.iebook.co.kr

ⓒ 김기승, 2025, Printed in Korea

ISBN 979-11-6078-355-1　03150

* 이 책은 저작권법에 의해 보호받는 저작물이며, 저자와 출판사의 서면 허락 없이 내용의 전부 또는 일부를 인용하거나 발췌하는 것을 금합니다.
* 제본, 인쇄가 잘못되거나 파손된 책은 구입하신 곳에서 교환해 드립니다.
* 책값은 뒤표지에 있습니다.